Christiane Feuerstack   Kleingarten Kompost Karma

Christiane Feuerstack

Kleingarten   Kompost   Karma

menschmedien Verlag Eckernförde

Die Zeichnungen im Buch stammen von Regine Black
„Eichhörnchen" auf Seite 98 von Marianne Tralau

Umschlaggestaltung: fognin
unter Verwendung einer Handschrift von Marianne Tralau
und eines Bildes von Beate Hodapp
Lektorat: Regine Black
Gedruckt in Litauen

ISBN 978-3-944408-08-8

1. Auflage 2013
menschmedien Verlag Eckernförde
Internet: www.mmeck.de
verlag@mmeck.de

Man muss den Dingen die eigene, stille, ungestörte Entwicklung lassen, die tief von innen kommt und durch nichts gedrängt oder beschleunigt werden kann; alles ist Austragen – und dann Gebären.

Reifen wie der Baum, der seine Säfte nicht drängt und getrost in den Stürmen des Frühlings steht, ohne Angst, dass dahinter kein Sommer kommen könnte. Er kommt doch!

Man muss Geduld haben gegen das Ungelöste im Herzen und versuchen, die Fragen selber lieb zu haben, wie verschlossene Stuben und wie Bücher, die in einer fremden Sprache geschrieben sind.

Es handelt sich darum, alles zu leben. Wenn man die Fragen lebt, lebt man vielleicht, ohne es zu merken, eines fremden Tages in die Antwort hinein.

Rainer Maria Rilke

Vorwort

Dieses Buch ist eine Liebeserklärung an meinen Schrebergarten, an Eckernförde und die umgebende Landschaft. Es ist ein Dank an meine sichtbaren und unsichtbaren Freunde und Begleiter aus den Naturreichen und Engel-Welten, und natürlich auch an die Menschen, die zu mir und meinem Weg gehören. Als ich anfing zu schreiben, hatte ich keine Ahnung, wohin mich meine physischen und metaphysischen Reisen führen würden, und dass es das eindeutige Bestreben meiner Begleiter sein würde, mich auf einen Weg zu bringen, dessen erklärtes Ziel es war, den Verstand zu verlieren – zugunsten einer neuen Bewusstseinsebene.

Mit großem Erstaunen nahm ich Tag für Tag wahr, wie scheinbar belanglose Alltagsereignisse, alte Erinnerungen und aktuelle Impulse miteinander verschmolzen und sich zu völlig neuen Sichtweisen und Erlebniswelten erweiterten. Ich lernte, auf eine neue Art zu sehen, was es bedeuten kann, miteinander zu teilen und liebevolle Verbindungen in uns selbst und um uns herum zu erschaffen.

Einige Freunde, denen ich das Manuskript zu lesen gab, meinten, ich hätte doch die alltäglichen Banalitäten weglassen können zugunsten tiefer gehender Mitteilungen. Anderen ging es genau umgekehrt, sie hätten lieber mehr über die Wühlmäuse in meinem Garten erfahren als über spirituelle Erlebnisse. Wieder andere fanden beides gut zu lesen, aber die Mischung unmöglich. Ich erwiderte ihnen, dass die Mischung nicht unmöglicher sein kann als das Leben selbst, von dem ich originalgetreu alles abgeschrieben habe. Die überwiegende Mehrheit betrachtete dieses lebendige Wechselspiel als besonders wohltuend.

Meine Erfahrung ist die, dass tiefgreifende innere Erlebnisse sich gerade in äußerlich ereignislosen Alltagssituationen einstellen können. Es ist eine gewisse Langeweile vonnöten, um sich so tief entspannen zu können, dass die Seele aufnahmebereit wird für wesentliche spirituelle Botschaften. Umgekehrt kann es sein, dass der Zugang zu den inneren Räumen versperrt bleibt, wenn der Alltag sehr dramatisch, hektisch oder spannungsreich verläuft. Belanglosigkeiten können in diesem Sinne ein guter Wegbereiter für Wesentliches sein. Manchmal sind sie sogar selbst das Wesentliche, nämlich dann, wenn wir bereit sind, uns tief auf sie einzulassen.

Die Menschheit hat lange genug in dem Irrtum verharrt, dass Spiritualität und Alltag zwei voneinander getrennte Welten sind. Wie oft erschienen Menschen auf der Suche nach ihrer wahren spirituellen Aufgabe in meinen Seminaren, denen die überraschende Erkenntnis zuteil wurde, dass die Aufgabe in einer liebevollen Hinwendung zu den täglichen Verrichtungen besteht. Wir können nur dann das Paradies auf Erden erschaffen, wenn wir in den banal oder trivial erscheinenden Alltagsdingen etwas Heiliges sehen können, und wenn wir durch diese Sichtweise befähigt werden, unseren Alltag schöpferisch zu gestalten.

Wie alles anfing

Um es gleich zu sagen: mein Garten-abenteuer begann damit, dass ich einige meiner sorgsam gehegten Vorurteile fallen ließ. Sie fielen nicht etwa in die Erde, um dort Wurzeln zu schlagen und zu wachsen, im Gegenteil, sie waren, seit ich denken konnte, fest eingewur-zelt in meinem Kopf, ohne dass ich hätte sagen können, wie sie dorthin geraten waren.

Eines davon lautete: „Schrebergärten sind künstlich geschaffene Grillfest-Idyllen für Spießbürger." Ein anderes: „Man ist dort ständig den übel- oder wohlwollenden Blicken der Nachbarn ausgeliefert, die genau darüber wachen, ob die Hecke rechtzei-tig geschnitten wird und die vorgeschriebene Höhe aufweist."

Und nun hatte ich mir selber einen solchen Garten zugelegt. Obwohl ich doch gar kein Spießer bin. Das denken höchstens ein paar Andere von mir, die gar keine Ahnung haben und voller Vorurteile stecken!

Ein großer Anreiz waren für mich die wunderschöne Lage mit Blick übers Wasser und das recht geräumige Holzhäuschen, das mich für wenig Geld zur stolzen Hausbesitzerin machte. Den Anstoß gab eine Freundin, die kurz zuvor ebenfalls eine Parzelle in derselben Kolonie gepachtet hatte, mit dem Hintergedan-ken, ihren gesamten Freundeskreis dort anzusiedeln, um eine heimliche Künstlerkolonie zu eröffnen. Tatsächlich, es folgten mehrere Freunde nach. Einige gaben schon nach kurzer Zeit wieder auf, andere haben sich zu überzeugten Hobbygärtnern entwickelt. So auch ich.

Mit Feuereifer stürzte ich mich in das Abenteuer, aus einem ziemlich verwilderten Grundstück meine „Spießbürgeridylle" zu zaubern. Der Kampf gegen Brennnesseln, Giersch und sonstige Gewächse begann. Ich vermeide das Wort Unkraut, da ich durchaus jedes Kraut als wertvoll akzeptieren kann, aber doch bitte nicht in diesen Mengen an den Stellen, wo ich es nun wirklich nicht haben will!

Manchmal war ich selber erschrocken über meine rücksichtslose Brutalität, mit der ich die zarten Pflänzchen ausrupfte, Bäume fällte und neue Pflanzen irgendwohin setzte, ohne zu fragen, ob sie Sonne oder Schatten brauchten. Oft kam ich mir vor wie ein trampelhaftes Ungeheuer, unter dessen Hufen kein Gras mehr wächst. Plan- und ahnungslos wütete ich in meinem neuen Reich, wie ein Kind auf einer großen Spielwiese, mit Freude und Eifer, aber wenig Verstand. Aber wie ein Kind lernte ich auch aus meinen „Vergehen", und zwar durch die Pflanzen selber. Mein eigenes Erschrecken über mein ungestümes Vorgehen führte dazu, behutsamer zu schauen, zu beobachten, mit den Pflanzen zu reden und ihre Bedürfnisse zu erlauschen.

Ich fing an, sie zu fragen, wo sie gerne wachsen möchten und mit welchen Nachbarpflanzen sie sich vertragen würden. Dann teilte ich ihnen meine Vorstellungen mit, wo sie meiner Meinung nach wachsen durften und wo nicht. Zum Beispiel: „Liebe Brennnessel, ich finde dich ganz toll, du bist wirklich eine großartige Heilpflanze, und ich werde dich gerne für Tee und Jauche verwenden, aber hier an dieser Stelle erlaube ich dir nicht zu wachsen!" Oder dem Giersch: „Toll, was du für eine Energie hast, dich so schamlos auszubreiten! Da kann ich was von dir lernen! Aber alles in Maßen! Wenn du weiter wucherst, werde ich nicht umhin können, dich zu entfernen." Es ist nun leider (noch) nicht so, dass meine derartigen Anweisungen unmittelbar befolgt würden, aber ich habe den Pflanzen wenigstens erklärt, was ich mit meinen Handlungen beabsichtige, und ich bin überzeugt davon, dass das unserem gegenseitigen Verständnis förderlich ist.

Gegen Garten-Ratgeberbücher hatte ich irgendwie eine Abneigung. Ich wollte ohne zu viel Theorie im Kopf einfach loslegen. Obwohl die Idee, ein Stück weit Selbstversorger zu sein, für mich durchaus einen Reiz hat, legte ich den Schwerpunkt meiner Anpflanzungen zunächst auf solche Gewächse, die nicht so arbeitsintensiv sind: Blumen, blühende Sträucher, Stauden, Kräuter, ein paar Johannisbeerbüsche, Erdbeeren, Rhabarber, auch schon mal Salat oder Möhrensamen, welche aber meistens von den Schnecken vernichtet wurden.

Im dritten Jahr entdeckte ich Topinambur, die so genannte Schlankheitskartoffel, die den Ruf hat, unbändig zu wuchern. Das schreckte mich nicht ab, im Gegenteil, ich fand es toll, dass die Knolle von selber weiter wächst und keine Arbeit mehr macht. Man braucht sie nur bei Bedarf abzustechen, sie kann zu jeder Jahreszeit gepflanzt oder geerntet werden. Im Internet las ich, dass die Pflanze wuchert, wenn sie überhaupt anwächst. Dieses „wenn" ließ es mir ratsam erscheinen, wenigstens zwölf Knollen zu bestellen, um die Chance des Anwachsens zu erhöhen. Ich verteilte sie an verschiedenen Stellen im Garten. Sie wuchsen alle an. Und machten ihrem Ruf alle Ehre! Die Arbeit besteht also in diesem Fall nicht darin, immer wieder neu anzupflanzen, sondern die rasante Ausbreitung in Schach zu halten.

Zu meiner Entscheidung, in dieser Gegend einen Garten zu pachten, hat ein Erlebnis beigetragen, das mich in eine besondere Beziehung zu diesem Ort brachte, so dass ich mich oft und gerne dort aufhielt und regenerieren konnte.

Über mein Erlebnis habe ich jahrelang geschwiegen, weil ich mich selber beziehungsweise meine Wahrnehmungen nicht richtig ernst nehmen konnte. Von anderen Leuten für verrückt gehalten zu werden, macht mir zwar nicht viel aus, solange ich mir selber sicher bin. Doch diese Sicherheit erhielt ich in diesem Fall erst mehr als ein Jahr später auf eine ganz ungewöhnliche Weise.

Wir wohnten damals noch nicht lange in Eckernförde. Es war einer meiner ersten Spaziergänge am Windebyer Noor entlang. Noor ist die hiesige Bezeichnung für eine seeähnliche Abschnürung von einem größeren Gewässer, in diesem Fall von der Ostsee. Die Altstadt von Eckernförde ist genau zwischen der Ostseebucht und dem Windebyer Noor gelegen. Die schmalste Stelle wurde zugunsten einer darüber führenden Straße zugeschüttet, so dass die direkte Verbindung zur Ostsee unterbrochen ist.

Ich ging also an diesem See entlang, vorbei an einem Wiesenhang, auf dem sich ein großer Steinhaufen befand. Da bemerkte ich oberhalb der Steine eine Bewegung, als ob mir jemand zuwinken würde. Meine zahlreiche Lektüre über Zwerge, Elfen und dergleichen hatte mich empfänglich gemacht, eine solche Wahrnehmung ernst zu nehmen.

Erwartungsvoll näherte ich mich dem Steinhaufen. Es war nichts Außergewöhnliches zu sehen, aber ich war sehr aufgeregt und fühlte mich aufgefordert, mich in eine Meditation zu versenken. Da zeigte sich ein Zwerg und vermittelte mir, dass dieser Platz sehr belastet sei und meiner Hilfe bedarf. Es habe dort in der Vergangenheit eine grausame Hinrichtung stattgefunden und die rachsüchtige Seele des Hingerichteten könne sich immer noch nicht lösen. Mit anhaftenden Anteilen Verstorbener hatte ich schon etliche Erfahrungen gemacht und war geübt darin, ihnen ins Licht zu helfen. So konnte ich auch schnell zu dieser Seele Kontakt finden, ihr ihren Zustand erklären und sie auffordern sich zu lösen. Der Zwerg bedankte sich für meine Hilfe und wollte sich schon verabschieden. Meine Neugier ließ mich jedoch fragen, wann denn dieses Ereignis der Hinrichtung sich zugetragen hätte. Die Antwort, dass es weniger als zweihundert Jahre her sei, ließ mich zweifeln. Mein Verstand argumentierte heftig dagegen: Eine grausame Hinrichtung, das sei bestenfalls zu Zeiten der Wikinger oder der Hexenverbrennungen möglich gewesen, aber doch nicht mehr im neunzehnten Jahrhundert!

Ungefähr anderthalb Jahre später sorgte der Zufall dafür, dass ich zum ersten Mal an einer Stadtführung durch Eckernförde teilnahm. Gegen Ende derselben blieb die Stadtführerin vor einem kleinen weißen Haus in der Altstadt stehen und erklärte:

„In diesem Haus befand sich einmal eine Kneipe, deren Besitzer am Heiligabend 1820 seine Frau mit einer Schrotflinte erschossen hat. Er wurde verhaftet und sollte verurteilt werden. Da man aber keinen vergleichbaren Fall in den alten Rechtsbüchern fand, wandte man sich an den dänischen König um Rat, da Eckernförde damals zu Dänemark gehörte. Auch dort musste man wohl lange in alten Büchern nach einem ähnlichen Fall suchen, bis ein Urteil gefunden wurde, das wirklich an grausame mittelalterliche Todesfolter-Methoden erinnerte.

Für die Vollstreckung eines solchen Urteils besaß die Stadt aber keinen geeigneten Platz. Es wurde daher extra zu diesem Zweck ein Grundstück am Noor angekauft, um die Hinrichtung außerhalb der Stadtgrenzen vollziehen zu können."

An dieser Stelle des Berichts bekam ich riesengroße Ohren und Augen. Ich fragte nach dem genauen Ort, und wirklich: es war der oben beschriebene Platz!

Von diesem Zeitpunkt an suchte ich den Ort häufiger auf und versuchte mich mit dem Zwerg dort anzufreunden. Wäre ich früher aufmerksamer gewesen, hätte ich die großen Einkerbungen auf den Steinen schon bemerken können, die mir erst jetzt auffielen. Da sah man deutliche Spuren von Axt-Schlägen (ob von dieser besagten Hinrichtung oder anderen Ursachen?). Heute sind nur noch wenige Steine übrig. Ein Mädchen hat sie nach und nach zum Kleingarten seiner Eltern weggetragen.

Das erste Tier, was mir in meinem Garten begegnete, war eine Erdkröte. Sie guckte mich sehr erschrocken und vorwurfsvoll an, als ich beim Graben mit dem Spaten offensichtlich ihre Behausung zerstört hatte. Ich war ebenfalls erschrocken und beeilte mich, eine Entschuldigung vorzubringen. Mein anschließendes Bemühen um mehr Achtsamkeit bewahrte mich jedoch nicht vor weiteren Vorkommnissen dieser Art. Wie viele Frösche trieb ich mit meinem schwungvoll in den Rasen geschobenen Spindel-Rasenmäher in die Flucht! Und einem Krötenpaar bescherte derselbe Rasenmäher einen Koitus interruptus! „Sorry, tut mir Leid, ich wollte euch doch nicht den Spaß verderben!"

Ich hatte mir das schöne Buch „Tierboten" von Angela Kämper zugelegt, um den Begegnungen mit Tieren einen tieferen orakelhaften Sinn abzugewinnen. Darin werden Lurche im Allgemeinen als Symbol der Wandlung angesehen, da sie im Laufe ihrer Entwicklung verschiedene Gestalten annehmen. Unter Kröte las ich: „Die Begegnung mit der Kröte betont den irdischen, weltlichen Aspekt der Wandlung (im Gegensatz zum Frosch, der den spirituellen Aspekt verkörpert). Die Wandlung vollzieht sich in deinem Alltag und gestaltet deinen tagtäglichen Lebensablauf auf wunderbar neue Art und Weise."

Man mag von solcher Art Orakel halten was man will, in diesem Fall war es vollkommen zutreffend!

14

Leben im Garten

 Neben dem Garten eroberte ich allmählich die zugehörige Hütte. Sie besteht aus einem Schlafzimmer mit Doppelbett, Kleiderschrank und Regalen, einem Kinderzimmer (Matratzen auf dem Dachboden), einem Wohnzimmer, einer Küche und einer Veranda. Das Ganze passt sage und schreibe auf die vorgeschriebene Maximalgröße von vierundzwanzig Quadratmetern! Ein Anbau für die Gasflaschen und ein Schuppen für Gartengeräte und Toilette vervollständigen das Anwesen.

Fließendes Wasser kommt durch einen Schlauch, der von der Zapfstelle des Grundstücks in die Küche führt. Leider nur im Sommerhalbjahr, im Herbst wird gnadenlos abgestellt. Strom gibt es nicht. Einen Abwasserkanal auch nicht. Dementsprechend ist auch die Toilette eine Art Kompost-Eimer-Klo. Der Erbauer dieses stattlichen Domizils hat sogar für eine Dusche gesorgt, die natürlich nur mit kaltem Wasser betrieben werden kann. Dass die mangelnden sanitären Anlagen eine Benutzung als Ferienhaus oder gar Dauerwohnsitz ausschließen, ist vom Deutschen Kleingartenverein so gewünscht. Gelegentlich dort zu übernachten ist wohl erlaubt, eine dauerhafte Nutzung aber verboten. Je nach Nachbarn oder Obmann sind verschiedene Auslegungen dieser Klausel möglich. Jedenfalls wollte ich das Häuschen so bewohnbar wie möglich einrichten. Meine Phantasie kannte keine Grenzen beim Ersinnen von Plänen zur komfortableren Ausstattung meines Anwesens.

Im ersten Sommer legte ich einen Gartenteich an. Zuvor hatte ich einen Traum, dass an einer bestimmten Stelle Wasser sprudeln würde, wenn ich nur tief genug grabe. Eine eigene Quelle, ein toller Traum! Ich grub und grub, aber keine Quelle wollte sprudeln. Also besorgte ich im Baumarkt einen Plastik-Gartenteich. Der heimliche Hintergedanke dabei war, dass ich ihn bei Bedarf zu einer Badewanne umfunktionieren könnte. Rechts und links von der Badewanne pflanzte ich Rosenbüsche und Lavendel, um einen entspannenden Badeduft direkt neben der Wanne zu haben. Ich hatte nicht bedacht, wie schnell so ein Teich verdreckt und dass nach kurzer Zeit Frösche, Kröten und Blindschleichen sich darin tummeln würden. Daher schaffte ich eine Solardusche an, in der man das Wasser aufwärmen kann. Da ich sie bisher noch nicht ausprobiert habe, kann ich nichts weiter darüber sagen. Nur über die anderen Solargeräte, die mir das Leben im Garten angenehmer machen sollten:

Das Solar-Kurbel-Radio mit integrierter Taschenlampe funktionierte leidlich, solange ich es nur in der Wohnung aufbewahrte. Nach einigen Wochen im Gartenhaus war die Radiofunktion kaputt. Ausgerechnet das erste Mal, wo ich es wirklich gebraucht hätte, um nach einer dort verbrachten Nacht die morgendlichen Nachrichten zu hören!

Noch schneller waren die verschiedenen Geräte zur Ungezieferbekämpfung defekt. Eines gegen Mücken, Wühlmäuse und Maulwürfe mit unterschiedlichen Hochfrequenztönen, das man angeblich auch in der Wohnung verwenden konnte, verbannte ich nach kurzer Zeit nach draußen, da diese Nervtöne eher einen Menschen in den Suizid getrieben als eine Mücke vertrieben hätten! Das hatte zur Folge, dass sich die genannten Viecher an besagter Stelle explosionsartig (leider nicht in die Luft sprengten, sondern) vermehrten! Glücklicherweise gab das Gerät nach wenigen Wochen keinen einzigen Pieps mehr von sich.

Nicht anders erging es mir mit der Ameisen-Ex-Anlage und einem weiteren Anti-Maulwurf-Gerät. Mein Sohn schlug mir vor, solche Geräte doch nicht der Nässe und dem Wind auszusetzen, sondern sie lieber im Gartenhaus oder besser noch gleich in der Wohnung anzuwenden. Dann hätte ich wenigstens das Erfolgserlebnis, dass tatsächlich keine Maulwürfe auftauchen. Oder im Gegenteil, dass sie erst recht angelockt werden und ich somit der erste Mensch mit Maulwurfshügeln im Wohnzimmer wäre.

Außer den genannten Kleintieren treiben sich im Garten vorzugsweise Eichhörnchen, Kaninchen und Rehe herum, die sich an den angebauten Delikatessen laben. Es sollen sogar in einigen Gärten schon Wildschweine aufgetaucht sein.

Mein Karnickel habe ich Felix getauft. Ich beobachtete es neulich, als ich morgens das Fenster öffnete. Da saß es mümmelnd auf dem Rasen und biss ganz gesittet die Gänseblümchen und Hahnenfuß-Blüten ab. „Das darfst du," dachte ich bei mir, „solange du nicht die Sonnenblumen köpfst oder etwas anderes, was ich mühsam gezüchtet habe." Felix scheint von der raffinierten Sorte zu sein. In meinem Beisein beträgt er sich äußerst manierlich und tut so, als ob die kaninchentypischen Schandtaten, die ich manchmal entdecke, nicht von ihm stammen.

Mein Nachbar ist ein erklärter Kaninchenfeind. Kürzlich hat er extra einen Zaun zwischen meinem und seinem Grundstück gezogen, damit „mein" Karnickel nicht zu ihm rüber kommt. Trotzdem hat er jetzt ein eigenes, das ihm alle Tomaten und Bohnen weg frisst. Hab ich mir ja heimlich eins ins Fäustchen gelacht! Ich fand den Zaun sowieso albern, da Karnickel sich bekanntlich darunter durch buddeln. Als ich ihm das sagte, meinte er, das würden sie nur bei mir tun, da kämen sie durch die Löcher im Zaun, aber seiner sei dicht. Haha!!

Ich finde Felix süß. Andere Leute schaffen sich solche Viecher extra an und halten sie im Käfig. Ich bekomme die Kleintierschau kostenlos! Mäuse und Eichhörnchen kommen so nah heran, dass ich sie streicheln könnte. Felix ist da etwas scheuer.

Manch gefräßigen Gästen, wie zum Beispiel Amseln oder Tauben, habe ich versucht, mit Netzen den Zugang zu meinen Beeren zu erschweren. Vergeblich! Von den roten Johannisbeeren blieb kaum etwas übrig. Für die Vernichtung der Erdbeerernte sind eher Schnecken und Ameisen zuständig. Und die Wühlmäuse beteiligen sich an dem Zerstörungsfeldzug von unten. Richtig heimtückisch aber sind ganz kleine Tierchen, die Läuse. Der Unterhaltungswert beim Beobachten von Läusen ist äußerst gering. Dafür laufen sie nicht weg, wenn man seine Wut an ihnen auslassen will. Das probierte ich einmal mit einer Methode aus einer Broschüre über natürliche Schädlingsbekämpfung: Rhabarberblätter-Jauche. Dieser bestialische Gestank vertrieb fast alles, außer den Läusen!

Natur und Technik

Natur und Technik scheinen verschiedene Welten zu sein. Doch dieser Schein trügt. Auch in der Technik sind sowohl die Elemente der Natur als auch intelligente dienstbare Elementar- und Naturgeister tätig. Oft staune ich über die Selbstheilungskräfte von technischen Geräten. Ich verstehe nicht viel von Technik. Wenn die Geräte also nicht funktionieren und ich nach meinem Ermessen alles mir Mögliche getan habe, um sie zum Laufen zu bringen, fange ich an, ihnen gut zuzureden, und wenn das nicht hilft, zu schimpfen und zu drohen. Wie kleine Kinder reagieren sie auf das eine oder andere willig oder bockig, aber am Ende tun sie meistens doch das, was ihre Aufgabe ist.

Zum Beispiel meine Nähmaschine: Sie hatte die Eigenart, aus heiterem Himmel die Fadenspannung zu verlieren. Dadurch sah die Unterseite der Naht total verheddert aus und hielt auch nicht. Das bedeutete, alles wieder aufzutrennen und neu zu nähen. Also los: auftrennen, Nähmaschine ölen, alles neu einstellen, neuer Versuch.

Wieder das Gleiche! Grrrr.....

Wenn gutes Zureden nicht half, stellte ich ein Ultimatum: „Ich gehe jetzt für eine halbe Stunde spazieren. Wenn ich zurück komme und du immer noch nicht ordentlich nähst, kommst du auf den Sperrmüll!" Das half! Nach dem Spaziergang war sie brav wie ein Lamm und nähte, was das Zeug hielt!

Oder mein erster Laptop: davon verstehe ich noch weniger, aber glücklicherweise bin ich mit einem Fachmann verheiratet. Den konsultiere ich gewöhnlich dann, wenn ich mit meinen Methoden am Ende bin. Einmal, als es wieder soweit war, sagte der Fachmann, dass er jetzt auch nicht mehr weiter wisse, das gute Stück sei halt total veraltet und es sei an der Zeit, über die Anschaffung eines neuen nachzudenken.

Ich hatte das „gute Stück" aber lieb gewonnen (nachdem ich lange Zeit ein erklärter Technikfeind war) und wollte ihm noch eine Chance geben. Ich gewährte ihm also großzügig eine Stunde Zeit, während ich im Nebenzimmer Klavier spielte und dabei die guten Geister des Hauses bat, ihr Mögliches zu tun, um das Gerät zu reparieren. Und siehe da, das half! Brav tat es seinen Dienst, noch viele Monate, bis es dann doch so altersschwach war, dass ich für Ersatz sorgte.

Der Fachmann hatte mir ein „Macbook" empfohlen. Die Umstellung darauf brachte mich schier zum Verzweifeln. Daher benutzte ich vorerst das alte Gerät nebenher weiter. Aber je mehr ich mich mit dem neuen Laptop beschäftigte, desto bockiger wurde der alte, wie ein eifersüchtiges kleines Kind. Später habe ich ihn an ein junges Mädchen verschenkt, sowie auch die Nähmaschine. Sie war mit beidem glücklich.

Und nun: mein kaputtes Solarradio, von dem ich oben berichtet habe, hat sich kürzlich ganz von alleine repariert, ohne Drohung meinerseits. Toll!

Eigentlich ziehe ich es vor, unabhängig von Maschinen zu leben, überhaupt unabhängig von allem außerhalb meiner selbst. Mit unabhängig meine ich nicht, auf alles zu verzichten, was mir Freude macht, aber es nicht notwendig zu brauchen. Meine ursprüngliche Abneigung gegen Computer beruht durchaus auf der Überzeugung, dass das menschliche Gehirn viel perfekter als jeder Computer ist, und dass durch die (übermäßige) Benutzung von Technik die menschlichen Fähigkeiten degenerieren.

Die Generation, die mit Fernseher, Taschenrechner, Computer, Handy, Navigationssystem und dergleichen aufgewachsen ist, hat bekanntlich große Mühe mit Kopfrechnen, Karten lesen und dem Verstehen komplexer sprachlicher Zusammenhänge. Natürlich verfügen sie stattdessen über neue Fähigkeiten, von denen wir Älteren wahrscheinlich keinen blassen Schimmer haben. Für mich selbst habe ich die Erfahrung gemacht, dass der menschliche Geist die Möglichkeiten der Technik bei weitem übersteigen könnte, wenn er denn entsprechend trainiert wird.

Telepathie statt Handy, die „kosmische Suchmaschine" statt Google, die „kosmische Kopiermaschine", die alle menschlichen Errungenschaften der Allgemeinheit zugänglich macht, das alles gehört zu unserem Potential, das mit ein bisschen Anstrengung aktiviert werden kann. Es funktioniert ohnehin bereits, wenn auch meistens unbewusst. Technik ist immer nur die physische Nachahmung dessen, was im Geistigen auch ohne Materie existiert.

Doch ich gebe zu, dass meine technischen Spielzeuge mir mittlerweile Spaß machen, mich zuweilen sogar faszinieren. Ich gehe zärtlich mit ihnen um, wie mit Kindern, bedanke mich für ihre Arbeit, freue mich, wenn sie mich mit ihren Fähigkeiten überraschen und schimpfe, wenn sie nicht ausführen, was ich ihnen auftrage. Wenn sie schon mal in meinem Besitz sind, sollen sie auch funktionieren!

Das erzeugt schon eine gewisse Abhängigkeit, zum Beispiel von der Verfügbarkeit des Internets oder der Stromversorgung. Nicht dass ich es wirklich brauche, aber fein wäre es doch, im Garten auf diesen Luxus nicht verzichten zu müssen, vor allem, wenn ich mal längere Zeit dort verweilen möchte. Für diesen Fall der Fälle wagte ich einen weiteren Versuch, die Sonnenenergie zu nutzen und legte mir ein „Koffer-Solar-Paneel" zu, um Laptop, Handy und ähnliche Geräte zu laden. Theoretisch könnte ich mit dieser Ausrüstung auch die Arbeit am Computer im Garten verrichten. Bisher schreibe ich allerdings lieber zu Hause. Im Garten gibt es genug anderes zu tun.

Ich habe mir angewöhnt, alle äußeren Arbeiten als Entsprechung zu innerer Arbeit zu betrachten. Einmal im Winter fand ich meine Hecke tief gebeugt unter einer dicken gefrorenen Schneedecke. Dieses Bild entsprach der inneren Wahrnehmung einer niederdrückenden Last über der Landschaft, welche die Menschen nicht aufrecht gehen ließ. Während ich das Eis zerhackte, damit sich die Hecke wieder aufrichten konnte, spürte ich eine große Erleichterung. Gleichzeitig mit dem Zerbröckeln der Schneedecke verschwand auch die belastende Atmosphäre.

Anfangs erledigte ich alle Arbeiten von Hand, mit entsprechenden Geräten zwar, aber ohne lärmende und stinkende Maschinen. Mein Nachbar zog mich jedes Mal auf, wenn er mich mit dem Spindel-Rasenmäher erblickte. Er hatte sich auf Rasenmäher-Reparaturen spezialisiert, zur großen Freude der anderen Nachbarn, die gerne seine Dienste in Anspruch nahmen. Nur ich blieb resistent, obwohl er mir mehrfach einen Rasenmäher aus seiner Werkstatt anbot. Ich stehe mit Maschinen eher auf Kriegsfuß, sie sind zu oft kaputt, wenn man sie braucht. Außerdem wollte ich doch keinen Gestank und Lärm in dieser Naturidylle verursachen.

Der Nachbar jedoch gab nicht auf. Irgendwann schaffte er es, mir einen von ihm aus drei alten Rasenmähern zusammengebauten neuen anzudrehen, für „nur zwanzig Euro, drei Stunden Arbeit! Es gibt viele Interessenten, aber denen habe ich gesagt, dass Sie Vorrang haben."

Ich konnte nicht mehr nein sagen und nahm ihn unter der Bedingung, dass er, der Nachbar, mir behilflich sein würde, wenn ich damit nicht zurecht käme. Er versprach es hoch und heilig. Er hielt auch sein Versprechen, was jedes Mal nötig war, wenn ich versuchte, das Ungetüm in Gang zu setzen. Immer wieder reparierte er, säuberte die Zündkerze und tauschte Schrauben aus. Immer bereitwillig, lächelnd, sofort zur Stelle. Ich glaube er gehört zu den Leuten, die es genießen, gebraucht zu werden und sich vorzüglich darauf verstehen, andere Menschen von sich abhängig zu machen. Jedenfalls sehnte ich den Tag herbei, an dem dieser kaum funktionierende Rasenmäher endgültig den Dienst einstellte. Das geschah schon bald. Zu meinem Glück war es der Nachbar selbst, der so heftig an der Leine zog, dass sie riss. Ich setzte ein bedauerndes Gesicht auf, während ich innerlich frohlockte, dass ich guten Gewissens meinen alten Spindel-Rasenmäher wieder in Betrieb nehmen konnte.

Meine neu errungene Selbständigkeit war leider nur von kurzer Dauer. Bald kam der Nachbar mit einem weiteren Rasenmäher an, seinem eigenen, den er mir statt des kaputten unentgeltlich zur Verfügung stellte. Wieder brauchte ich anfangs fast jedes Mal seine Hilfe, bis es mir nach und nach gelang, die Maschine auch selber zu betätigen.

Eines Tages war es dann wieder soweit: Ich hatte den Rasenmäher nur mit sehr viel Mühe gestartet und es immerhin geschafft, mehr als die Hälfte des Rasens zu mähen, als der Motor plötzlich merkwürdige Geräusche von sich gab und anfing zu qualmen. Ich beschloss eine kleine Pause einzulegen, um uns beiden eine Erholung zu ermöglichen. Wenn er schon einmal warm ist, dachte ich, wird es ein Kinderspiel sein, ihn wieder anzulassen.

Nach einer gehörigen Pause wollte ich mich wieder ans Werk machen. Ich zog an der Leine, einmal, zweimal, dreimal, kein Mucks. Ich wusste bereits, dass mir häufig einfach die nötige Muskelkraft fehlt, um den gewissen Ruck aufzubringen, der ausschlaggebend für das Anspringen des Motors ist. Nach mehreren vergeblichen Anläufen beschloss ich daher, nach einem männlichen Wesen Ausschau zu halten, das über die erforderliche Kraft verfügte. Der Nachbar war gerade nicht da, aber bald kam ein älterer Herr vorbei, der bereitwillig helfen wollte. Auch er blieb erfolglos. Da war ich mir sicher, dass ich es fertig gebracht hatte, auch diesen zweiten Rasenmäher zu schrotten. Geschieht mir recht! Hatte ich nicht insgeheim schon darauf gewartet, zu meinem gemütlichen alten Spindel-Rasenmäher zurückkehren zu können?

Mein Blick wanderte über die bereits gemähte Rasenfläche. So schön gleichmäßig würde ich das von Hand nicht hinkriegen! Ich merkte, wie sehr ich mich an das ratternde Ungetüm gewöhnt hatte und es nicht mehr missen wollte. Am nächsten Morgen tauchte endlich der Nachbar auf. Ich berichtete ihm von meinen vergeblichen Anlassversuchen, dem stotternden und qualmenden Motor, äußerte aber gleichzeitig die Vermutung, dass das Problem meine unzulängliche Muskelkraft sein könnte. Das schien ihm ausgeschlossen: „Wenn Sie ihn vorher angekriegt haben, kann es nicht daran liegen!" Ohne es selbst auszuprobieren, inspizierte er fachkundig alle Schrauben, Hebel, Tank und Zündkerze. Alles war in Ordnung. Er hielt die Zündkerze an das Loch, um zu sehen, ob ein Funke springt, und sagte: „Ziehen Sie mal!" Ich zog. Einmal, zweimal, dreimal. Kein Funke. Er probierte es mit weiteren Zündkerzen aus seinem Köfferchen. Das gleiche Ergebnis. Er war ratlos.

Schließlich schraubte er die Zündkerze wieder rein und zog selber. Wumm! ging die Maschine los. Ich sah ihn bewundernd und fragend an. „Was war denn jetzt das Problem?" Er zuckte lächelnd mit den Schultern. Ein Gartenfreund, der die Szenerie beobachtet hatte, sagte nur: „Fitnesscenter!" Ob das die Lösung wäre?

Vorschriften

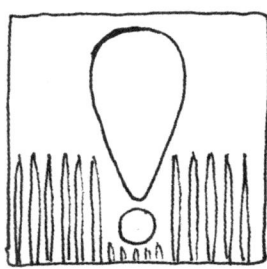 In der Satzung des Kleingartenvereins gibt es eine Menge Vorschriften und Regeln. Während ich sie damals studierte, stellte ich fest, dass ich mich schon beim Erwerb des Gartens unwissentlich mehrerer Verstöße schuldig gemacht hatte. Beispielsweise dürfen Gehölze, die Zwischenwirte für Pilzkrankheiten, Bakterienkrankheiten und tierische Schädlinge sind, nicht angepflanzt werden, und schon vorhandene sollten entfernt werden. Große Bäume, vor allem Nadelbäume, sind ebenfalls verboten. Ich stellte fest, dass sich die Anzahl der verbotenen Gewächse in meinem Garten auf mindestens fünf belief.

Weiterhin ist genau geregelt, wie groß der Abstand von Anpflanzungen zum benachbarten Grundstück hin sein darf und wie die prozentuale Aufteilung der Gesamtfläche auszusehen hat: jeweils ein Drittel Rasen und Beete mit ein- und mehrjährigen Pflanzen. Bezüglich dieser Drittel-Einteilung hatte ich anfangs vom Obmann erfahren, dass diese Regel mittlerweile lockerer gehandhabt wird, so dass sie nicht mehr für den einzelnen Garten, sondern für die gesamte Kolonie gilt. So brauchte ich wenigstens in dieser Hinsicht keine Schuldgefühle zu hegen.

Ich las weiter: „Jeder Pächter ist verpflichtet, den Garten und den an seinen Garten angrenzenden Weg stets rein und frei von Gras und Wildkräutern zu halten." An dieser Stelle traute ich meinen Augen nicht. Wie bitte? Gras ist in meinem Garten auch nicht erlaubt? Wie verträgt sich denn dieses Verbot mit dem ausdrücklich vorgeschriebenen Rasenanteil? Mir wurde mulmig zumute. Als frisch gebackene Spießbürgerin war ich darauf erpicht, nicht gleich durch begangene Regelwidrigkeiten aufzufallen. Es schien mir fast unmöglich zu sein, alle Vorschriften einzuhalten und eine weiße Weste zu bewahren. Hier würde ich unweigerlich auf eine verbrecherische Laufbahn zusteuern. Meine Täterschaft würde niemandem verborgen bleiben, denn ich las von einer weiteren Verpflichtung jedes Pächters, nämlich „am Eingang des Gartens eine Tafel anzubringen, die deutlich in leserlicher Schrift die Nummer der Parzelle und den Vor- und Zunamen des Pächters angibt."

Nun gut, dachte ich, bevor ich diese Regel umsetze, möchte ich erst einmal die anderen Gesetzesbrecher der Kolonie namentlich erfassen. Bei einem Rundgang stellte ich fest, dass von etwa fünfzig Parzellen gerade mal zwei ein Schild mit Nummer und Nachnamen aufwiesen. Auf zwölf Toren prangte immerhin noch eine Nummer, und auf einem ein Name ohne Nummer. Außerdem stellte ich fest, dass überall verbotene Bäume und jede Menge Gras wuchsen. Ich atmete erleichtert auf. In Gesellschaft mit anderen Regelbrechern geht es einem doch gleich viel besser! Da jeder unfreiwillig etwas auf dem Kerbholz hat, ist anzunehmen, dass sich die meisten Pächter davor hüten, ihre Nachbarn anzuschwärzen oder auf Regelverstöße hinzuweisen.

Mein Nachbar allerdings genießt den Ruf, der Einzige in der Kolonie zu sein, der die Einhaltung von Vorschriften anmahnt, insbesondere diejenige, die sich auf die vorgeschriebene Höhe der Hecke bezieht. Meine war bedeutend höher als seine, als ich den Garten übernahm. Sie war so hoch und so breit, dass es eine Tortur war, sie zu schneiden. Daher hielt ich es auch jenseits aller Vorschriften für sinnvoll, sie radikal zu kürzen und zu schmälern, um mir die Arbeit in den kommenden Jahren zu erleichtern.

Ich verbrachte fast zwei Wochen im Spätherbst mit diesem Projekt. Damit war meine Hecke immerhin fast vorschriftsmäßig zurechtgestutzt. Aber eben nur fast. Mein lieber Nachbar stand kopfschüttelnd davor und meinte: „Wir müssen zusehen, dass wir unsere Hecken auf gleiche Höhe bringen, sonst kriegen wir Ärger!"

Ich: „So? Von wem denn?"

Er: „Na ja, das ist doch Vorschrift. Wenn wir die nicht einhalten, gibt es Ärger."

Ich beharre darauf zu erfahren: „Von wem denn? Wer will uns denn hier Ärger machen?"

Er ist sichtbar irritiert. Dann fängt er an zu erzählen, dass vor Jahren ein Obmann, der inzwischen gestorben ist, mit der Messlatte bei ihm aufgetaucht war und alles vermessen hat. Der hätte ihm ganz schön Ärger gemacht.

Ich bleibe hartnäckig: „Wenn er gestorben ist, dann kann er uns doch jetzt keinen Ärger mehr machen. Also können wir uns freuen, dass wir hier glücklich in einer Ärger-freien Zone leben!"

Er verstummt und denkt scharf nach. Nach einer Weile huscht ein Lächeln über sein Gesicht, als sei ihm gerade erst klar geworden, dass es tatsächlich niemanden mehr gibt – abgesehen von ihm selbst – der mit der Messlatte über Vorschriften wacht.

Nicht alle Vorschriften sind sinnlos. So habe ich mich bemüht, das Rasenmähen in der Mittagszeit von dreizehn bis fünfzehn Uhr sowie an Sonn- und Feiertagen zu unterlassen, weil mir daran gelegen ist, selbst in diesen Zeiten auch nicht belästigt zu werden. Das ist nicht immer einfach, denn oft sind die Zeiten, in denen der Rasen gemäht werden könnte, weil er endlich mal trocken ist, genau diese, in denen es verboten ist.

Ich wache bestimmt nicht kleinlich darüber, ob andere Leute sich an die Regeln halten, aber ich gestehe, dass ich bei Lärm empfindlich reagiere. So geschah es an einem Pfingstsonntagmorgen, nach einer geruhsamen Nacht in meinem Häuschen, dass ich von eindeutig verbotenem Rasenmäher-Lärm geweckt wurde.

Nanu? Ungläubige, die nicht wissen, dass Pfingsten ist? Und dass dieser Feiertag auch noch auf einen Sonntag fällt? Ich bewegte mich in Richtung Lärmquelle und identifizierte sie: ein älterer Herr ratterte ungeniert an mir vorbei. Ich blieb stehen und versuchte, streng und tadelnd zu blicken. Keine Reaktion. Ich fühlte mich an meine Zeiten als Lehrerin erinnert. Bin wohl keine Autoritätsperson, weil ich nicht so richtig böse gucken und schimpfen kann. Die Frau, die ich am darauf folgenden Pfingstmontagmorgen bei sträflichem Rasenmähen ertappte, schien neu in der Kolonie zu sein. Trotzdem finde ich, dass auch Neue lesen könnten, was gut sichtbar im Schaukasten am Eingang steht. Ich stand also wieder vorwurfsvoll aussehend an der Hecke. Wieder keine Reaktion.

Es fällt mir nicht leicht, für mein Ruhebedürfnis einzutreten, da ich hypersensibel auf gereizte und unwirsche Antworten reagiere. Das ist für mich eine echte Mutprobe.

(Von einigen Freunden, denen ich diesen Text zu lesen gab, erntete ich an dieser Stelle ironische Bemerkungen wie: „Na, wie das wohl aussieht, wenn du hypersensibel bist?!" Oder: „Das soll wohl ein Witz sein, dass du nicht böse gucken kannst!" Ich füge diese Ansichten der Vollständigkeit halber hinzu, denn sie machen deutlich, dass der Mensch ein komplexes Wesen mit vielen Facetten ist. Andere Freunde teilen durchaus meine Einschätzung, dass ich mich in bestimmten Situationen nicht durchsetzen kann und Konflikte vermeide. Die beschriebene Situation gehört auf jeden Fall dazu.)

Eine gute Gelegenheit für entsprechende Mutproben bietet mir manchmal mein Nachbar, der gerne bei der Gartenarbeit laute Radiomusik laufen lässt. Vorzugsweise steht das Radio dabei auf der seinem Arbeitsort gegenüber liegenden Seite des Gartens und muss entsprechend laut sein, damit so ein alter Herr noch was hört. Meinen freundlichen Bitten um etwas leisere Beschallung kam er die ersten Male, wenn auch widerstrebend, nach. Eine zeitlang dachte ich sogar, dass ihm mein Anblick genügt, um den Abschaltknopf zu suchen. Ist es nicht verständlich, dass man in seinem Kleingarten Ruhe und Vogelstimmen genießen will?

Aber neulich wieder: Ich zu ihm hin: „Könnten Sie vielleicht bitte Ihr Radio...?" Ein böser Blick trifft mich, ein mürrisches Nicken folgt. Ein Schuldgefühl bei mir, dass ich den armen Mann seines Vergnügens beraube. Wo er doch so nett und hilfsbereit ist und mir sogar seinen Rasenmäher geschenkt hat! Bin ich nicht furchtbar undankbar und egoistisch, dass ich ihm nicht mal sein bisschen Musik gönne? Er schmollt.

Zum Glück fällt mir ein, dass ich vom Vortag noch selbst gebackene Muffins in der Hütte habe. Das könnte ihn versöhnlich stimmen. Ich hole sie raus und rufe ihm zu: „Ich hab was für Sie!" Er sieht immer noch mürrisch aus, kommt aber zögerlich näher. „Nee," sagt er. „Ich muss gleich zum Mittagessen, meine Frau wartet, da darf ich nicht schon satt ankommen." „Dann nehmen Sie doch welche für Ihre Frau mit! Sie sind selbst gebacken. Ich packe sie Ihnen ein." Jetzt ist er einverstanden und strahlt. Das Eis ist gebrochen. Er beginnt aus seinem Leben zu plaudern. Und plaudert und plaudert. Derweil wird wahrscheinlich sein Mittagessen kalt.....

Kleingarten, Kompost und Karma

Im ersten Sommer meines Gartenabenteuers fragten mich viele Freunde, ob ich in meinem neuen Gartenhaus meine nächsten Bücher schreiben werde. Zu dieser Zeit drängte mich jedoch rein gar nichts zum Schreiben, selbst mein Tagebuch blieb monatelang ohne ein einziges Wort. Ich war von einem zeitlos lebendigen Dasein erfüllt, in dem sich alles in Ruhe entfaltet und nichts mehr treibt und drängt. Fast hatte ich das Gefühl, im wohlverdienten Ruhestand angekommen zu sein, obwohl ich nach wie vor arbeitete und noch lange keine Rente in Aussicht war. Da die mir bisher zustehende Rente sowieso nicht zum Leben reichen würde und ich meine Arbeit liebe – so dachte ich - ist es klar, dass ich mit meiner selbständigen Arbeit ohnehin weiter machen werde bis ich umfalle, also ist es kein Unterschied zu dem was ich jetzt tue.

Das Neue war ein größeres Vertrauen in das Genährt- werden von der Natur, von der Erde, vom Leben, so dass meine üblichen Sorgen, wenn die Nachfrage nach meiner Arbeit nachließ oder unerwartete Absagen kamen, sich beruhigten.

Ich nahm hin was kam und hörte auf, mich verrückt zu machen mit sinnlosen Aktivitäten. Schon seit einiger Zeit hatte ich das Gefühl, dass sich an meiner bisherigen Arbeit etwas ändern würde. Ich war jahrelang im deutschsprachigen Raum unterwegs gewesen, um Vorträge, Seminare und Einzelunterricht in Imaginations- und Karmaarbeit zu geben. Ich lebte unter umgekehrten Vorzeichen wie die meisten Leute: War ich auf Reisen, arbeitete ich sehr intensiv und viel, wogegen zu Hause eher das Gefühl von Urlaub vorherrschte.

Sei einiger Zeit beobachtete ich nun schon nachlassende Anfragen, das Wegfallen von geeigneten Räumlichkeiten an mehreren Orten gleichzeitig, unabhängig voneinander und von mir, verbunden mit inneren Ermüdungserscheinungen. Ich wollte nicht mehr so viel unterwegs sein, sondern meinen Arbeitsschwerpunkt zu Hause haben. Nach und nach fügten sich die Möglichkeiten nach meinen Wünschen, so dass äußerlich für meine Existenz gesorgt war. Innerlich fühlte ich mich in einer Art Warteschleife, in einem Ruhezustand wie die Erde im Winter, wo etwas wächst, was man noch nicht sieht. Was da wachsen wollte, wusste ich nicht und konnte es mir auch nicht ausdenken.

Ich lernte von meinem Komposthaufen. Das ist der Ort, an dem Erneuerung geschieht, an dem alles Abgeschnittene, Herausgerissene, Verwelkte und Gemähte zu neuer nährstoffreicher Erde zerfällt. Es dauert seine Zeit, bis die Natur mit ihren Wesen dieses Wunderwerk vollbracht hat. Der Mensch kann dazu nichts beitragen als geduldig zu warten.

Ich versuchte also, einfach wachsam zu sein und auf Fragen von außen offen zu reagieren. So fand sich durch eine solche Frage eine kleine Gruppe zusammen, die sich intensiv um die Natur und die Naturwesen kümmern wollte. Wir meditierten gemeinsam zu Fragen, die uns im Hinblick auf die Natur und unsere Kommunikationsmöglichkeiten mit den Naturwesen beschäftigten. Eine Zeit reicher innerer Erlebnisse begann.

Zum Schreiben hatte ich jedoch keinen Impuls. Worüber? Wozu? Ich schreibe nur, wenn es mich wirklich drängt, wenn etwas reif ist, das heraus gesetzt werden will. Und jetzt plötzlich, dreieinhalb Jahre nachdem ich den Garten habe, ist es soweit.

Er ist da, der Impuls! Wenn er kommt, dann überkommt er mich regelrecht, da hilft es auch nichts, dass mein Verstand fragt: Wieso ausgerechnet jetzt, wo nach wochenlangem Regen endlich die Sonne scheint und im Garten so viel Arbeit wartet? Wie beim Rasenmäher braucht es eine Zündung und dann rattert der Motor. Der Funke, der die Zündung auslöste, war in diesem Fall die Lektüre des wunderbaren Buches „Im Reich des Pan" von Michael Roads.

Er beschreibt dort seinen Einweihungsweg durch die Naturreiche, das Aufgeben aller Widerstände und der Illusion des Getrennt-seins, das Einswerden mit allem Sein. „Der Mensch ist in der Natur und die Natur im Menschen. Wir haben Teil an all ihren Reichen. Was wir der Natur, der Erde antun, tun wir daher auch uns selber an." Michael Roads beschreibt seine metaphysischen Erlebnisse des Einswerdens mit dem Wasser, dem Felsen, dem Pflanzenreich, dem Tierreich, den Feen und Elfen, den Delfinen und schließlich dem Menschenreich, dem „größeren Ich". Immer geht es um karmische Verstrickungen, auch mit den Naturreichen.

Sein Weg hat die umgekehrte Reihenfolge wie meiner, ich begann bei menschlichem Karma und bin nun bei der Natur gelandet. Das zeigt - wie verschieden die Wege auch sein mögen - dass die Entwicklung nicht weiter geht, ohne alte, meist unbewusste Widerstände zu erkennen und aufzulösen. Für viele Menschen wird es naheliegender sein, vorrangig die Verstrickungen mit ihren Mitmenschen lösen zu wollen, an denen wir so schmerzhaft leiden.

Es ist spannend zu erfahren, wie fast alles seelische Leid durch Be- und Verurteilen entsteht. In dem Wort Ur-teilen steckt schon das Trennende, Teilende, was uns vom Einsein entfernt. Durch unsere Sinne erleben wir nur einen Teil der gesamten Wahrheit. Wenn wir diesen Teil für das Ganze halten und das Verständnis für die anderen Teile fehlt, kommt es zum Vorgang des Urteilens. Für mich war es immer wieder faszinierend, die schmerzlichen und blockierenden Ereignisse früherer Leben aus der Sicht jenseits des Todes zu erleben. Wie anders wird dort „geurteilt!" Jenseits der Todesschwelle taucht man vollständig ein in das gesamte Geschehen, versteht die Motive der Gegner, ihre Angriffe und Widerstände als Hilfestellungen für den eigenen Lernprozess und die Widrigkeiten des Lebens als perfekte Entwicklungsmöglichkeiten. Verstehen und Vergeben bilden die Brücke, um sich wieder mit allem zu verbinden, was wir vorher von uns getrennt haben.

Michael Roads beschreibt sein Einswerden mit der Pflanzenwelt anhand einer erlebten Identifikation mit einem Brombeerstrauch, der von einem Farmer mit Unkrautvernichtungsmitteln besprüht wird. Gleichzeitig erlebt er sich selber als der Farmer, der er vor Jahren war, im Kampf gegen die wuchernden Brombeerranken. Als Brombeerstrauch empfindet er ungeheuer schmerzlich das Vergiftet-werden, weil dadurch die gesamte Ätherwelt beeinträchtigt wird. Der Brombeerstrauch ist in seinem pflanzlichen Bewusstsein mit allen Brombeersträuchern des Planeten verbunden. Ein rein physisches Entfernen der Pflanze hätte keine negativen Auswirkungen gehabt. Die Vergiftung einer Pflanze dagegen, erst recht natürlich mehrerer Pflanzen, schädigt auf der ätherischen Ebene ihre Artgenossen ebenfalls, das globale Pflanzenbewusstsein wird irritiert.

Auch in Verbindung mit dem Tierreich erlebt Michael Roads seine karmischen Verstrickungen. Er empfindet sich wie eins mit seinem ehemaligen Hütehund und dessen Gefühlen. In der unglücklichen Situation, dass seine bisherige Arbeit, die Herde zu hüten, überflüssig wird und er nur noch wenig beachtet an der Kette liegt, steigert sich seine innere Unruhe und Frustration zu solcher Aggressivität, dass er den anderen Hütehund, dem es genauso ergeht, anfällt und tötet. Der Farmer nähert sich, betroffen über diese unerwartete Attacke. Es wird ihm klar, dass ihm keine Wahl bleibt, als den aggressiven und, wie er meint, eifersüchtigen Hund zu erschießen, da er sonst eine Gefahr für seine kleinen Kinder darstellen würde. Wiederum erlebt er sich gleichzeitig in der Seele des Hundes und als Farmer. Alle Gefühle beider Seelen spiegeln sich intensiv wieder: die große Liebe des Hundes, selbst in dem Moment, als er weiß, dass er gleich erschossen wird; nach dem Schuss das nahtlose Weiterleben in der umfassenden Hundeseele, als ob es keinen Tod gegeben hätte; und die weiter fortbestehende bedingungslose Liebe des Tieres seinem Herrn gegenüber. Auf der Seite des Farmers erlebt er Schmerz, Betroffenheit, Schuldgefühle, Selbstvorwürfe. Nun lernt er, sich selbst zu vergeben, alle Widerstände (auch die gegen sich selbst) aufzugeben und loszulassen, um mit der Einheit des Lebens zu verschmelzen.

Angeregt durch diese Lektüre versuche ich nun zu ähnlichen Erfahrungen zu gelangen, indem ich meine Widerstände erkenne und überwinde. Ich entspanne mich und lande in meinem Bewusstsein tatsächlich in meinem Garten. Genauer gesagt, in der Erde bei den Wühlmäusen. Ausgerechnet die Wühlmäuse!

Wenn sie so herum laufen und mir vor der Nase hin und her spazieren, kann ich sie ja noch ganz niedlich finden. Aber die vielen Löcher, Gänge und Höhlen, mit denen sie meinen Rasen verhunzen, machen sie mir entsetzlich unbeliebt! Einmal habe ich mehrere Gießkannen voll Wasser in ein Wühlmausloch geschüttet, um sie zu ersäufen. Welch ein Schreck, als kurz darauf drei oder vier Wühlmäuse in panischer Angst an mir vorbei flitzten und flohen!

Jetzt mache ich mir also zur Aufgabe, meine Widerstände aufzugeben und diese Viecher lieben zu lernen. Es will mir nicht so recht gelingen. Meinem Verstand ist klar, dass sich diese Abneigung aus Urteilen speist, weil mein Ego nicht will, dass sie meinen Garten durchlöchern. Dabei ist es einfach ihre Natur, so zu leben! Ich versuche es wieder und wieder, bin schon ziemlich verzweifelt über meine Abneigung diesen unschuldigen Tieren gegenüber, aber der Widerstand bleibt. Es kommen mir Tränen über meine eigene Lieblosigkeit. Davon wird der Widerstand zumindest ein bisschen aufgeweicht.

Mir fällt die Geschichte einer Seminarteilnehmerin ein, die über die Schnecken in ihrem Garten berichtete. Lange Zeit hatte sie vergeblich versucht, diese Plage zu bekämpfen, bis sie auf eine sanftere, liebevollere Strategie verfiel. Sie sammelte die Schnecken ab und brachte sie an einen schönen schattigen Platz, wo sie ihnen ein eigenes Reich zugestand. Sie beobachtete, was die Schnecken gerne mögen und fütterte sie regelrecht mit Leckerbissen. Dafür erwartete sie aber von ihnen, dass sie gehorsam an dem ihnen zugewiesenen Platz bleiben würden. Und oh Wunder! Sie waren folgsam. Nun könnte man denken, dass Schnecken, die so reichlich gefüttert werden, sich sprunghaft vermehren würden. Offensichtlich taten sie das nicht. Sie fielen auch keine Pflanzen mehr an, die ihnen verboten waren.

Während ich über die Rätselhaftigkeit dieser Geschichte nachsinne, blitzt in mir der Gedanke auf, dass sie gar nicht so unlogisch ist. Auch die Menschen vermehren sich nicht mehr so schnell, wenn sie genug zu essen haben und in sicheren Verhältnissen leben. Die Bevölkerung wächst vornehmlich in Gebieten, wo das Überleben nicht so bequem und sicher ist wie bei uns. Vielleicht sollte ich mit meinen Wühlmäusen ebenfalls ein solches Experiment angehen. Es fragt sich nur, wo ich ihnen ein eigenes Reich zuweisen könnte? Sie haben bereits den gesamten Garten unterhöhlt....

Kurz nach diesem ersten Versuch, meine Abneigung gegen Wühlmäuse zu überwinden, fand ich eine tote Wühlmaus auf meinem Rasen. Igitt!! Ich war genötigt, sie zu entfernen, wenn ich mähen wollte. Immerhin schien mir das etwas weniger widerlich, als sie vom Rasenmäher zermalmen zu lassen. Ich wollte sie nicht anfassen, holte einen Rechen und beförderte sie ins nächste Gebüsch. Sofort wurde mir klar, dass ich soeben eine Chance verpasst hatte, meinen Widerstand gegen Wühlmäuse aufzugeben. Warum habe ich ihr keine würdige Beerdigung spendiert?

Als ich beim Mähen die Unzahl von neuen Wühlmausgängen entdeckte, die aus meinem Rasen eine bizarr zerfurchte Landschaft machten, war es jedoch gänzlich vorbei mit meinem guten Willen zu dieser Übung. Ich werde wohl auf diese Art von Einweihung noch warten müssen...

Adrian und der Bärtige

Nun aber wollen meine Erlebnisse des vergangenen Jahres ans Licht. Das Buch von Michael Roads war für mich wie eine Bestätigung, denn seine Schilderungen haben Parallelen zu meinen eigenen Wahrnehmungen, die ich anfangs nicht verstehen konnte, bis mir klar wurde, dass es genau darum geht, nämlich sich der Wahrheit nicht durch Verstehen zu nähern, sondern durch die viel umfassenderen Gefühle. Immer wieder wurde ich aufgefordert, den logischen Verstand loszulassen und mich auf innere Bilder und Gefühle einzulassen, in denen viel mehr Informationen enthalten sind, als durch die Logik erfassbar wären. Im Zusammenhang mit der erwähnten Gruppenarbeit hatte ich im Herbst und Winter des letzten Jahres eine Reihe von inneren Bildern, von denen ich eine Auswahl erzählen möchte:

Kommunikation mit Naturwesen

Ich befinde mich in einem sakralen Raum und schaue vom Altar aus zur Tür. Rechts und links stehen Jugendliche mit Kerzen. Ich bitte darum, dass ein Wesen sich zeigen möge, das mich schulen kann im Hinblick auf die Arbeit mit der Natur. Ein Zwerg erscheint. Wir setzen uns auf die Altarstufen, der Zwerg sitzt rechts von mir in nachdenklich fragender Stimmung. Plötzlich knien die jugendlichen Kerzenträger demütig nieder und beugen ihre Köpfe. Es berührt mich, diese jungen Menschen in einer derart andächtigen Stimmung zu sehen, als ob sie etwas Feierliches erwarten.

Die Tür öffnet sich und eine große lichtvolle Gestalt mit langem weißem Bart erscheint. Sie wirkt Ehrfurcht gebietend. Wir verneigen uns vor ihr und stellen uns vor. Dann stelle ich die Frage, wie wir Menschen lernen können, mit den Naturwesen zusammenzuarbeiten und dafür entsprechende Wahrnehmungsorgane zu entwickeln. Die Gestalt steht lange schweigend da und antwortet nicht.

Plötzlich entsteht am Rand ihres langen Bartes ringsherum ein Spalt, und aus diesem Spalt quellen unzählige kleine Wesen hervor, die zuerst wie Gartenzwerge aussehen, dann aber immer mehr dem Großen ähneln. Es ist wie ein Geburtsvorgang. Ich bin beeindruckt, verstehe aber nicht, warum das geschieht und was mir damit gezeigt werden soll. Der Große vermittelt mir ohne Worte, dass alleine meine Fragestellung wie ein befruchtender Impuls gewirkt hat, der diesen Geburtsvorgang ausgelöst hat. Die neugeborenen Zwerge strömen aus dem Raum hinaus und verteilen sich in der Landschaft.

Der Bärtige lässt abermals aus seiner Bartspalte kleine Abkömmlinge hervorquellen. Einige davon kommen auf mich zu und schlüpfen in mich hinein. In mir wimmelt es vor Lebendigkeit. Die Kleinen warten auf den richtigen Moment, um herausgelassen zu werden. Das scheint beim Menschen dem Sprechen, dem Gebären des Wortes zum richtigen Zeitpunkt, zu entsprechen.

Der Zwerg führt mich weiter in einen unterirdischen „Klassenraum", in dem Zwergen-Kinder unterrichtet werden. Er stellt mich dem Lehrer vor und sagt: „Hier ist ein Mensch, der lernen will, mit uns zu kommunizieren." Der Lehrer ist erstaunt, unterbricht seine Unterrichtsstunde und sagt zu seinen Schülern: „Jetzt geht erst einmal in die Ferien. Wir werden in Zukunft ganz neue Dinge lernen, auf die ich mich selber erst vorbereiten muss." Er klappt sein Unterrichtsbuch zu und geht hinaus.

Wieder ist es so, dass ich keine konkrete Antwort bekomme, aber sehe, dass das Stellen meiner Frage etwas auslöst. Dann führt der Zwerg mich unter eine Tanne.

Wir begegnen dem Wesen der Tanne mit großem Respekt, gehen sehr langsam, nicht mit dem Ziel, irgendwo anzukommen, sondern die Umgebung wahrzunehmen und zu segnen. Ich soll ganz still unter der Tanne sitzen und die Energie und Information der Tanne aufnehmen, mit viel Ruhe und Geduld, einfach nur sitzen. Keine Frage stellen, keine Neugier, keine Unruhe, nur still aufnehmen. Das fällt mir ziemlich schwer.

Einige Tage später beschäftigt mich die Frage, wie die Aussage des Zwerges zu verstehen ist, ich solle unter der Tanne sitzen. Wie? Jetzt im Winter? Welche Tanne überhaupt? Irgendeine Tanne oder eine bestimmte? Irgendein Nadelbaum oder muss es ausgerechnet eine Tanne sein? Soll es überhaupt draußen sein oder geht es um eine Meditationsübung, um Konzentration, Gedankenkontrolle, Gedankenruhe? Ich bekomme keine Antwort außer der, dass ich schon wieder zu viele Fragen gestellt habe.

Doch auch diese Fragen bewirken etwas, nämlich dass ich meine Umgebung genauer betrachte als sonst. Wo gibt es hier überhaupt echte Tannen? Die meisten Nadelbäume entpuppen sich bei genauerem Hinsehen als Fichten. Trotz eisiger Temperaturen bin ich ganz schön viel unterwegs und sehe vieles, was ich vorher nie beachtet habe. Wie anders die Nadelbäume kosmische Energie aufnehmen, speichern und zur Erde lenken als die Laubbäume! Welch eine starke Wirkung allein die Form der Bäume hat!

Ich gehe oft sehr langsam, nähere mich bewusst der Aura des Baumes, begrüße ihn, spüre wie ich umhüllt werde, wenn ich direkt darunter stehe und verabschiede mich wieder. Die Bäume beginnen auf ihre Art mit mir zu sprechen. Ich lerne, was es heißt, die Informationen aufzunehmen und wirken zu lassen, ohne den Verstand einzuschalten. Unser lineares menschliches

Denken ist sehr eingeschränkt. Die Erdwesen machen sich lustig über uns, weil wir so wenig wissen und uns so viel darauf einbilden. Durch das Aufnehmen der Gesamtinformation ist es möglich, die Fülle des Wissens in sich einzusaugen, wenn auch zunächst in unbewusste Regionen, wo es bei Bedarf später vom Verstand abgerufen werden kann.

Um draußen zu sitzen, ist es definitiv zu kalt, das versuche ich lieber meditativ in der warmen Stube. Ich lasse alle Anspannung los und gebe mich dem Bild der Tanne hin, fühle mich aufgenommen, umhüllt, geliebt. Unglaublich, dass ein Baum so viel Liebe ausstrahlen kann!

Adrian

Ich nenne den Zwerg Adrian. Er ist einverstanden. Er führt mich in eine schöne Landschaft mit einem kleinen Bächlein, das nach einer Weile in einen Tannenwald hinein fließt. Wir wandern an dem Bach entlang in den Wald, setzen uns dort auf einen großen Stein und lassen die Tannen auf uns wirken. Adrian zeigt mir, wie man am besten die Energie aufnehmen kann: mit dem Rücken am Stamm reiben, dann innehalten und das, was herabrieselt, einatmen.

Nun gehen wir weiter, bis der Wald endet. Da steht eine Gestalt, wie ein Wächter in Ritterrüstung. Wir verneigen uns. Der Wächter sagt, dass es hier nicht weiter geht und lässt eine Schranke herunter. Ich frage ihn, welche Bedingungen es gibt, um durchgelassen zu werden. Statt einer Antwort öffnet er die Schranke und lässt uns passieren. Wieder einmal ist es so, dass meine Frage etwas auslöst, ohne dass ich direkt eine Antwort bekomme.

Im Weitergehen scheint es mir, dass auch etwas von uns erwartet wird, wenn wir zurückkommen, als ob wir eine Aufgabe zu lösen hätten, die ich noch nicht kenne.

Der Bach ist plötzlich nur noch ein Rinnsal und versickert in einem Erdloch.

Wir folgen dem Wasser in eine unterirdische Höhle, wo es zu einem großen See wird. Ich schwimme durch den See, Adrian klettert an den Felsen entlang. Wir gelangen in eine von Licht durchflutete Felsenhöhle.

Dort begegnet uns eine grün-goldene Schlange mit goldenem Krönchen. Sie wickelt sich um mich, wird eins mit mir, so dass ihr Krönchen auf meinem Kopf sitzt, ihre Augen durch meine Augen blicken und ihre Zunge aus meinem Mund züngelt. Während des weiteren Weges verlagern sich ihre Zunge und Augen in mein „drittes Auge" auf der Stirn und bilden dort eine Art Antenne.

In der Felsenhöhle befindet sich ein weiterer See. Ein Boot wartet auf uns. Wir steigen ein, Adrian ergreift die Ruder. Da taucht ein Schwan auf, der mithilfe einer Leine das Boot ziehen kann. Er bringt uns über den See und setzt uns am Ufer ab. Dort steht ein kleines hell erleuchtetes Häuschen. Wir treten ein.

Darinnen sitzt eine alte weise Frau. Sie spinnt goldene Fäden, indem sie durch ihre Spinnbewegung eine unsichtbare Substanz aus der Luft heranzieht und verdichtet.

Wir verneigen uns. Ich frage sie, ob sie mir helfen kann, meinen Weg zur Weisheit zu finden. Statt einer Antwort gibt die Alte mir ein aus goldenem Licht gesponnenes Knäuel. Sie sagt dazu, ich solle es auf dem Rückweg abwickeln. Adrian scheint es plötzlich sehr eilig zu haben, zurück zu gehen. Während ich das Knäuel abwickle, wie Ariadne im Labyrinth, bleibt es unverändert groß. Es scheint eine Verbindung zu der Alten herzustellen, so dass ich immer wieder zu ihr zurück finden kann.

Wir kommen wieder an dem Wächter vorbei. Als er das Knäuel in meiner Hand sieht, öffnet er die Schranke und lässt uns passieren. Dieses Knäuel scheint eine Art Legitimation zu sein, um durchgelassen zu werden. War es das, was von mir, von uns erwartet wurde?

Nun sitzen wir wieder unter den Tannen am Rand des Baches. Der Bach schwillt mächtig an. Ich folge ihm mit dem Blick, dann sitze ich plötzlich allein in einem Boot, das von der Strömung fortgetragen wird. Diesmal endet der Bach abrupt in einem Wasserfall, das Boot stürzt mit dem Wasser hinunter und gleitet in einer engen Felsenschlucht weiter. Das Wasser ist wild und reißend, ich kann mich nur mühsam halten. Endlich treibt ein Baumstamm vorbei, an den ich mich krampfhaft klammere. Da ist auch Adrian wieder aufgetaucht, der sich belustigt dazu setzt. Gemeinsam genießen wir die rasante Fahrt. Schließlich öffnet sich die enge unterirdische Schlucht nach oben, der Bach fließt oberirdisch weiter, wird immer breiter und schwillt zu einem großen Strom an. Es tauchen Dörfer und Städte in der Umgebung auf. Menschen strömen herbei und winken uns zu. Wir gehen an Land, die Menschen sammeln sich um uns und wollen etwas von uns erfahren.

Dann sinke ich tief in die winterliche Erde und spüre wie sich das Leben ins Erdinnere zurückgezogen hat. Während oben die Blätter welken und abfallen, ist hier unten größte Aktivität, neues Leben, noch unsichtbar im Keimzustand, aber ungeheuer lebendig und kraftvoll. Diese Lebendigkeit erfüllt mich ganz und gar, prickelnd, erfrischend, belebend!

Flammen

Was das Ganze soll, verstehe ich immer noch nicht. Mir fällt eine Geschichte ein, in der ein weiser Mönch von seinem Schüler gefragt wurde, was er tun solle, um weise zu werden. Der Mönch antwortete: „Bleibe in deiner Zelle sitzen und deine Zelle wird dich alles lehren."

Also brauche ich vielleicht nur unter meiner Tanne zu sitzen und darauf zu warten, dass sie mich alles lehrt? Bei der derzeit herrschenden extremen Kälte ist allerdings nicht einmal daran zu denken, draußen unter einer Tanne zu sitzen. Der Winter ist für mich immer eine große Herausforderung, da ich mit einem sehr mangelhaften Wärmepolster ausgestattet und schon nach kurzer Zeit im Freien völlig durchgefroren bin. Selbst Bewegung hilft da wenig. Dennoch gehe ich fast täglich zum Garten, um ihn wenigstens zu begrüßen und die Vögel zu füttern.

Im ersten Winter – noch bevor ich den Schlüssel zu meinem neuen Garten bekam und Vogelfutter nur in der Umgebung streuen konnte – nahm ich ein etwas seltsam anmutendes Projekt in Angriff: Der schmale Pfad, der vom Noor zu der Gartenanlage hoch führt, war an einer Stelle zum Hang hin abgebrochen, so dass eine große, gefährliche Lücke im Weg klaffte. Zu Fuß konnte man noch gerade soeben daran vorbei kraxeln, aber mit dem Fahrrad würde es wirklich gefährlich werden, vor allem bergab, da das Loch unmittelbar hinter einer scharfen Kurve lag, also womöglich zu spät bemerkt werden würde. Ich beschloss, der Allgemeinheit und mir selbst einen Gefallen zu erweisen und dieses Loch zu reparieren.

Zuerst schichtete ich umherliegende Äste, Zweige und Laub übereinander, um das Loch aufzufüllen, breitete zur Stabilisierung ein altes Badehandtuch darüber und begann dann, das Ganze mit Erde aufzufüllen und Schicht für Schicht die Erde fest zu trampeln. Da der Boden gefroren war, stellte dieser letzte Arbeitsgang die größte Herausforderung dar. Ohne die Mithilfe der Maulwürfe wäre ich völlig aufgeschmissen gewesen! Tag für Tag trug ich mit einer kleinen Schaufel und Plastikeimern alle neu aufgewühlten Maulwurf-Hügel der Umgebung sorgfältig ab und deckte damit Schicht um Schicht das Badetuch und die darunter befindlichen Äste zu. Nach einer Woche war von dem Loch und der Baustelle nichts mehr zu sehen als ein kleiner Zipfel des Badetuchs, der seitlich zum Abhang hin herauslugte und mich noch monatelang an mein Werk erinnerte.

Die in diesem Jahr extreme Januarkälte hindert mich zwar daran, mich längere Zeit in der Natur aufzuhalten oder unter Bäumen zu sitzen, aber es zeigt sich eine Fülle von weiteren inneren Bildern, die mich stark beeindrucken und spürbare Veränderungen in mir auslösen, auch wenn mein Verstand nichts davon begreifen kann. Es tauchen immer wieder Flammen und Feuerwesen auf, die meinem Organismus Wärme zuführen.

Ich bin wieder in dem Tannenwald. Feuerflämmchen wandern an mir hoch, um mich herum, in mich hinein, wärmen, reinigen, transformieren und erleuchten mein Inneres. Dann strömen sie aus dem Kopf wieder heraus und schütteln sich. Andere kleine Wesen erscheinen, setzen sich rings um mich herum und werden tätig, um mein Energiefeld zu stabilisieren und zu schützen.

Von oben strömt eine subtile Lichtsubstanz herab, wie goldene Fäden, die sich verdichten und zu einem Kokon um mich herum gewoben werden. In diesem Kokon bin ich so dicht eingewickelt, dass ich ganz beengt und unbeweglich bin. Ich werde ungeduldig und möchte raus.

„Warte noch!" höre ich jemanden sagen. Es wird unerträglich.

„Jetzt!" sagt Adrian endlich, „aber stehe ganz langsam auf, damit das zarte Gebilde um dich herum nicht zerstört wird."

Wir gehen langsam aus dem Wald hinaus. Ich möchte gerne zu der Spinnerin unter der Erde gehen, um sie näher kennen zu lernen. Da kommt sie uns schon entgegen mit ihrem Knäuel. Es wickelt sich ab, so dass hinter ihr eine Fadenspur sichtbar bleibt. Trotzdem wird es nicht kleiner. Wir kehren gemeinsam in den Wald zurück.

Die Alte legt das Knäuel ab, genau an der Stelle, an der ich zuvor gelegen hatte. Merkwürdig: Da scheint noch immer etwas zu liegen, wie ein Teil von mir, eine abgestreifte, erstarrte Hülle, kalt, strukturiert, aber leblos. Dieses Gebilde verändert sich, wird zu einem Skelett, das sich erhebt und drohend auf mich zukommt. Ich wehre es ab, es weicht zurück und zerfällt. Die kleinen Erdwesen kümmern sich um die Asche und integrieren sie in den Naturkreislauf. Die starre Struktur des Kokons wird aufgelöst. Es bleibt ein kleineres Lichtfeld übrig, das ungeformt, aber lebendiger wirkt. Innerhalb dessen formt sich neues Leben, wie ein Embryo in seiner Hülle.

Wir drei stehen daneben und beobachten den Prozess. Die Alte ist sehr aufmerksam bei dem Geschehen, als ob sie auf einen bestimmten Zeitpunkt wartet, um tätig zu werden. Obwohl sie ihr Knäuel abgelegt hatte, hält sie jetzt wieder ein Knäuel in der Hand, das eine Verbindungsschnur sowohl zu ihrer unterirdischen Hütte als auch zu dem neu entstehenden Lichtgebilde hat. Die Spinnerin vervielfältigt sich: ich sehe sie gleichzeitig in ihrer Hütte sitzen als auch neben mir und in weiteren Gestalten um das Lichtgebilde herum. Alle halten sie ein Knäuel in der Hand, das sowohl in die Erde reicht als auch zu dem Lichtgebilde. Dieses wächst und wächst, formt sich zu einem Kind, das schließlich aufspringt, auf mich zu läuft und mich umarmt. Ich nehme es auf den Arm und lege mich mit ihm zusammen wieder an die Stelle seiner Entstehung. Ich spüre eine rege Tätigkeit um uns beide herum, als ob wir zu einer Einheit verwoben werden sollten. Diesen Vorgang kann ich nicht weiter verfolgen. Ich soll schlafen und mich überraschen lassen.

Einige Tage später:

Ich bin mit einer Gruppe von Menschen in einem Raum, hoch über uns nehme ich eine große goldene Flamme wahr, in die jeder von uns einen Stock hält, ohne dass die Stöcke verbrennen würden. Die Flamme braucht keine physische Nahrung. Auf meine Frage, was geschehen würde, wenn wir die Stöcke wegnehmen, verschwinden sie und die Flamme senkt sich auf unsere Ebene hinab. Es ist eine ungeheuer starke transformierende Energie, kaum auszuhalten.

Die Flamme senkt sich weiter hinab und brennt ein Loch in die Erde. Wir schauen hinunter wie in ein Grab. Der obere Rand wird breiter, so dass wir nacheinander in das Loch hinunter rutschen. Dann steigt die Flamme wieder nach oben, in der Form einer Knospe und zieht uns mit hinauf. Die Knospe bekommt einen Stiel und öffnet sich. Wir fühlen uns darunter wie unter einer Kuppel geborgen und heilsam vereint.

Plötzlich wird aus der Flamme eine Tanne, unter deren schützendem Mantel wir uns versammeln. Diese Tanne befindet sich im Freien, es ist kalt, doch die Tanne strahlt wohlige Wärme aus. Dieses Bild löst in mir starke körperliche Wärmeströme und Kraftwirkungen aus.

Nun befinde ich mich wieder in dem Raum mit der großen Flamme über mir. Gleichzeitig erscheint eine kleine Flamme in meinem Herzen. Es kommen die Worte: „Ich bin in der Flamme und die Flamme ist in mir. Ich bin in Gott und Gott ist in mir. Ich bin in der Natur und die Natur ist in mir." Ich nehme die kleine Flammenknospe und drehe sie so herum, dass die sich öffnenden Blütenblätter aus meinem Herzen nach außen strahlen.

Adrian führt mich in einen bisher unbekannten Wald. Die Herz-Flammenblätter leuchten uns auf dem Weg. Ein kleiner Wicht steht vor mir, ein mir noch unbekannter Zwerg, zu dem Adrian mich hingeführt hat, weil er über besondere Kenntnisse verfügt. Er ist geübt im Einsetzen von Kristallen und will meine Stirn, Kehlkopf und Herz, sowie Hände und Füße mit glitzernden Diamanten versehen. Nach einigem Zögern stimme ich zu. Dann will er noch die Nieren behandeln, in denen viel gefrorener Schmerz gespeichert ist. Die Zwerge entfachen gemeinsam ein Feuer und leiten gebündelte Wärmestrahlen in meine Nieren. Meine Beine kribbeln.

In der folgenden Zeit häuften sich solche Bilder, in denen Flammen, Feuer und Wärme eine Rolle spielten. Ich bekam Anweisungen, wie ich durch Meditationen und Bewegungsübungen meinen Wärmeorganismus regulieren lernen kann. Mit dieser Aufgabe werde ich wohl noch eine Weile beschäftigt sein...

Insektenhotel

Die winterlichen Temperaturen hielten mich bisher im Haus gefangen. Nun ist es milder, es stürmt, unzählige Seesterne säumen den Strand, das Wasser ist weit aus der Bucht heraus getrieben. Aus Mangel an äußerer Arbeit und um meinen völlig erlahmten Schaffensdrang anzukurbeln, habe ich mir den Bau eines Insektenhotels verordnet, mit den Materialien, die sowieso im Garten herumliegen.

Ein feines Rentnerprogramm! Eine Art Selbstbeschäftigungstherapie gegen Antriebslosigkeit.

Im Garten liegen einige abgesägte Baumstämme und Äste herum, die ich zu kleineren Stücken zersäge. Für das Bohren der Löcher in diese vorbereiteten Stücke habe ich mir einen kleinen Kinderbohrer besorgt, mit dem ich im Keller an der Werkbank eifrig hantiere. Trotz der milderen Temperaturen ist es im Keller nicht lange auszuhalten, sägen und feilen findet in der Wohnung statt.

Endlich lässt das Wetter es zu, die vorbereiteten Teile in den Garten zu transportieren und mit den dort vorhandenen Brettern eines alten Holzbettgestells und einigen Balken den Rahmen zu zimmern, zu streichen, an der vorgesehenen Stelle Löcher zu graben, das Gestell dorthin zu wuchten und schließlich in die Erde zu versenken. Nach und nach sammele ich Zapfen, Schilfrohre, morsches Holz und Rinde, womit ich allmählich das Gerüst bestücke. Die Lochziegelsteine sind das Einzige, was ich kaufe. Zum ersten Mal in meinem Leben stelle ich Lehmziegel her. Auch dafür gibt es alle Zutaten im Garten. Mit dem restlichen Lehm schmiere ich die noch vorhandenen Hohlräume zu und drücke auch hier noch genügend kleine Löcher hinein.

Ein feines Gebäude! Mindestens ein Fünf-Sterne-Insektenhotel! Ich bin richtig stolz darauf! Das Projekt hat meine Lebensgeister in Schwung gebracht. Nun ist es fertig und wartet auf Besiedelung. Ich bemerke allerdings, dass ein äußeres Projekt zwar kurzfristig Begeisterung hervorrufen kann, aber nach der Fertigstellung verfalle ich wieder in Winterstarre. Was kann ich jetzt noch tun, um mich weiter in Schwung zu halten? Ich werde wieder auf die innere Arbeit zurück verwiesen:

Adrian hat mich in eine Wüste geführt. Wiederum soll ich nichts fragen und nichts tun, sondern einfach da bleiben und warten. Wir stehen lange so, warten und schauen. Ich werde ungeduldig. Was soll ich hier? Ich soll es aushalten und Geduld üben, ist die Antwort. Nach einer Weile hebt sich der Wüstenboden sacht an und öffnet sich. Ein Stein schiebt sich heraus. Nein, es ist kein Stein, sondern bei näherer Betrachtung ein Kaktus. Er wächst und wächst und fängt schließlich an, wunderschön zu blühen. Er wächst so hoch, dass er weithin sichtbar ist. Das zieht einige Menschen an, die kommen heran und freuen sich über die Schönheit der Wüstenpflanze.

Was bedeutet das nun wieder? Anscheinend eine weitere Variante des Themas, nicht zu fragen, nichts wissen zu wollen, nichts zu tun, sondern im reinen Sein zu verharren, Gefühle und Empfindungen zuzulassen und wahrzunehmen, dann wird das Leben sich in seiner schönsten Blüte zeigen.

Eine Flamme tanzt vor meinem Kehlkopf: „Sage ja zu der Feuerkraft des Wortes! Sei empfänglich für den Geist! Begeisterung verleiht dem Wort Schöpferkraft!"

Begeisterung? Wofür? Wozu? Wieder bremst mich mein Verstand. Oder ist es gerade der Verstand, der gebremst werden soll? Er ist so schnell, so neugierig, so voreilig urteilend, und vor allem so trennend vom großen Ganzen. Es fällt mir schwer, ihn zu bremsen, denn er war bisher ein starkes zuverlässiges Werkzeug in meinem Leben. Wie ging das so brillant und flott, eine gute Idee zu haben und sie zielgerichtet umzusetzen! Nun habe ich seit einer Weile gar keine Ziele mehr und soll offensichtlich auch keine haben, denn sie lenken mich ab von den Geschenken, die das Leben bereithält, wenn ich einfach offen bin und nichts will.

Was die Begeisterung betrifft, so ist seit Jahren ein wichtiges Leitmotiv in meinem Leben die Erkenntnis, die Ekkart Tolle in seinem Buch „Eine neue Erde" beschreibt, dass die drei Modalitäten erleuchteten Handelns Enthusiasmus, Freude und Bereitwilligkeit sind. Wir sollen diese drei Zustände nicht von äußeren Bedingungen erwarten oder abhängig machen, sondern sie bewusst in alles, was wir tun und erleben, einfließen lassen.

Nun ist mein derzeitiges Leben relativ frei von äußeren Zwängen. Meine Arbeit ist das, was meiner freien Wahl und Überzeugung entspricht und was mir Freude bereitet. Eigentlich. Trotzdem gibt es immer wieder Momente von Lustlosigkeit. Oft schon war es so, dass ich im Moment der Zusage zu einem Vortrag oder Seminar Begeisterung und Vorfreude erlebte, aber je näher der vereinbarte Termin rückte, umso mehr empfand ich es als Belastung und hätte am liebsten alles wieder abgesagt. Wenn es dann aber stattfand, kam die Begeisterung wieder.

Einmal gab es eine Situation, wo ich noch nicht einmal terminlich gebunden war, eigentlich überhaupt nicht gebunden war, denn ich hatte mir in völliger Freiheit aus einer spontanen Begeisterung heraus vorgenommen, einen Artikel für eine Zeitschrift zu schreiben. Nun saß ich also vor dem Computer, meine Begeisterung war verflogen, ich empfand es als Stress und hatte überhaupt keine Lust anzufangen. Ich versuchte, aus meinem Gedächtnis die guten Ideen hervorzukramen, die den Funken entfacht hatten. Sie waren nicht aufzufinden.

Dann versuchte ich mich innerlich zu prüfen, wo meine Freude geblieben war. Ich beschloss, gemäß der Empfehlung von Ekkart Tolle, lieber gar nichts zu tun als etwas ohne Begeisterung, Freude oder Bereitwilligkeit zu tun, einfach zu warten, und notfalls eben meinen Plan fallen zu lassen. Es dauerte ein paar Minuten, um ganz leer und offen zu werden. Plötzlich stieg wie eine sprudelnde Quelle die Freude in mir empor. Jetzt öffnete ich den Computer und begann zu schreiben. Das Aktivieren der Freude hatte sich gelohnt, denn jetzt sprudelten wie von selbst die richtigen Gedanken und Worte!

Der Bärtige sagt: „Sei fruchtbar! Bringe dich selbst hervor! Verstricke dich nicht in fremde Energien, die nicht zu dir passen!"

Wieder so ein Rätsel! Was heißt „sich selbst hervorbringen?" Ich kann es doch nicht wie der Bärtige tun, lauter Kinder aus mir heraus zu setzen. Geht es um geistige Kinder, Worte, Taten? Früher hat er diesen Geburtsvorgang mit dem Sprechen der Menschen verglichen, mit dem Gebären des Wortes, und auch jetzt kommt wieder der Hinweis auf die Sprache der Begeisterung. Dass die Sprache neben Gedanke und Tat das mächtigste Schöpfungswerkzeug des Menschen ist, ist mir bekannt, auch dass es nicht darauf ankommt, was gesagt wird, sondern wer etwas wie sagt. Begeisterung, starke innere Bilder und Gefühle geben der Sprache die Kraft zur Schöpfung neuer Realitäten.

Obwohl ich das alles weiß, fühle ich mich verwirrt und ratlos, weil ich einfach nicht weiß, was ich machen soll oder üben soll oder anstreben soll. Ja, eben gar nichts! Einfach sein, lauschen, Freude und Frieden in mir erzeugen und aussenden. Früher einmal bekam ich in einer Meditation die Worte gesagt: „Richte deine Absicht auf die Absichtslosigkeit!" Das ist zwar leicht zu verstehen, aber schwer zu tun...

Zunächst freue ich mich auf eine bevorstehende Reise, zu welcher der Same vor zwei Jahren in meinem Garten gelegt wurde. Aus diesem Samen entwickelte sich eine äußerst fruchtbare Pflanze, in diesem Fall eine ganz anders geartete Arbeit mit Gartenerde als die allgemein übliche.

Dieser Same war ein Fest, das ich anlässlich meines fünfzigsten Geburtstags und der Einweihung meiner neuen Wohnung feiern wollte. Feiern bedeutet für mich nicht in erster Linie essen, trinken und tanzen, sondern gemeinsam mit lieben Menschen etwas Neues zu erschaffen. Ich schenkte daher meinen Gästen und mir selbst ein Mal-Seminar mit einer befreundeten Kunsttherapeutin, die eine spezielle Methode entwickelt hatte, mit Edelsteinen, verschiedenfarbiger Erde und Wasser des jeweiligen Ortes für diesen Ort und die teilnehmenden Menschen etwas Heilsames und Zukunftsweisendes zu kreieren.

Der Prozess, den sie entwickelt hat, beginnt damit, dass der ausgewählte Edelstein zunächst mit einem Hammer zertrümmert wird, und die Splitter anschließend in einem Mörser zu feinem Pulver zerrieben werden. Dieses Pulver wird dann mit einem Bindemittel und Wasser des Ortes verrührt und als Grundierung auf die weiße Leinwand aufgetragen. Schon dieser Vorgang löst unglaubliche Erlebnisse aus. Beim Zertrümmern des Steines und dem Zerreiben der Splitter ist deutlich zu spüren, wie die Energie aus dem Stein freigesetzt wird und sich wie ein heiteres Prickeln im Raum anreichert, so dass der Energiepegel kontinuierlich ansteigt und das Aufsteigen innerer Bilder und Bewusstseinsprozesse begünstigt.

Damals hatten wir den Calcit ausgewählt, ein relativ weicher und leicht zu zerreibender Stein, wie ich dachte. Die erste Überraschung für mich war, dass meine Vorstellung, der Stein würde beim ersten Hammerschlag in tausend Teile zerspringen, sich als reichlich naiv erwies. Es bedurfte ziemlicher Mühe und Kraft, bis jeder der zwölf Teilnehmer ein paar Splitter abgeklopft und zerrieben hatte. Nach dem Auftragen des mit Bindemittel und Ostseewasser angerührten Pulvers tauschten wir unsere Erlebnisse aus. Ein atemberaubender Prozess begann.

Die nächste Stufe fand am nächsten Morgen im Garten statt. Ich hatte zuvor bereits verschiedenfarbige Erde gesammelt, die nun ebenfalls zerrieben und zu streichfähigen Farben angerührt wurde. Allmählich geriet die Erde mit uns und wir mit der Erde in eine herausfordernde Zwiesprache. Tiefe Schichten der Seele wurden berührt. Der Malvorgang selbst folgte einer stufenweisen Entwicklung, der die menschlichen Lebensprozesse zugrunde liegen. Nach jeder Stufe fand ein reger Austausch und weitere Befruchtung statt, intensive Wandlungsprozesse im Einzelnen und in der Gruppe wurden in Gang gesetzt.

Zu meinem großen Bedauern gelingt es mir nicht so recht, die Fülle dieser unglaublichen Erlebnisse in Worte zu fassen, sie waren so stark, dass sie noch wochenlang nachwirkten. Der Wunsch nach „mehr" führte dazu, dass weitere ähnliche Aktionen folgten, sowohl in meinem Garten als auch an verschiedenen anderen Orten und in unterschiedlicher Zusammensetzung. Nun ist es wieder so weit, dass zu Ostern ein nächstes Treffen bevorsteht.

Das zerbrochene Ei

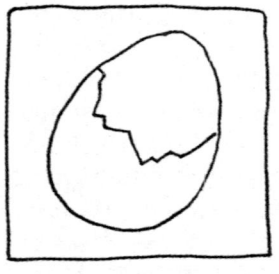

Am Ostersonntag in aller Frühe breche ich auf und fahre mit dem Zug in Richtung Süden. Über der Ostsee geht gerade blutrot die Sonne auf. Auf den Feldern grasen Rehe, einige Hasen hoppeln herum. Der Tag macht seinem Namen alle Ehre und verspricht sonnig zu werden. Dank meiner diesjährigen Fastenkur fühle ich mich seit Tagen innerlich strukturiert und strahlend, auch körperlich energiegeladen, ich spüre eine von außen zum Herzen hinziehende und wieder ausstrahlende Kraft. Ich entspanne mich. Es tauchen Bilder auf, die an die Erlebnisse vom Januar anknüpfen:

Ich befinde mich in demselben Wald, in dem sich die Spinnerin vervielfältigt und einen Kokon um mich gewoben hat. Dort liegt noch immer das Lichtgebilde, von dem ich denke, dass es ein noch werdender Teil meiner selbst ist. Es ist wie ein Embryo von einer großen Lichthülle umgeben, die von den Wesen des Waldes versorgt wird, so dass das Kind wachsen und gedeihen kann. Ich darf es betrachten, es schaut mich an, bleibt aber reglos liegen. Es muss wohl noch reifen und wachsen, bis es sich bewegen und handeln kann. Die Spinnerin sagt: „Geh nur wieder, wir kümmern uns schon darum."

Die Zugfahrt verläuft entspannt und in freudiger Oster-Stimmung. Am frühen Nachmittag erreiche ich mein Ziel, wo meine Freunde schon versammelt sind. Wir sind diesmal zu fünft. Ich habe für den Malprozess einen Stilbit mitgebracht, der laut Beschreibung Sanftheit und ein in sich gestärktes Gemüt bewirken sollte. Beim Zerreiben dieses Steins sehe ich:

Mein „Lichtkind" liegt zufrieden in seinem Licht-Ei, das von den Waldwesen bewacht wird. Jetzt entsteht ein größeres Ei um das erste herum, senkrecht stehend und im Waldboden verankert. Ich betrachte das Kind in dieser doppelten Schutzhülle einerseits von außen, gleichzeitig jedoch bin ich drin und fühle mich geborgen. Allmählich regt sich das Kind, es wird ihm eng und langweilig, es will raus.

Es klopft von innen die Wände ab, doch obwohl sie „nur" aus Licht sind, hat es noch nicht die Kraft, sie zu dehnen, zu sprengen oder diesen Schutzraum zu verlassen. Es legt sich auf den Rücken in Embryostellung, füllt jetzt fast das ganze Ei aus, reckt und streckt sich, sprengt aber nicht die Schale, sondern lässt seine Gliedmaßen über das kleinere Ei hinaus wachsen und geht so innerhalb des großen Eis umher.

Das kommt mir irgendwie ungesund vor, wie eine unreife Frühgeburt. Dieser Gedanke löst aus, dass das Kind wieder kleiner wird und in die Hülle zurück schlüpft. Es ist zufrieden, schon mal seine Neugier und Kraft erprobt zu haben, jetzt kann es in Geduld und Ruhe weiter wachsen, bis es reif genug ist, das große Ei auszufüllen. Geborgenheit und Vertrauen in das Nährende und Werdende erfüllen mich.

Dann kommt der Moment, in dem das Lichtkind-Küken so groß ist, dass das Ei zerbricht. Es tut weh, fühlt sich kalt und schutzlos an, extrem verletzlich und verwirrend.

Nun beginnen wir zu malen. Außer der Erde vom Ort benutzen wir dieses Mal auch farbige Pigmente und Steine von anderen Orten. Ich wähle zwei quadratische Leinwände, eine ganz kleine und eine etwas größere, um einen Ausdruck für dieses seltsame Doppel-Ei zu finden. Immer wieder lege ich das kleine Bild auf das größere, beide stellen zarte, eiförmige Gebilde dar, in denen etwas wächst wie ein Embryo. Die dritte Stufe des Prozesses führt mich unausweichlich an den Punkt, an dem das Ei zerbrechen muss, damit das Küken schlüpfen kann. Beim Malen erschrecke ich, dass plötzlich unbeabsichtigt Farbmischungen und Formen entstehen, die ich als Zerstörung des vorigen schönen Bildes empfinde. Es tut weh und ist schwer auszuhalten, dass die vorige Harmonie und Geborgenheit zerbrochen ist.

Ich fühle mich nun wirklich wie ein neu geschlüpftes Küken, völlig orientierungslos und verletzlich. Alte seelische Verletzungen kommen hoch. Die Geschichte vom hässlichen jungen Entlein kommt mir in den Sinn, das überall abgelehnt und verjagt wurde, bis es endlich durch die Begegnung mit Seinesgleichen erkennen durfte, dass es eigentlich ein Schwan ist. Mein inneres Kind befindet sich in dem verzweifelten Zustand, dass es sich überall abgelehnt fühlt. Da hilft es auch nicht, dass meine lieben Freunde mir versichern, dass sie mich doch mögen.

Für die vierte Stufe des Prozesses verwende ich außer den Pigmenten eine zerriebene Eierschale, die ich wie eine riesengroße Schutzhülle auf beide Leinwände aufbringe. Das Kind in mir atmet auf: „Hurra, das ganze Weltall ist eine einzige große Eierschale! Ich kann unermesslich wachsen und bin immer geborgen!"

Meine Stimmung ändert sich innerhalb von Minuten. Ich ergreife eine dritte Leinwand, auf der ein völlig anderes Bild entsteht. Hier geraten Elementargewalten in Bewegung. Die Berge, der Sturm, das wogende Wasser rufen mir zu: „Sei stark! Lebe wild und gefährlich!" Nur der Mond am Himmel meint dazu: „Vergiss aber bei aller Wildheit die Sanftheit nicht."

Meine Verletzlichkeit hält noch eine ganze Weile an. Ich werde aufgefordert, das auszuhalten. Verletzlichkeit macht auch empfänglich, berührbar. Es gibt nichts Irdisches, was nicht verletzt werden könnte. Bäume werden gefällt, Steine zertrümmert, um daraus etwas Neues zu bauen. Ohne Zerstörung gibt es kein Wachstum, ohne Schmerz keine Geburt. Alles ist im Fluss des Werdens und Vergehens, und was physisch verschwindet, kann auf anderen Ebenen umso stärker hervortreten.

Schon auf der Zugfahrt nach Hause erlebe ich eine Fülle weiterer Imaginationen:

Ich bin umgeben von Lichtgestalten, die mich begleiten. Wir stehen auf einem sandig-steinigen Boden. Ich soll dort niederknien und mein Haupt beugen. Mein Blick geht tief in die Erde hinein. Ich kann verschiedene Strukturen, aber nichts Konkretes wahrnehmen. Ich verstehe mal wieder nicht, was ich hier soll. Die Lichtwesen sagen: „Bleibe mit deinem Blick zur Erde gewandt, während wir von oben her kosmische Kräfte anziehen, die wir dann den von dir aktivierten irdischen Kräften einverweben."

Nun nehme ich kleine Wesen am Boden wahr, die tuscheln vergnügt: „Ob sie es wohl merkt?" Was soll ich merken? Ich schaue mich um und sehe einen Feuerring am Boden, da soll ich hinein springen. Unter mir öffnet sich ein Loch, ich falle ins Bodenlose, schwebe schwerelos im Dunkeln. Ich bin verunsichert und bitte die kleinen tuschelnden Wesen, mich zu stabilisieren.

Sie beobachten meine Bemühungen neugierig und amüsiert, schlüpfen in mich hinein und wieder hinaus, es ist wie ein Atemvorgang. Adrian gibt ihnen Anweisungen, sich nicht lustig zu machen, sondern herauszufinden, wie sie mich unterstützen können. Sie werden still und nachdenklich und beobachten mich aufmerksam. Es ist nicht leicht, das auszuhalten, aber ich warte geduldig auf ihre „Diagnose". Sie scheinen Mitleid mit mir zu bekommen. Ich fühle mich traurig und hilflos. Sie versetzen mich in eine unterirdische Höhle, in der sie mich „behandeln". Verstopfte Kanäle werden geöffnet, alte Schlacken aus dem Körper herausgezogen, es kommt etwas in Fluss. Das Lichtkind springt auf mich zu und strahlt mich an. Es will mit mir tanzen und feiern. Ich spüre seine große schöpferische Kraft.

Die Lichtgestalten sind jetzt über meinem Kopf. Ich komme mir vor wie ein Kanal, durch den sie auf die Erde schauen. Meine Verwirrung nimmt zu, weil ich immer noch nicht verstehe, worum es geht. Ach ja, ich soll ja nichts verstehen wollen!

Wenn ich nun genauer in die Erde schaue, stelle ich fest, dass dort nicht nur Naturwesen tätig sind, sondern auch anders geartete dunklere Kräfte am Werk sind, von Menschen erzeugte Gedankenfelder, die eine Eigendynamik entwickelt haben und die Menschen beeinflussen und manipulieren. Ich denke an meine Erlebnisse mit den unsichtbaren allgegenwärtigen Monstern der Bürokratie, die den Menschen seiner Würde und Autonomie berauben. Sie werden durch das Hinschauen sichtbar, dadurch verlieren sie ihre Macht.

Die Lichtgestalten sind nun in meinem Herzinnenraum versammelt, es herrscht eine angespannte Erwartungsstimmung, wie eine Prüfungssituation. Ich soll in die Mitte des Kreises treten. Es ist schwer auszuhalten, so von allen Seiten angeschaut zu werden und nicht zu wissen, worum es geht. Dann bekomme ich von oben her eine Krone aufgesetzt, durch die ein Lichtstrom fließt, der den ganzen Raum erfüllt.

Ich sitze da wie ein König auf seinem Thron, der sich fragt, was eigentlich in seinem Reich vorgeht und was seine Aufgabe ist. Der Satz kommt: „Alle Aufgaben werden an dich herangetragen, wenn es Zeit ist. Es gibt nichts zu tun, nur sein und warten, wachsen, reif werden, Geduld und Vertrauen üben. Solange nichts von außen kommt, besteht die Aufgabe darin, auf das Geistige ausgerichtet und zentriert zu bleiben, die Verbindung zwischen Krone, Herz und Erde aufrecht zu erhalten."

Adrian hat seine Gestalt verändert. Er wirkt größer und lichter als sonst und will mir etwas zeigen. Wir gehen zur Tanne. Ich soll in die Erde schauen. Da nehme ich das Wurzelgeflecht wahr und die rege Tätigkeit der Erdwesen dort. Direkt unter dem Stamm befindet sich ein wurzelfreier heller Hohlraum. Wir begeben uns hinein. Es wirkt wie ein heiliger Raum, um uns herum klingt tönende Lebendigkeit. Ich bekomme eine Krone aufgesetzt. Schon wieder eine Krone? Es fühlt sich so an, als ob damit ein Auftrag verbunden ist.

Wir kommen in ein Dorf und werden von Menschen umringt, die uns schon sehnsüchtig erwartet haben. Ich weiß nicht genau, was meine Aufgabe ist, aber spontan kommt mir der Gedanke, die Menschen zu veranlassen, niederzuknien, mit der Stirn die Erde zu berühren und in die Erde hineinzuschauen, ihr zu danken und Liebe hinein fließen zu lassen. Wir knien lange so. Der Raum unter uns wird hell und erscheint ebenso lichterfüllt wie der Hohlraum unter der Tanne.

Er wirkt wie das Regierungszentrum eines königlichen Hofstaates. Ich sitze wie ein König auf einem Thron, um mich herum stehen liebevolle kleine Wesen in ehrfürchtig staunender und dienstbereiter Haltung.

Oase ohne Wasser

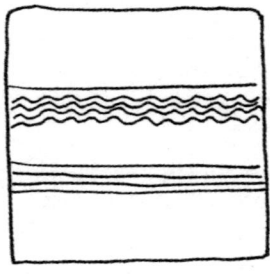 Inmitten einer Regenperiode gönnt uns der Wettergott vier Tage Sonnenschein pur! Beste Gelegenheit, einmal vier Tage am Stück im Gartenhaus zu übernachten. Meine Stadtwohnung liegt mitten in der Stadt, das bedeutet in Eckernförde, nur zwei Minuten vom Ostseestrand entfernt.
An Wochenenden, Feiertagen und erst recht in den Ferien bedeutet das wiederum – zumal bei solchem Wetter – Invasionen von Touristen.

Ich genieße also die relative Abgeschiedenheit meiner Gartenoase. Relativ, weil eine große Straße daran vorbei führt, die zur Zeit auch noch verbreitert wird. Um die Zufahrt zur Gartenkolonie zu gewährleisten, wird extra eine Unterführung gebaut. Es ist eine der sinnlosesten Baustellen, die ich jemals gesehen habe, aber auch hier übe ich mich im Aufgeben von Widerständen. Wegen dieser Baustelle hat unsere Kolonie seit letztem Herbst kein fließendes Wasser mehr. Von Woche zu Woche werden wir vertröstet, wird uns versprochen, dass es bald wieder angestellt wird. Vor einigen Wochen war es so trocken, dass ich nicht nur das Wasser aus der Regentonne, sondern auch aus dem Gartenteich benutzte. Es wurde sogar Wasser aus dem Noor hochgepumpt und in Tonnen gefüllt, woraus sich die Gärtner bedienen konnten. Danach hat es tagelang ausgiebig geregnet und die Regentonnen waren leidlich gefüllt. Jetzt droht wieder Trockenheit und Wasserknappheit. Und diesmal ist der Gartenteich tabu, sonst würden sich meine Kröten und Frösche sicherlich beklagen.

Trinkwasser bringe ich in Flaschen und Kanistern auf dem Fahrrad mit. Der Wassermangel ist der hauptsächliche Grund, warum ich meinen Gartenurlaub zuweilen unterbreche und in mein städtisches Domizil zurückkehre. Duschen, Kanister füllen, Essensvorräte ergänzen, E-Mails checken und dann wieder los. Den Anrufbeantworter höre ich vom Handy aus ab, soviel Zivilisation muss sein.

Die morgendliche Wäsche führe ich mit Tauwasser durch. Ich habe mal gehört, dass Tauwasser so lebendig und rein ist, dass es nicht nur viel besser reinigt als gewöhnliches Leitungswasser, sondern sogar die Gesichtscreme überflüssig macht. Ob es stimmt oder nicht, es ist jedenfalls in dieser Situation zweckmäßig. Ich gehe genussvoll barfuß über den feuchten Rasen, dann lasse ich mich auf alle viere nieder und streiche direkt mit dem Gesicht über die taubenetzten Grashalme. Wie das kitzelt! Und es wirkt tatsächlich erfrischender als jede normale Morgenwäsche!

Meine Stadtausflüge sind dagegen ein echter Kulturschock. Die umher hetzenden Menschen kommen mir wie fremde Wesen vor. Sie erwecken in mir den Eindruck von grauen Gestalten ohne Lebendigkeit. Sie sind geschäftig, aber sie erschaffen nichts. Das empfinde ich als einen schmerzhaft spürbaren, krassen Gegensatz zu der lebendigen schöpferischen Tätigkeit der Natur.

Um ein bisschen Lebendigkeit zu erzeugen, mache ich das Experiment, alle mir Entgegenkommenden anzulächeln. Neunzig Prozent bemerken das gar nicht, sondern schauen starr geradeaus. Von den anderen zehn Prozent lächelt die Hälfte zurück und die anderen gucken irritiert oder grimmig. Aber selbst wenn nur einer zurück lächelt: die Übung lohnt sich!

Dann tausche ich das laute Getriebe der Stadt wieder gegen die Stille der Gartenoase ein. Die Stille hat eine klärende, befreiende Wirkung. Aller äußere Schein, alle Verwirrung fällt ab, alles wird ruhig, klar und einfach, das Gewühle der Welt wird unwesentlich, nebensächlich und überflüssig.

Aber wie schnell hat einen der Alltag wieder in seinen Fängen, wird man selber ein Rädchen im Getriebe, hektisch, zielgerichtet und dem wahren Sein entfremdet!

Bei unserem nächsten Gruppentreffen bin ich nicht die Einzige, die unruhig, zerstreut und unkonzentriert ist. Jemand sagt: „Wenigstens ist hier ein Ort, an dem ich zur Ruhe komme." Dann folgt eine gemeinsame Meditation:

> *Das Wort Ruhe übt eine fast magische Wirkung auf mich aus. Unmittelbar sinke ich tief entspannt abwärts und lande in einem Meer von Ruhe. Ich bade darin, genieße es, erfüllt von Dankbarkeit und liebevoller Präsenz. Alles Belastende, Behindernde, Schwere, Harte, Leichte, Weiche, Trennende will geliebt werden, alle Widerstände schmelzen. Es kommen die Worte: „Möge die Energie der Liebe sich manifestieren, hier an diesem Ort, in mir, in uns allen, und immer kraftvoller ausstrahlen."*

> *Auf die Frage, wie mir diese Energie im Alltag zur Verfügung stehen könnte, tauchen singende Engel auf. Was soll das bedeuten? Soll ich selber mehr singen?*

> *Dann steht Adrian da mit einem Dirigentenstab und bringt Ordnung und Struktur in den Engelchor. Ein witziges Bild! Der große Bärtige ist auch wieder da und sagt: „Wenn du fruchtbar sein willst, musst du dich noch tiefer mit der Erde verbinden." Er versetzt mich tief in eine Schlucht hinein. Ich fühle mich wie ein Baby im Bauch der Mutter, das vom Herzschlag und dem Blutstrom der Mutter umhüllt ist. Ich spüre den Herzschlag der Erde, die Liebe, die sie zu ihren Kindern hat, zu uns, zu mir, und bin tief ergriffen.*

Eine Woche nach diesem Erlebnis fand mein einziges Seminar dieses Jahres in der Schweiz statt. Ich konnte selber nur staunen, wie ich losgelöst von allem Wollen und allen Vorstellungen eine Fülle von neuen Ideen gebar, die sich wie ein bunter Blumenteppich sanft entfalteten. Es herrschte eine Atmosphäre von großer Ruhe und freudig fließender Lebendigkeit. Neue Perspektiven eröffneten sich.

Nun steht der Bärtige wieder vor meinem inneren Auge und lässt seine Kinder aus seiner Bartspalte hervorquellen. Inzwischen weiß ich, dass das seine Art zu sprechen ist, und dass auch unser menschliches Sprechen einem Geburtsvorgang vergleichbar ist. Unsere Worte strömen ebenso in die Welt und leben dort weiter wie die Kinder des Bärtigen. Sie leben und erschaffen unsere Realität und verhelfen unseren Gedanken zur Manifestation.

Er steht vor mir wie ein Ausrufezeichen, wie eine Aufforderung: „Los! An die Arbeit! Sprich! Schreib! Sei fruchtbar! Bringe dich selbst hervor!" Ach so? Das war gemeint? Sicher nicht nur. Man bringt sich selbst auch ohne zu sprechen und zu schreiben ständig aufs Neue hervor, auch oder vielleicht gerade im absichtslosen Sein. Doch ich folge der Aufforderung zu schreiben und gehe in meiner Erinnerung etwas weiter zurück.

Wenn ich es recht bedenke, hat die Serie von Imaginationen, die meinem Verstand nicht entschlüsselbar waren, schon viel früher begonnen. Oft hatte ich in Meditationen Erlebnisse, die mir damals unverständlich, teilweise auch verwirrend und beängstigend waren. Meine Ungeduld und mein extremes Bedürfnis, alles verstehen und einordnen zu wollen, konnten sich schwer damit abfinden. Ich gebe einige Kostproben davon:

Grenzenlos

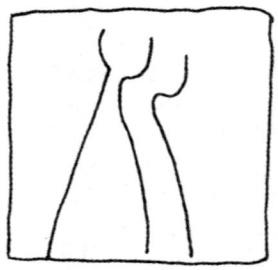

Im Februar 2006 befand ich mich zu einem Arbeitsaufenthalt in Basel und arbeitete mit einer kleinen Gruppe zum Thema „Karmischer Doppelgänger und Schattenanteile." Die Aufgabe war, sich mit einem solchen Anteil in Form eines Symbolbildes auseinanderzusetzen. Ich hatte diese Übung schon sehr häufig gemacht und war gespannt, was mir diesmal bevorstand. Dann geschah etwas sehr Unerwartetes:

Ich befinde mich unversehens vor einem der alten Stadtmauertürme Basels, die auf beiden Seiten oberhalb des Durchgangs mit Metallgittern versehen sind, welche in früheren Zeiten bei Bedarf heruntergelassen werden konnten, um das Tor zu schließen. Unten sind die Metallstäbe sehr spitz, so dass man regelrecht aufgespießt werden könnte, wenn man sich zufällig darunter befindet. Ich passiere das erste Tor und will auf der anderen Seite wieder heraus gehen. Da rasseln auf beiden Seiten die Metallgitter herab und schließen mich ein, so dass ich in dem Turm gefangen bin.

Sofort versuche ich einen Ausschlupf zu finden und mich zu befreien. Dann aber gewahre ich in einer Ecke eine dunkle Kapuzen-Gestalt, die mich an klassische Bilder vom Tod als Sensenmann erinnert. Er schlägt seine Kapuze zurück und öffnet seinen Mantel. Er sieht streng, aber sehr hell aus. Auf meine Frage, wer er sei, antwortet er: „Ich bin dein Tod!" Ich erschrecke ein bisschen, obwohl ich eigentlich keine Angst vor dem Tod habe, aber zum jetzigen Zeitpunkt käme er mir doch sehr ungelegen. Eigentlich sieht er ganz freundlich aus.

Ich frage ihn also: „Wieso kommst du gerade jetzt in diesem Augenblick?"

Er antwortet: „Um dir zu zeigen dass ich dein Freund bin."

Ich: „Nun, das weiß ich bereits, ich habe doch keine Angst und weiß, dass nur der Körper abgelegt wird und ich weiterhin existiere. Was noch willst du mir also zeigen?" Statt einer Antwort schlägt er mit einer grandiosen Handbewegung die Gitter von unten nach oben und die Turmmauern zur Seite, so dass wir im Freien stehen. Ich soll ihm in die Augen schauen, sagt er dann. Seine Augen sehen unendlich liebevoll aus, mir wird es wohl und leicht zumute, als wir nun Seite an Seite am Rhein entlang spazieren.

Komisch, denke ich, der Turm könnte wohl ein Symbol für meinen Körper sein, aus dem der Tod mich mit einem Schlag befreit, aber dann einfach so weiter zu spazieren, als ob nichts gewesen wäre, kommt mir doch sehr merkwürdig vor. Ich bin keineswegs in einer anderen Welt als vorher, sondern am Rheinufer in Basel. Irgendetwas verstehe ich hier nicht. Ich beschließe, mich wieder in den Turm zurück zu versetzen, um zu sehen, ob ich etwas übersehen habe.

Sofort stehen die Turmmauern und Gitter wie vorher da, auch der Kapuzen-Mann kauert wieder in der Ecke. Jetzt wirkt er allerdings ziemlich verärgert, als ob er sagen wollte: „Wie kannst du nur so bescheuert sein, in dieses Gefängnis zurück zu wollen?" „Nun gut," antworte ich, „dann gehen wir eben wieder raus."

Er schlägt abermals die Mauern beiseite und wie vorher wandern wir durch die Stadt zu den Rheinwiesen. Ich frage ihn: „Was willst du mich lehren?"

„Dass du unsterblich bist!"

„Das weiß ich doch schon. Soll ich es noch auf eine andere, tiefere Art erfahren?"

Statt einer Antwort streicht er mir mit seinen Händen über die Oberschenkel. Ich spüre ein Kribbeln, eine Resonanz bis in jede kleinste Zelle hinein. Er vermittelt mir, dass er von Geburt an nicht nur an meiner Seite geht, sondern in jeder Zelle eingespeichert ist. Mit der Geburt beginnt der Todesprozess. Das soll ich aber nicht unter dem Gesichtspunkt des Zerfalls sehen, sondern als einen Ausdruck von reiner Liebe. Ich soll den Todesprozess in meinem Körper lieben lernen. Aus der geistigen Sicht ist es genau umgekehrt wie unsere diesseitigen Denkgewohnheiten uns nahelegen. Durch die Geburt wird der Mensch ins raue harte Dasein der Welt gestoßen. Der Tod ist der Trost, das Versprechen auf Befreiung, das in jeder Körperzelle gespeichert ist. Man soll sich nicht fürchten, sondern sich darüber freuen, diese Gewissheit zu haben, zur rechten Zeit den beschwerlichen Zustand des Erdenlebens wieder verlassen zu können.

Zur rechten Zeit? Ja, denke ich, das ist meine Angst, dass er mich böse überrascht, wenn ich es gar nicht erwarte. Immer wieder fühle ich mich angespannt und unter Druck, ob ich denn auch alles erreiche, was ich mir vorgenommen habe. Ich gehe sehr zielgerichtet die Dinge an, die ich „erledigen" will, da soll mir bloß nichts dazwischen kommen!

Meine Gedanken lösen bei meinem Begleiter ein Lächeln aus. Er verspricht mir aufzupassen, dass mir nichts zustößt, bevor er mir nicht willkommen ist. Und wieder sagt er mit liebevollem Blick: „Sei gewiss, dass du nichts verpassen wirst! Ich bin dein Freund, bin an deiner Seite und in deinem Körper als Erinnerung an das zeitlose Leben, als Trost und Versprechen." Ich fühle mich unendlich wohl in dieser Begleitung, total entspannt, sanft und friedlich. Wir gehen wie ein Liebespaar in inniger Verbundenheit weiter.

Dieses Bild hatte eine unendlich wohltuende und kraftvolle Wirkung bis ins Körperliche hinein, eine spürbare Veränderung der Muskelspannung, Leichtigkeit, atmende innere Bewegung, Loslassen aller Verkrampfungen. Mein Schlaf in der folgenden Nacht war so tief und ruhig wie lange nicht mehr.

Weitere Bilder in den folgenden Monaten kamen mir zuerst äußerst merkwürdig vor, doch auch diese Erlebnisse trugen dazu bei, die Grenzen zwischen Diesseits und Jenseits nicht mehr so eng zu sehen:

Ich stehe auf der Spitze eines Berges und bitte darum, Hinweise bezüglich meiner weiteren Arbeit zu bekommen. Ich werde angewiesen, hinunter ins Tal zu gehen und die dort herrschende Dunkelheit zu erleuchten. Ich sträube mich, will nicht schon wieder ins Dunkel geschickt werden. Nach einer Weile gebe ich nach, gehe abwärts und gelange an einen Fluss. Ich soll hinein steigen und werde von kräftigen Gestalten untergetaucht, wie bei einem Tauf-Vorgang. Wärme durchströmt mich. Das bewirkt, dass ich tiefer in mich hineinkomme und mich mehr mit dem Körper verbinde. Dann steige ich wieder ans Ufer und lege mich erschöpft nieder. Zu meinem großen Erstaunen bemerke ich, dass der erschöpfte Körper erstarrt daliegt, während ich gleichzeitig in einem feineren Lichtkörper vor diesem dichteren Gebilde stehe.

Nun verlasse ich diesen Schauplatz und werde von zwei Lichtwesen in eine Kirche begleitet. Sie sind ernst, wir knien in ehrfürchtiger Stimmung vor dem Altar nieder. Hinter dem Altar steht ein sehr großer Engel mit einer Lanze. Wieder frage ich nach meiner Aufgabe. Der Engel nimmt die Speerspitze seiner Lanze und steckt sie mir ins Herz, als Symbol für die Aufgabe. Es ist mir unangenehm, ich verstehe es nicht und will es auch nicht. „Das ist mir zu hart," sage ich, „kann ich es nicht mal leichter haben? Ich habe genug von harten Wegen!"

Statt einer Antwort nimmt der Engel die eiserne Spitze aus meinem Herzen heraus, steckt sie wieder auf den Lanzenstiel, dreht sich um und bedeutet mir, ihm zu folgen. Eine Wüstengegend wird sichtbar. Ich bin verwirrt. Meine Beine werden starr wie ein eisernes Gestell, das im Boden steckt. Wiederum stehe ich in einer lichteren Gestalt diesem Gestell gegenüber, von dem ich weiß, dass dies mein materieller Körper ist.

Ich spüre, wie ich mich ausdehne und mein Lichtkörper die gesamte Landschaft erfüllt, er durchdringt die Ätherwelt dieser Landschaft mit seiner Kraftstruktur. Ich fühle mich nicht allein. Da gibt es noch andere ähnliche Wesen, mit denen ich in Verbindung stehe und mich austauschen kann. Ich nehme wahr, dass wir auch von dieser Ebene aus auf das materielle Leben Einfluss nehmen können.

Während ich dies schreibe, wird Felix immer dreister. Soeben hoppelt er ungeniert vor meinen Augen, beinahe vor meinen Füßen, auf der Wiese umher. Ich bleibe reglos im Liegestuhl sitzen, um ihn nicht zu erschrecken. Wie niedlich er die Ohren spitzt und schnuppert! Dass seine Hinterlassenschaften auf meinem Rasen mich zuweilen ärgern, verzeihe ich ihm in diesem Augenblick. Es würde ohnehin nichts ändern, wenn ich mit ihm schimpfe. Im Moment benimmt er sich mal wieder tadellos, wie schon neulich, als ich ihm zusah.

Ich würde aber zu gerne wissen, an welcher Stelle das Loch im Zaun ist, durch das er sich Zugang verschafft. Ich erhebe mich also vorsichtig und versuche ihm unauffällig zu folgen. Er bemerkt meine Bewegung, und weg ist er, wie ein Blitz unter einer Hecke verschwunden. Aha! Ich habe schon etliche Löcher im Zaun repariert, aber diese Stelle habe ich noch nie genauer in Augenschein genommen, da ich den Zaun hier für absolut dicht hielt. Als ich mich der Hecke nähere, unter der Felix verschwunden ist, spüre ich eine Welle von Angst von unten her aufsteigen. Eine Angstspur zieht sich an seinem Fluchtweg entlang, ich kann sie in meinem Körper spüren, obwohl ich weiß, dass es nicht meine Angst ist.

Ich kehre zu meinem Liegestuhl zurück. Die Angst des Tieres wirkt in mir nach, dazu gesellt sich Beschämung, dass ich der Auslöser davon war, und gleichzeitig eine Stimme, die beschwichtigen will, dass so etwas doch unvermeidlich ist. Und schon bin ich in widerstreitende Gefühle verstrickt.

Nach einer Weile wagt Felix sich wieder hervor. Schade, dass ich ausgerechnet heute keine Kamera dabei habe! Er kommt ganz nah heran. Eine kleine Bewegung von mir treibt ihn augenblicklich wieder in die Flucht. Ich lege mich auf die Lauer. Ohne Flinte, versteht sich. Über Kaninchenbraten würde sich nur mein Nachbar freuen. Ich bin Vegetarierin.

Felix zeigt sich nicht mehr. Ich untersuche die Stelle, an der er verschwunden ist. Sie ist besonders unzugänglich, die Hecke ist zu dicht, um den Zaun inspizieren zu können. Mit meiner Heckenschere schneide ich den Zugang frei. Was ich dann sehe, erklärt alles: zwei große Löcher sind unter dem Zaun durchgegraben, an einer Stelle, wo ich kaum eine Chance habe, die Löcher zu reparieren.

Ich frage mich, wie ich mich zu dieser Herausforderung stellen soll. Weiterhin meine Kleintierschau genießen, oder auf die Verteidigung meiner Grenzen pochen? Für meine innere Entwicklung scheint mir Letzteres angebrachter, da ich immer Mühe habe, meine Grenzen zu verteidigen, ja, sie überhaupt als solche wahrzunehmen. Andere nehmen sie dann erst recht nicht wahr. Wie sollten sie auch? Ich bin am liebsten unsichtbar, so dass niemand an mir Anstoß nehmen kann und keine Konflikte entstehen. Es entsteht dann trotzdem ein Konflikt, nämlich in mir selbst. Einerseits will ich meine Ruhe haben, andererseits aber auch bemerkt und respektiert werden. Vor Jahren hatte ich einmal auf meine Frage, wie ich meine stille Arbeit verrichten und trotzdem wahrgenommen werden kann, folgendes Bild:

Inmitten einer Stadt herrscht lebhaftes Markttreiben. Eine Frau steht an ihrem Stand, an dem sie einer ruhigen besinnlichen Arbeit nachgeht. Sie bietet die Produkte ihrer Arbeit an, macht aber keinerlei Werbung für ihre Tätigkeit, während ringsherum die Marktschreier sich überbieten. Die Leute hetzen vorbei, rempeln an ihren Stand und ignorieren völlig, dass hier etwas angeboten wird, was Ruhe und Schutz braucht. Nun verteidigt sie ihren Stand und macht die Leute aufmerksam, dass dieser Raum heilig und schutzbedürftig ist. Dadurch werden Menschen angezogen, die ebenfalls Stille suchen. Das Verteidigen der Grenzen braucht aber auch Kräfte, die der eigentlichen Arbeit dann fehlen können. Deshalb zieht sie sich zeitweise ins Verborgene zurück, um sich auf das Wesentliche zu konzentrieren und Kräfte zu bündeln.

Für die jetzige Situation bin ich allerdings entschlossen, Energie in die Grenzverteidigung zu investieren, den Kampf gegen die Eindringlinge aufzunehmen und den Zaun dicht zu machen. Bei näherem Hinsehen entdecke ich jedoch weitere große Löcher. Überhaupt ist mir in letzter Zeit aufgefallen, dass es an einigen Stellen Löcher gibt, die für Wühlmäuse eigentlich zu groß sind. Ein schrecklicher Verdacht steigt in mir auf...!

Kann es sein, dass nicht nur mein süßer Felix, sondern Generationen von Kaninchen sich unterirdisch in meinem Garten breit machen und dort zusammen mit den Wühlmäusen und Maulwürfen Orgien feiern? Ich male mir diese Vorstellung in allen Einzelheiten aus, bis sie mich derartig zum Lachen bringt, dass meine eben aufkommen wollende Stimmung von Frust und Resignation restlos verfliegt.

Nur zu! Herzlich willkommen in meinem Reich! Die Entscheidung, meine Grenzen zu verteidigen, stößt offensichtlich an ihre Grenzen! Da fällt mir ein, dass ich mir vor kurzem erst vorgenommen hatte, meine Widerstände aufzugeben. Ich lasse mich entspannt in den Liegestuhl sinken.

Ich sinke und sinke und bin plötzlich tief in der Erde, wieder bei den Wühlmäusen. Diesmal sind auch Kaninchenbauten zwischen den vielen Wühlmaushöhlen. Alle ziehen sie ihren Nachwuchs groß und päppeln ihre Kleinen mit viel Liebe. Es fühlt sich kuschelig und geborgen an. Ich tauche völlig ein in die Liebe der Tiere zu ihren Nachkömmlingen. Mein Herz geht auf, ich werde unendlich weit, erfüllt von einer unvorstellbar großen Liebe. Wir gehören zusammen, die Wühlmäuse und die Kaninchen und ich. Ich bin bei ihnen in der Erde und gleichzeitig sind sie in meinem Herzen. Ich fühle mich grenzenlos mit Liebe und Dankbarkeit erfüllt.

Verwundert öffne ich die Augen. Was war das gerade? Ist mir nun ganz ohne Absicht gelungen, was ich vor ein paar Tagen vergeblich versucht habe? Habe ich nicht nur den Widerstand gegen die Wühlmäuse, sondern auch den Widerstand gegen meinen Widerstand aufgegeben? Das scheint der Trick zu sein: erst etwas anzustreben, zu fokussieren und dann loszulassen, vielleicht sogar zu vergessen oder aufzugeben, dann kommt es wie von selbst!

Elemente

Gut zwei Jahre nach den oben beschriebenen metaphysischen Erlebnissen führte mich eine berufliche Frage zu tiefgreifenden Erfahrungen mit den vier Elementen, den Bausteinen des Lebens in uns selbst und in der Natur. Es ging mir um das Verständnis von Zusammenhängen zwischen künstlerisch gestalteter Bewegung und der Rückwirkung dieser Bewegungen auf Körper und Seele sowie auf den umgebenden Raum.

Vor meinem inneren Auge entsteht ein Kreis aus Lichtwesen, der sich schnell in einen Feuerkreis verwandelt. Es ertönen die Worte: „Tritt durch das Tor des Feuers ein!" Ich stehe noch außerhalb, das Feuer brennt allmählich herunter und reicht mir nur noch bis zum Knie. Ich könnte herüber springen, zögere aber und gehe zunächst ringsherum. Das Feuer wächst höher zu einer gewaltigen Feuerwand. Es berührt mich stark, ich bin den Tränen nah und halte ehrfürchtig inne.

Auf der linken Seite formt sich ein Tor, es erklingt: „Tritt ein!" Es öffnet sich und ich gehe hinein. Drinnen herrscht totale Stille, fast eisig, es schaudert mich und lässt mich erstarren. Ich bin verwirrt, fühle mich wie in einem „Feuerzelt" gefangen und versuche, einen Kanal nach oben zu öffnen. Es gelingt nicht. Ich könnte theoretisch innerhalb des Zelts herumgehen, bin aber wie gelähmt. Dann ergreift mich ein warmer Strom von unten mit den Worten: „Ich will!"

Mir wird klar, dass die vorhergehende Lähmung dazu diente, die Entstehung eines Willensimpulses in Zeitlupe beobachten zu können. Mein Körper bekommt eine merkwürdige Form, beste-

hend aus zwei Halbkugeln, die nach oben und unten geöffnet sind und in der Mitte nur eine winzige Verbindungsfläche haben. Die Halbkugeln scheinen zwei Arten von Willensimpulsen zu symbolisieren: Das Feuer von unten, wie eine vulkanische Kraft und von oben das geistige Feuer der Begeisterung. Die Mitte dazwischen ist zugeschnürt. Wieder tönt: „Ich will!"

Von der unteren Halbkugel strömt ein explodierender Vulkan noch oben, durchbricht die Trennlinie in der Mitte, so dass die Halbkugeln verschmelzen und die Ströme von oben und unten sich verbinden können. Nun bekomme ich wieder Arme und Beine, mein Körper nimmt seine normale Gestalt an, ich spüre Tatkraft und Lust zu handeln. Plötzlich halte ich ein riesiges Flammenschwert in der Hand, zerteile damit den Feuerkreis und schreite hindurch.

Mir wird vermittelt, dass manche meiner Impulse im Kopf stecken bleiben und mich nicht als ganzen Menschen ergreifen, nicht tief genug verwurzelt sind, so dass sie sich nicht entfalten können. Die Gefahr ist dann, dass nicht die nötige Willenssubstanz vorhanden ist, um den Impuls zu verwirklichen, sondern ich meinen Vorstellungen hinterherlaufe und mich dadurch überfordere.

Nach dem Durchschreiten des Feuerkreises wende ich mich dem Erdelement zu. Ich gerate in einen Wald. Das Feuerschwert befindet sich noch in meiner Hand, gewaltiger Tatendrang beflügelt mich. Ich empfinde eine ungeheure Lust an meiner neu entfachten Kraft und haue ohne Besinnung mit dem Schwert alle Bäume kurz und klein. In kurzer Zeit ist der ganze Wald umgehauen und brennt lichterloh. Nun wird mir die Zerstörungskraft des Feuers bewusst. So muss mit jedem Willensimpuls etwas zerstört werden, bevor etwas Neues in die Welt kommen kann. Der ganze Wald brennt ab und ich sitze vor der Asche und denke: „Zerstören geht schnell, aber aufbauen dauert sehr lange."

Die Zerstörung ist geschehen, Trümmer und Asche bleiben übrig. Nun muss durch harte Arbeit Schritt für Schritt geackert werden, um den Boden zu bereiten und neue Samen zu legen, *die weiter gehegt und gepflegt werden wollen. Es wird mir klar, dass ich mich oft mit meinen Taten auf das Samenlegen beschränken muss. Die Zeit und andere Kräfte sorgen dann für die weitere Entfaltung des Gesäten. Das zu wissen bringt große Erleichterung.*

Nun erklingen die Worte: „Ich will wachsen!" Das erfordert Geduld und Ausdauer. Die Samen brauchen Gelegenheit, langsam zu reifen. Was zu früh geboren oder geerntet wird, bleibt lebenslänglich schwach, unreif, kränklich. Aber auch durch solche Frühgeburten können besondere Kräfte aktiviert und ausgebildet werden.

Mein Weg führt mich weiter zum Wasserelement. Ich werde eingehüllt in eine sanfte Welle, in eine Wasserkugel, die mich schaukelt und wiegt im Rhythmus des Lebens. Ich tauche tief ein in diese zeitlose zirkulierende Qualität, die nicht zielgerichtet ist, sondern fortdauernd immerwährendes Leben hervorbringt. Dazu kommen die Worte: „Ich vertraue dem Fluss des Lebens."

Das Luftelement ergreift mich und lässt mich die Leichtigkeit des Seins fühlen. Ich stehe mit ausgebreiteten Armen in der Natur, es gibt keine Begrenzung des Raumes, alles ist mit allem verbunden.

Diese Meditation war mit starken körperlichen Reaktionen verbunden, es waren nicht nur Bilder, sondern ein tiefes Eintauchen in das Wesenhafte der Elemente. Eigentlich bilden die Elemente in der Natur und auch im menschlichen Körper idealerweise ein Gleichgewicht. Ungleichgewichte zugunsten eines Elementes sind die Ursachen individueller Spielarten des Lebensausdruckes.

Dem Feuerelement kommt jedoch eine Sonderstellung zu, da es die Metamorphose beim Gang durch die verschiedenen Aggregatzustände bewirkt. Ohne dass Feuer oder Wärme tätig ist, kann überhaupt nichts fest, flüssig oder gasförmig werden. So spielte das Feuer auch in dieser Imagination eine Hauptrolle. Mir wurde deutlich, dass die Elementarwesen, die in den Elementen leben, unterschiedliche Intentionen haben. Sie wirken nicht nur harmonisch zusammen, sie bekämpfen einander auch. Das, was entsteht, wird bewirkt durch das Zusammenwirken der verschiedenen Intentionen.

Im Seelischen ordnet man den vier Elementen seit alters her die menschlichen Temperamente zu: dem Feuer die Cholerik, der Erde die Melancholie, dem Wasser das Phlegma und der Luft das sanguinische Temperament. Das Erdelement entspricht im menschlichen Seelenleben dem strukturierten Denkvorgang, das Wasser der Gefühlswelt und die Luft dem Willenselement. Dem Feuer wird die Inspiration, der Funke der Begeisterung, die „zündenden Ideen" zugeordnet.

In meinem Garten habe ich allen vier Elementen einen besonderen Platz eingeräumt: eine Feuerstelle für die Feuergeister, den Gartenteich für die Wasserwesen, ein Windspiel für die Luftgeister und einen aus einem noch verwurzelten Baumstumpf geschnitzten Gnom, der dem Bärtigen ähnlich sieht.

In meinen Bildern zeigte sich immer wieder, dass besonders das Feuer, aber auch die Kräfte der anderen Elemente Veränderungen im Körper, im Ätherleib und in der Seele hervorrufen können:

Ich spüre eine feurig-wärmende Kraft unter meinen Fußsohlen. Allmählich nehme ich kleine Wesen um mich herum wahr, die sich wie eine schützende Kuppel um mich legen, wie Blütenblätter aus Licht, die sich sanft öffnen. Eines der Blätter entwickelt plötzlich eine beängstigende Dynamik und schlingt sich wie eine Würgeschlange um meinen Hals. Unversehens stehe ich mitten in einer sonnendurchfluteten Stadt, in der große Geschäftigkeit herrscht. Das würgende Blatt lockert sich wieder und beginnt zu kreisen. Es ist eine sanfte ätherische Bewegung, die in immer größerem Umkreis durch Menschen und Häuser hindurch weht und dabei eine Resonanz zwischen meinem Kehlkopf und der Umgebung bewirkt. Diese sanfte Energie berührt die Menschen, auch wenn sie mich als Person nicht wahrnehmen und keine direkte Verbindung zwischen uns besteht. Einige kommen aus ihrer Hektik zur Ruhe, setzen sich in meditativer Haltung hin und empfangen diese sanfte Energie.

Nun bewegen sich Flammenwesen um mich herum. Ich soll ihnen folgen. Sie tänzeln vor mir her, bis wir an einen tiefen einsamen See gelangen. In meinem Kehlkopf und Brustkorb spüre ich eine Öffnung, wie ein Tor, durch das ich in den See eintauchen kann. „Steig hinab!" höre ich die Aufforderung.

Ich steige ins Wasser, es fröstelt mich. Ich bekomme eine Art Taucherrüstung angelegt und soll tief hinunter tauchen, um am Grunde des Sees ein Loch zu graben. Das Wasser fließt durch dieses Loch abwärts, wodurch der obere See austrocknet und das Wasser sich in größerer Tiefe sammelt. Dann steigt es in einer Fontäne wieder hoch. Der ursprüngliche See wird größer und tiefer. Auch ich werde größer und vor allem stärker, so dass ich jetzt wie ein Riese mit bloßen Händen den Grund des Sees auseinander drücke und ihn dadurch noch weiter vergrößere.

Ich verstehe nicht, warum ich das tun sollte, gehe verwirrt und erschöpft zum Ufer zurück und lege mich hin. Da liege ich wie eine Leiche, verwundet, verwesend, von Fliegen bedeckt, einfach ekelhaft! Gleichzeitig stehe ich daneben, werde als Lichtgestalt immer größer und wachse zu einer ungeheuer kraftvollen Riesengestalt heran. Die Leiche am Ufer ist im Gegensatz zu meiner jetzigen Größe winzig klein. Ich nehme sie in meine Hand, grabe mit der anderen Hand eine Mulde in die Erde, lege sie hinein und sage: „Ruhe in Frieden!"

In dieser Riesengestalt bin ich unendlich stark und tätig bauend in der Ätherwelt. Die materielle Welt schwimmt klein und dicht im Äthermeer. Mit einer schwungvollen Armbewegung schlage ich eine Lichtbrücke über die Ostsee.

In den nächsten Tagen spürte ich einen starken Nachklang dieses Erlebnisses, auch körperlich fühlte ich mich kräftiger als gewöhnlich, so als ob ich Bäume ausreißen könnte. Wiederum einige Tage später sah ich in weiteren Bildern, wie die Elemente im Inneren wirken können:

Ich stehe in dem Feuerkreis und spüre eine Flamme wärmend im Herzen. Von dort aus laufen kleine Flammenströme in die Peripherie des Körpers. Ich gehe wieder zu dem See. Im Kehlkopf spüre ich krampfhaft verhärtete Strukturen. Ich kann sie mit den Händen heraus nehmen und in den Flammenstrahlen baden.

Die Verhärtungen schmelzen, lösen sich ab, es wird ein zartes Lichtgebilde daraus, das in einem Schwung nach oben über die Mitte des Sees rutscht. Dort wird es getragen von Wassergeistern, die daran mit freudiger Leichtigkeit arbeiten. Ich stehe als kleiner Mensch daneben, knie nieder, den Kopf zur Erde geneigt und schließlich ganz zusammengerollt. Ich weiß nicht, was das alles bedeuten soll, kann aber auch nicht weggehen. Lange warte ich so, bis ein Impuls kommt, mich zu erheben und dieses Lichtgebilde mit einer schwungvollen Armbewegung zu zerteilen. Es zerfällt. Die Essenz zieht in meinen Körper ein. Nun kann ich weiter gehen.

Draußen tobt ein Unwetter. Ausgerechnet an dem Tag, an dem die diesjährige Gemeinschaftsaktion im Garten stattfinden soll. Tagelang hatten wir schönstes Sommerwetter, und jetzt das! Endlich wollte ich einmal dabei sein bei dieser Gemeinschaftsarbeit, zu der jeder Pächter laut dem Deutschen Kleingartengesetz verpflichtet ist, vier Stunden pro Jahr. Wer nicht teilnimmt, muss pro versäumter Stunde fünf Euro bezahlen. Bisher habe ich mich immer freigekauft, nicht weil ich nicht arbeiten wollte, sondern weil die festgesetzten Termine jedes Mal auf meine Seminarwochenenden fielen. In diesem Jahr wollte ich mir das Vergnügen nicht entgehen lassen.

In einer Stunde soll es losgehen. Und es schüttet wie aus Kübeln! Geplant ist das Schneiden der Hecke am Eingang und am Parkplatz der Kolonie. Ich hatte kürzlich mit meinem Nachbarn darüber gesprochen, dass ich diesmal teilnehmen wollte. Er schaute mich schräg an.

„Hm," meinte er. „Für das Schneiden der Hecke benutzen wir meine elektrische Heckenschere, die mit meinem Stromgenerator betrieben wird. Aber weil die Hecke so hoch ist, brauche ich eine Leiter. Die Frauen, die zum Helfen kommen, können dann die Leiter festhalten, damit ich nicht umkippe."

Nun habe ich mich tagelang darauf gefreut, meine Nützlichkeit unter Beweis zu stellen, indem ich das Leiterchen des Nachbarn festhalte, während er die Hecke schneidet. Vielleicht würde man mir auch eine andere Arbeit anvertrauen? Oder hat sich meine Fitness-Center-Bedürftigkeit schon herumgesprochen?

Es regnet immer noch, nicht mehr ganz so stark, aber unablässig. Die Entscheidung rückt näher: Gehe ich hin oder nicht? Ich rechne mir aus: Bis ich dort bin, werde ich völlig durchnässt sein. Ich könnte mich in der Hütte umziehen, da gibt es genug Ersatzkleider. Wenn ich nur eine halbe Stunde das Leiterchen festhalte, werde ich von Neuem durchnässt und dazu so durchfroren sein, dass ich mir bestimmt eine handfeste Erkältung einhandele. Und das alles wegen der fixen Idee, dass ich unbedingt das Leiterchen halten will!

Vielleicht brauchen sie mich gar nicht, oder es gibt andere, die mir diesen tollen Job streitig machen? Vielleicht kommt überhaupt niemand, weil sie alle bei diesem Wetter lieber zu Hause bleiben? Es regnet nicht nur, es herrscht Windstärke fünf! Das macht die Vorstellung, raus zu gehen, doppelt unangenehm.

Nein danke! Angesichts dieser widrigen Umstände lasse ich meine fixe Idee fallen und verzichte schweren Herzens auf das Halten des Leiterchens...

Reise nach innen

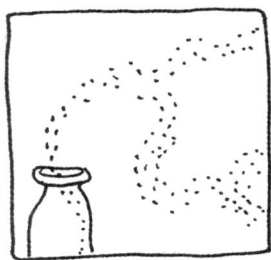

Eigentlich finden alle imaginativen „Reisen" im Inneren der Seele statt, ganz gleich, ob sie in die Vergangenheit früherer Erdenleben, in geistige Räume oder irdische Realitäten führen. Sie können aber auch ins Innere des eigenen Körpers führen. Meine kleinen gesundheitlichen Probleme versuche ich meistens durch Meditationen zu bearbeiten. Zu Ärzten gehe ich äußerst selten, sie finden bei mir nie etwas, auch wenn es mir nicht gut geht. Immer behaupten sie, ich sei unheilbar gesund.

Tatsächlich spreche ich auf Medikamente entweder gar nicht oder viel zu stark an, selbst bei homöopathischen Mitteln. Wenn ich geistig nachfragte, was mir denn gut tun würde, bekam ich häufig die Antwort, dass ich keine Medikamente nehmen soll, da sie bei spirituell arbeitenden Menschen anders wirken als üblich. Trotzdem besorgte ich mir manchmal unterstützende Kügelchen, wenn ich mich nicht gut fühlte. Einmal hielt ich ein solches Fläschchen in der Hand und bekam wieder die Botschaft, es sei nutzlos, wenn ich das Mittel einfach so einnehme. Dann hatte ich folgendes Bild:

Ich halte das Fläschchen in der Hand. Eine Lichtgestalt schreitet auf mich zu, nimmt die Kügelchen heraus, und verteilt sie mit nach oben geöffneten Händen mit leichtem Schwung im Umkreis. Sie rieseln wie winzige glitzernde Tröpfchen herab, um mich herum eine Art Kraftfeld bildend, das einerseits aus der Substanzwirkung des Mittels, andererseits aus der ordnenden durch-lichtenden Christuskraft besteht.

Dann zieht sich das Kraftfeld wieder zusammen, verdichtet sich wieder zu den Kügelchen, die rasend schnell in die Flasche zurück schnurren. Durch diesen Prozess hat sich die innere Struktur der Substanz so verändert, dass ich sie jetzt einnehmen kann.

In einer weiteren Meditation bekam ich die Botschaft, dass nicht nur Heilmittel, sondern auch Lebensmittel bei spirituell arbeitenden Menschen eine andere Wirkung haben können als üblich, ja, dass sie sogar eine schädliche und vergiftende Wirkung entfalten können, vor allem, wenn bei der Zubereitung oder dem Vertrieb des Lebensmittels geschäftssüchtige Interessen, Egoismus und Gier im Vordergrund stehen. Die Substanz verliert dann einen Teil ihrer Kraft auf einer höheren Ebene und wirkt nur noch im Physischen. Das hat aber auf einen Organismus, der auf Geistiges hin orientiert ist, eine ähnliche Auswirkung wie Leichengift.

Man kann unter Umständen diesen Prozess umkehren, wenn man die Stelle in der Produktions- und Vertriebskette findet, wo die Energie abhanden gekommen ist, und sie dann geistig zurück erbittet. Freude an der Natur kann den Menschen ernähren, und die Natur bekommt dafür die Freude des Menschen. Egoistisches, auf Gewinnmaximierung hin orientiertes Denken raubt Energie, Freude an der Arbeit nährt Leib und Seele und sichert die Existenz. Freude erzeugt auch eine Kraft, die viele Krankheiten vertreiben kann.

Mein einziges größeres gesundheitliches Problem waren lange Zeit starke Gebärmutterblutungen. Diese Schwäche war ein treuer Begleiter und Lehrer über lange Zeit, fast zwanzig Jahre lang arbeitete ich auf äußeren und inneren Ebenen daran. Irgendwann reichte es dann. Der innere Lernprozess war an ein Ende gekommen und äußerlich traten nach einer Zeit der Besserung heftige Dauerblutungen auf, die mich derartig schwächten, dass meine Arbeitsfähigkeit auf dem Spiel stand. Nach langem Ringen entschloss ich mich zur Operation.

Krankenhäuser habe ich nach Möglichkeit immer gemieden, selbst meine Kinder wurden zu Hause geboren. Nun versuchte ich Gesichtspunkte zu finden, um mich positiv auf das Bevorstehende einzustimmen. Einer davon war, dass ich es doch auch mal genießen könnte, wenn sich Leute um mich kümmern. Ein anderer, dass ich die Errungenschaften der modernen Medizin, vor allem der Chirurgie, schätzen und würdigen lerne. Ich hatte erfahren, dass diese Operation als harmloser Routine-Eingriff gilt und nach Möglichkeit ein Bauchschnitt vermieden wird. Da meine Gebärmutter ziemlich vergrößert war, konnten die Ärzte mir aber nicht garantieren, dass es ohne Bauchschnitt gelingen würde.

Meine Zimmernachbarin erzählte mir gleich nach meiner Ankunft, dass sie dieselbe Operation bereits hinter sich hätte und dabei alles Mögliche schief gegangen sei, so dass sie jetzt noch einmal nachoperiert werden müsse. Sie hatte schreckliche Angst und wollte unbedingt am nächsten Morgen gleich als Erste dran kommen, damit sie nicht solange Angst haben muss. Ich wollte auch gerne die Erste sein, ganz egoistisch. Die Entscheidung darüber lag jedoch nicht bei uns, sondern bei den Ärzten. Es sollten acht Frauen an diesem Tag operiert werden.

Als ich für einen Moment alleine war, begab ich mich in eine Meditation, um herauszufinden, wer oder was mir noch helfen könnte, das Ganze gut zu überstehen.

Als erstes tauchte der Gedanke an philippinische Geist-Heiler auf. Ich hatte einmal in einem Film gesehen, wie sie mit bloßen Händen operieren und die Narbe sich unmittelbar schließt, ohne Blutverlust. Nun bin ich zwar westlichen „Messerstecher- Chirurgen" ausgeliefert, dachte ich, aber vielleicht könnten sich solche Geist-Heiler auf geistiger Ebene einklinken und wenigstens helfen, dass die Blutung sich in Grenzen hält. Sofort nahm ich einige

Wesen wahr, die mir versprachen, sich darum zu kümmern. Sie wären danach auch noch für alle weiteren Operationen dieses Tages da, um die Blutungen zu stillen, sagten sie mir.

Kurze Zeit später wurde mir mitgeteilt, dass ich die Erste sein würde. Die Nachbarin tat mir leid, aber ich beruhigte mein Gewissen mit dem Gedanken, dass sie ja dann ebenfalls von den Geist-Heilern profitieren würde, wie auch alle anderen Frauen. Als ich aus der Narkose aufwachte, fuhr meine Hand als erstes über meinen Bauch. Kein Schnitt! Ich war erleichtert. Am nächsten Tag erschien der Operationsarzt an meinem Bett. Ich sah ihn zum ersten Mal, vorher hatte ich nur Kontakt zu den untersuchenden Ärzten und dem Anästhesisten. Er erzählte mir, dass die Operation wegen der vergrößerten Gebärmutter ganz schön schwierig gewesen sei, er hätte sie in mehrere Teile zerschneiden müssen, um sie herauszubekommen. Dafür habe es erstaunlich wenig Blutverlust gegeben. Überhaupt sei es den ganzen Tag bei allen Operationen zu ungewöhnlich geringen Blutverlusten gekommen. Ich verriet ihm natürlich nichts, sondern schickte still lächelnd einen Dank nach oben, für die Hilfe und für die prompte Bestätigung. Von der Operation erholte ich mich rasant schnell. Nach zwei Tagen konnte ich die fünf Stockwerke im Krankenhaus rauf und runter zu Fuß bewältigen.

In den folgenden Monaten widmete ich meinem Körper viel Aufmerksamkeit. Ich nahm kleine Befindlichkeits-Störungen oder diffuse Schmerzpunkte zum Anlass, mich meditativ mit einzelnen Organen zu beschäftigen. Auch unser Körper ist Natur, belebt von unzähligen kleinen oder größeren Wesen, die alle ihren Dienst tun und uns gesund halten, solange sie nicht gestört werden. Diese inneren Reisen waren für mich eine große Überraschung. Ich fasse die im Laufe vieler Monate erlebten Bilder hier zusammen:

Nieren und Nebennieren

Ich nehme einen scharfen Schmerz in der linken Niere wahr. Es erscheint das Bild einer stachligen kleinen Kugel, dazu die Worte: „Es tut sooo weh!"

Was tut weh? Das Getrennt-sein, der Riss, der sich zwischen beiden Nieren auftut. Es ist ein Urschmerz, der mit der Geschlechtertrennung zu tun hat, oder überhaupt mit dem Erlebnis, aus der Harmonie der Ureinheit heraus gefallen zu sein.

Ich versuche, am Rücken eine ätherische Öffnung zu schaffen, um das schmerzende Stachelgebilde herauszuholen. Nach einer Weile gelingt es, aber es bleibt eine Wunde, eine Traurigkeit zurück.

Die rechte Niere war bis dahin eher diffus und dunkel. Jetzt wird dort eine Gestalt wahrnehmbar, die Mitleid mit der traurigen linken Seite hat. Sie schauen einander an. Die rechte Seite wirkt eher weiblich, die linke männlich (seltsam, ich dachte es sei umgekehrt). Sie schieben sich jetzt voreinander, so dass das männliche Element hinten, das weibliche vorne ist, der Rücken stark und hart, die Vorderseite weich und flexibel. Diese Einheit wirkt wohltuend.

Oben an den Nebennieren zucken helle Flämmchen auf. Sie haben eine Warnfunktion und drücken Angst aus. Angst vor einem Gegenüber, das erst durch die Trennung von der Einheit bemerkbar wird. Es ist auch die Angst, ein Ich zu sein, alleine zu sein und sich zu konfrontieren mit einem anderen Ich. Es ist Angst vor Emotionen, eigenen und fremden, Angst vor dem Tierischen im Menschen, dem Triebhaften, Unberechenbaren, Unkontrollierbaren. Angst vor männlicher Sexualität, Begierde und Gewalt.

Ich nehme ein triebhaft-gieriges, affenähnliches Monster vor mir wahr. Mir wird klar, dass dies als Teil des menschlichen Potenzials auch in mir ist. Ich habe Angst vor der Zerstörungskraft dieses

Monsters, wenn ich sie herauslassen würde, aber auch wenn ich sie zurückhalte, denn dann entwickelt sie selbstzerstörerische Kräfte. Ich öffne einen Spalt im Rücken, um diese Energie sanft abfließen zu lassen.

In der Ferne sehe ich einen Kamelhengst in brünstiger Gier toben. Er wendet sich mir zu. Ich habe Angst, dass sein Begehren sich auf mich richten könnte. Das erste Monster verkörperte die Angst vor der eigenen Begierde, das zweite repräsentiert nun die Angst, ohnmächtiges Opfer einer fremden Begierde zu sein. Ich versuche mich zu ducken, zu verstecken. Er nimmt meine Angst wahr, das reizt ihn noch mehr. Er trabt schnaubend auf mich zu.

In meinem Herzen erscheint eine Kreuzform, die von sieben roten Rosen umringt ist. Ich richte mich auf, halte dem rasenden Tier dieses Symbol entgegen und verneige mich vor ihm in respektvoller Achtung. Es hält vor mir an und zieht sich dann zurück.

Herz

Links oben am Herzen zeigt sich eine schmutzig-braune Verdickung, wie eine alte Last, ein diffuser Klumpen, drückend, schwammig. Rechts unten befindet sich eine hauchdünne Stelle, die aufbricht und blutet. Beide Stellen spüre ich seit Jahren auch körperlich, besonders die untere fühlt sich wie eine Wunde an, die nicht heilen will.

Auf die Frage, welches Wesen mir helfen könnte, taucht eine Biene auf, die das Loch mit Wachs und Propolis verschließt. Rechts oben bei der Verdickung erscheint eine Weißdorn-Blüte, die mir als Herzheilmittel bekannt ist. Daneben wächst ein langer Dorn, der Angreifer abhält. Das Herz ist sehr schutzbedürftig.

Lunge und Kehlkopf
Schöpferkraft der Sprache

Ein Schmerzpunkt in der rechten Lunge sieht wie ein schwarzer mandelförmiger Fleck aus. Er wird von innen heraus unangenehm rot-gelb. Dieses Rot-Gelb dehnt sich flammenförmig zersplitternd nach außen aus und durchbricht den schwarzen Rand mit zerstörerischer Kraft. Das macht mir Angst vor einer ernst zu nehmenden Krankheit. Ein Messer erscheint und bohrt sich vom Inneren der Lunge nach außen durch, als ob etwas heraus geschnitten werden müsste. Ich gucke durch das Loch, dahinter sehe ich operierende Ärzte.

Auf die Frage, welches Wesen helfen könnte, erscheint eine kaum wahrnehmbare Lichtgestalt. Ich spüre ihre Hände beiderseits an meinem Hals. Der Kehlkopf fühlt sich wie ein dicker Kloß an, grau-blau und hart wie Stein. Durch die Heilkraft der Hände lässt die Schwellung nach, die Augen beginnen zu tränen. Es tauchen Männer mit Werkzeugen auf, um diesen riesigen Steinkloß zu bearbeiten und wegzurollen. Wie Gnome arbeiten sie mit Hammer und Meißel in meinem Hals. Sie müssen vorsichtig sein, um die Stimmbänder nicht zu beschädigen. Die abgeschlagenen Steinbrocken schmeißen sie auf ein Fließband, auf dem sie in eine wüstenähnliche Landschaft transportiert werden. Sie können den Stein nicht vollständig entfernen, ohne die Stimmbänder zu gefährden. Diese brauchen zuerst eine Stärkung, bis die letzten Reste der Steinkruste gefahrlos abfallen können. In den frei gewordenen Raum strömt jetzt eine gelartige Substanz, die heilsam wirkt. Das Fließband wird abgestellt. Es tönt: „Es ist von großer Bedeutung, die Sprache von überflüssigen Worten zu reinigen. An solchen Wörtern verliert sich der Gedanke. Die Bausteine der Sprache sollen einen tiefen Sinn und ein tiefes Gefühl tragen."

*Die heilenden Hände nehme ich jetzt an meinem Kopf wahr.
Es ist, als ob jemand hinter mir stünde, wie ein Arzt im weißen
Kittel, der die linke Hand auf meine linke Schulter legt und mit
der rechten von hinten um meinen Brustkorb herum fasst. Dabei
bohrt sich sein Zeigefinger in die schmerzende Stelle hinein,
fährt innen um das Loch herum, reinigt den Rand und schabt
die Schwärze weg. Dort, wo er geschabt hat, wird es golden,
aber der Finger ist zu kurz, um alles Schwarze zu entfernen.
Den Rest soll ich jetzt selber mit Licht erfüllen.*

*Durch das geöffnete Loch sehe ich eine sonnendurchflutete
Landschaft. Auch die Lunge ist nun von Licht durchflutet. Das
Loch schließt sich, ein feiner schwarzer Strich bleibt zurück, wie
eine Narbe. Die Stelle schmerzt immer noch. Ich kratze energisch
an dem schwarzen Strich, als ob ich eine alte Tapete von der
Wand kratzen will, werde ungeduldig und trete wütend ein
Loch in die Wand.*

*Wieder sehe ich durch das Loch die sonnendurchflutete Land-
schaft. Ich vergrößere das Loch zu einem ovalen Fenster, lasse
Licht und frische Luft herein und atme tief durch. Die Lunge
weitet sich, die Verbindung zur Außenwelt öffnet sich.*

*Im linken Lungenflügel befindet sich das Herz, wie ein Holz-
ofen mit Rohren zur Weiterleitung der Wärme versehen. Ich
möchte Bahnen bauen, auf denen die Luft gut zirkulieren kann.
Luftwesen erscheinen, um dabei zu helfen. Sie bewegen sich
in Spiralen aufwärts in die linke Lunge, dann um die Luftröhre
herum in die eustachischen Röhren und strömen von dort aus
in den Kehlkopf. Alles weitet sich.*

*Plötzlich erscheint im rechten Lungenflügel eine Fee mit spitzem
Hut und Zauberstab, wie im Märchen. Sie schwingt ihren Stab
und durch-lichtet und belebt damit die Lunge. Ich wünsche mir
dasselbe für den Kehlkopf. Sie bewegt ihren Stab in einer Spi-
ralbewegung durch die Luftröhre hindurch bis in den Kehlkopf
hinein. Dort schlüpfen viele kleine Feen-Kinder aus der Spitze
des Stabes und reinigen den Kehlkopf. Ich bin begeistert und*

wünsche mir dasselbe für den Kopf, die Wirbelsäule, Beine, Füße, kurzum für den gesamten Körper. Großreinemachen. Die Fee vermittelt mir, dass sie auch mit der Schöpferkraft des Wortes in Verbindung steht. Im Märchen sind es die Feen, die Wünsche erfüllen, wenn sie ausgesprochen werden.

Leber und Galle

Ich empfinde Ekel vor der Leber, die mich an eine dunkle wabbelige Masse erinnert. Da zeigt sich ein kleines Männchen, das wütend auf mich ist, weil ich meine eigene Leber ablehne. Es führt sich auf wie ein tobendes Rumpelstilzchen. Ich lache es aus.

Es wird stiller, erst frustriert über meine Reaktion, dann beinah deprimiert, erstarrt, erschöpft. Es will nur noch in Ruhe gelassen werden, hat keine Idee, keinen Impuls und will auch keine Vorschläge hören. Nach einer Weile erwacht doch ein Impuls: Es fängt an, einen tunnelförmigen Brunnenschacht in die Tiefe zu bohren, wird aber bald müde davon und will sich ausruhen.

Ich möchte den Kleinen anfeuern und sage: „Jetzt bist du doch bald fertig, halte durch!" Wir diskutieren darüber, ob er sich meinem Druck beugen soll oder ob es besser ist zu warten, bis er wieder Kraft und Freude hat. Er entscheidet sich für eine kleine Pause. Dann bohrt er weiter und stößt bald auf eine sprudelnde helle Quelle. Währenddessen hat sich an den Brunnenwänden eine spiralig nach oben drehende Schleimhautstruktur gebildet, so dass die Flüssigkeit aus der Quelle wirbelnd nach oben sprudelt. Indem der Kleine immer wieder eine Platte vor die Öffnung schiebt und sie wieder weg zieht, wird der Flüssigkeitsstrom rhythmisiert. Bei dieser Tätigkeit blüht er sichtbar auf.

Um die obere Öffnung herum befinden sich winzige punktförmige Wesen, die den Vorgang aufmerksam und erwartungsvoll beobachten. Sie freuen sich über den rhythmisch sprudelnden Brunnen. Durch weiteres Bohren erreicht der Kleine helle tunnelförmige Bahnen, auf denen er sich mit großer Geschwindigkeit fortbewegt und im Gehirn landet, um die Information von der eben installierten Neuerung dorthin zu bringen. Währenddessen hat sich der Rhythmus der Quelle verselbständigt und verlangsamt.

Im Gehirn führt sich der kleine Wicht ziemlich wichtigtuerisch und großspurig auf. Er wird geschäftig, denn die Neuigkeit ist mit weiteren Umbaumaßnahmen verbunden, als deren Chef er sich fühlt. Es sollen im Gehirn Zonen aktiviert und mit kosmischen Strömen verbunden werden. Zuerst scheint die rechte Gehirnhälfte betroffen zu sein, dann geht es weiter ins Stammhirn, wo ein heller Raum entsteht. Dort will der Kleine bleiben und sich einen Thron bauen. In der Leber hat er fürs Erste seine Aufgabe beendet.

Die Galle leuchtet sehr hell inmitten der dunklen Leber. Ein Feuermännchen schlägt zornig um sich. Dann ebbt der Zorn ab, aber es scheint sehr taten-freudig zu sein. Es will mich ermuntern, alles kaputt zu schlagen. Ich entgegne, dass doch Sinn und Verstand in jedes Handeln einfließen müssten, man könne doch nicht einfach sinnlos drauflos schlagen. Es widerspricht mir und behauptet, dass der Verstand nur eine unnötige Bremse wäre. Das Handeln an sich setzt Energien frei, aus denen dann etwas Neues gestaltet werden kann, behauptet es. Das Zerstören alter erstarrter Formen sei eine unglaublich tolle Sache!

Die kleine Fee mit dem spitzen Hut taucht am Brustbein auf. Die Thymus-Drüse soll aktiviert werden. Ich soll beim Einatmen die Vorstellung haben, die Luft trichterförmig durch die Thymus-Drüse anzusaugen. Dann werden Verbindungen geschaffen zur Schilddrüse, dem Stammhirn und weiter über die Epiphyse zur Hypophyse. Die Fee will mir etwas vermitteln, aber ich begreife es nicht. Sie ist ganz verzweifelt darüber, dass ich so dumm bin.

Turbulenzen und Stille

 Schock! Unmittelbar nach dem letzten Aufschrieb ging meine Festplatte kaputt. Glücklicherweise hatte ich kurz zuvor noch die Eingebung, eine Kopie als E-Mail an meine eigene Adresse zu senden, die ich dann auf meinem iPod empfangen und von dort aus auf den jetzt geliehenen Computer übertragen konnte. Zuerst dachte ich, dass es vielleicht Geister gibt, die dieses Buch-Projekt verhindern wollen. Aber dann wurde mir klar, dass es genau umgekehrt ist, denn der bisherige Text ist das einzige Dokument, was ich überhaupt noch besitze. Alles andere ist futsch! Alle Textdokumente, alle Bilder, alle Musik, alle E-Mails, alles!! Welch ein sträflicher Leichtsinn, nie für Sicherungskopien gesorgt zu haben! Und doch: welch ein Glück, dass ich von meinem Sohn erst vor wenigen Wochen dieses iPod geschenkt bekam, in das ich meinen frisch aktualisierten Adressbestand übertragen hatte. So sind wenigstens die wichtigsten Adressen und meine Lieblingsmusik gerettet, ich kann meine E-Mails empfangen und habe im letzten Moment das Manuskript kopiert.

Wesentliches bleibt bestehen, Unwesentliches fällt ab.

Nachdem der Schock abklingt, macht sich Erleichterung breit. Welch eine ungeheure Befreiung! Der ganze Ballast der Vergangenheit fällt ab! Das ist fast wie eine neue Inkarnation, denn das Leben eines heutigen Menschen ist ja auf seiner Festplatte gespeichert.

Mein externes Gehirn ist ausgelöscht. Das digitale Leben beginnt neu.

Warum das ausgerechnet an dieser Stelle passierte, werde ich vielleicht irgendwann später wissen. Oder auch nicht. Einmal mehr lerne ich loslassen, auch das Verstehen wollen loszulassen.

Ich staune selbst über meine neu errungene Gelassenheit. Ich kann mich an Zeiten erinnern, in denen mich das Versagen der Technik in einen hilflos nervösen Zustand versetzte. So geschah es einmal, als ich morgens zu einer meiner hiesigen Arbeitsstellen fahren wollte, dass das Auto nicht ansprang. Es ist nicht mein Auto, ich benutze es nur an zwei Tagen in der Woche als „car-sharing"- Auto. Zuerst versuchte ich, den Besitzer zu erreichen. Ich klingelte an seiner Haustür. Keine Reaktion. Dann klingelte ich nebenan bei einer Freundin, ob ich ihr Auto benutzen könne. Jederzeit, sagte sie, bloß jetzt gerade nicht.

Die Arbeitsstelle ist ein Kindergarten, in dem ich einmal in der Woche Eurythmie unterrichte. Zur Zeit bin ich in vier Kindergärten mit insgesamt sieben Gruppen tätig, aber damals war es der Einzige und auch die einzige regelmäßige Einnahmequelle. Allerdings nur, wenn ich die Stunden erteilte, Ausfälle wurden nicht bezahlt. Es hat lange gedauert, bis ich in den Jahren meiner Selbständigkeit soviel Vertrauen entwickelt habe, dass ich alle Ausfälle, Absagen und sonstige Unwägbarkeiten gelassen hinnehmen konnte.

Nun beugte ich mich dem Schicksal, an diesem Morgen nicht fahren zu können. Ich griff zum Telefon, um abzusagen. Besetzt. Alle paar Minuten, immer besetzt. Ich versuchte es unter der Privatnummer eines Erziehers. Seine Frau gab mir seine Handynummer. Kein Empfang. Nun, dachte ich, sie werden ja merken, wenn ich nicht komme und dann bei mir anrufen. Dumm nur, dass sie dann schon alles vorbereitet haben! Aber das kann ich nun nicht ändern!

Ich wartete also auf den Anruf. Nichts. Dort war immer noch besetzt. Erst in der nächsten Woche erfuhr ich, dass das Telefon des Kindergartens kaputt war und an diesem Ort kein Handyempfang möglich ist.

In diesem nervösen Zustand der völligen Handlungsunfähigkeit aufgrund mehrfachen technischen Versagens fragte ich mich nach der inneren Botschaft dieser Bremse von außen.

Vor meinem inneren Auge sehe ich eine riesige dunkle Gestalt. Sie wirkt nicht bedrohlich, aber auch nicht wirklich angenehm, sie erinnert an einen großen Bären. Wir gehen nebeneinander her und gelangen an ein Gebäude mit einem Rundbogentor. Als wir davor ankommen, steht die zweiflügelige Holztür offen, aber das Gebäude ist zerbröckelt, das Tor steht in freier Natur. Der Bär führt mich in einen unterirdischen Raum, der von Kerzen erhellt ist. Da sitzen schweigend weitere, etwas kleinere Bärengestalten.

Der Bär, der mich hereingeführt hat, ist wie ein Stellvertreter für alle. Er sagt, er sei „Legion", eine Vielzahl von Wesen wirken in ihm zusammen. Ich frage sie nach ihren Absichten, ihrer Wirkung. Sie schweigen. Es ist nicht bedrohlich, aber es spiegelt meinen derzeitigen Zustand wider, ganz auf mich selbst zurück geworfen zu sein, keine Antwort zu bekommen, aber auch nicht handeln zu können.

Schließlich sage ich: „Wenn ihr nicht antwortet, gehe ich!" Sie lassen mich schweigend ziehen, der Anführer begleitet mich zum Tor. Er fordert mich auf, vor ihm niederzuknien und sagt: „Beuge dich in Demut vor dem Unabänderlichen, Unvermeidlichen, was mit den irdischen Gegebenheiten zusammenhängt. Akzeptiere, dass du nicht alles steuern kannst. Wenn der Verstand und der Wille lahmgelegt oder gebremst werden, wenn sie ohnmächtig sind, eröffnet sich eine andere Qualität, die Herzebene, das Fühlen, das reine Sein."

Das in der Landschaft stehende Tor öffnet sich, es strömt fließendes Licht hindurch. Der Bär sagt: „Nun nimm deinen Platz ein!" Ich stelle mich unter das geöffnete Tor und das Licht strömt von hinten durch mein Herz hindurch. Auf einmal stehen alle Bären rechts und links von dem Lichtstrom. Ich versuche zu gehen, sie begleiten mich wie eine Leibgarde. Das beengt mich, behindert mich in meiner Bewegungsfreiheit.

Sie signalisieren mir, dass genau das gewollt ist. Durch diese Begrenzung kann sich eine neue Qualität ausbilden, die mit Bedächtigkeit, Entschleunigen und Verinnerlichung zu tun hat. „Um auf das Herz hören zu können, müssen der vorlaute Verstand und die vorschnelle Impulsivität gebremst werden. Solche Momente wie heute morgen sind kostbar, wenn du sie in diesem Sinne als Hilfe auffassen kannst, um innerlich still zu werden und zu lauschen."

Entschleunigen, still werden, lauschen. Nach dem heftigen Unwetter, dem Temperatursturz und dem unerwarteten Verlust aller meiner Daten gerate ich in eine seltsame Stimmung, eine innere Leere, die aber nicht unangenehm ist. Es ist eine erfüllte erwartungsvolle Stille. Nachdem ich die wesentlichen Ereignisse der vergangenen Jahre erzählt habe, bin ich ganz in der Gegenwart angekommen.

Gegenwärtig sein, das fällt dem Verstand schwer. Vielleicht kann er es überhaupt nicht. Er ist immer mit Vergangenheit oder Zukunft beschäftigt, die Gegenwart ist von Fühlen und Handeln geprägt. Allzu häufig sind wir aber in unserem Fühlen und Handeln auch nicht gegenwärtig, weil der Verstand alles überlagert und uns dem eigenen Fühlen und Wollen entfremdet. Wie oft behaupten wir, etwas zu wollen, aber es ist nur eine Vorstellung, ein Wunsch, eine Idee, während die echte Willenssubstanz fehlt.

Auch in die Gefühlswelt mischt sich der Verstand störend ein. Emotionen entstehen aufgrund von Verstandesurteilen, und umgekehrt, wir fühlen etwas und der Verstand liefert eine vorschnelle Erklärung dazu, steckt alles Erlebte säuberlich sortiert in die Schublade der Vorurteile. Emotionales Denken und vom Verstand interpretierte Gefühle, das ergibt einen flüchtigen nebulösen Mix von Unklarheit.

Die schweigende erfüllte Präsenz der Natur kann da heilsam wirken und uns dem Zustand der achtsamen Gegenwärtigkeit näher bringen. Gartenarbeit ist ein wunderbares Mittel, um innerlich zur Ruhe zu kommen, Emotionen und wirre Gedanken zu klären, und mitzuschwingen in dem lebendig-pulsierenden zeitlosen Strom des Lebens.

Vor gut zwei Jahren begann für mich eine Zeit innerer Turbulenzen. Daran konnte selbst der Garten nichts ändern, aber er half mir immer wieder, zu einem inneren Gleichgewicht zu finden. Es gab Umbrüche, Abbrüche, Zusammenbrüche, alles in kurzer Zeit hintereinander. Mein jüngster Sohn zog aus, ich selbst suchte mir auch eine neue Wohnung, eine liebe Freundin brach völlig unerwartet den Kontakt ab, mein Vater starb, meine Arbeit schwächelte, kurzum: es war eine permanente Abschiedsorgie. Und etwas Neues ließ auf sich warten.

Arbeitsmäßig kam das Neue in Form von weiteren drei Kindergärten, in denen ich einmal in der Woche unterrichten konnte. Das gab mir zumindest in materieller Hinsicht Entspannung. Es ergaben sich zwar neue Kontakte und Beziehungen, aber ich erkannte auch, dass die wesentliche Lernaufgabe eine neue Beziehung zu mir selber war. Es ging um das Loslassen emotionaler Bindungen, um frei zu werden für eine größere umfassendere Liebe.

Wie die meisten Menschen lebte ich lange Zeit in der Illusion, dass Liebe etwas mit Emotionen zu tun hat, mit Freude, Glück und oft genug auch Schmerz. Der Schmerz der nicht erwiderten Liebe, der Verlust von Geborgenheit und Einssein, das sind die Lektionen der wahren Liebe, die uns vor dem Irrtum bewahren will, uns selbst zu verlieren, indem wir uns emotional an andere binden und dadurch unfrei werden. Wie oft bekam ich Botschaften wie diese:

„Verlasse dich nicht auf andere, sonst verlässt du dich selbst."

Oder: „Binde dich nicht an andere, sondern an dich selbst. Durch Anhaften an Verlorenes verlierst du dich selbst."

In Wahrheit ist die Liebe keine Emotion, aber wir Menschen emotionalisieren sie und binden uns an diejenigen, die wir lieben. Energetisch sind Liebe und Emotionen etwas ganz verschiedenes. Liebe ist eine Energie der Schöpfung, sie ist im Herzen angesiedelt, während Emotionen im Bauch beheimatet sind. Bei subtiler Beobachtung kann man spüren, wie die ursprüngliche Liebe vom Herzen in den Bauch rutscht, wie die ungleichen Energien sich automatisch vermischen und dadurch die Liebe emotionalisiert wird.

Wenn die Liebe in etwas Bedingtes, Persönliches verwandelt wird, wird sie so verringert, dass sie nicht mehr bedingungslos, nicht mehr offen für die gesamte Menschheit ist. Liebe kennt keine Bindungen, während Emotionen ein Haufen kleiner Haken und klebriger Kletten sind, die uns unfrei machen und das geistige und spirituelle Selbstwertgefühl vermindern. Um emotional frei zu werden, muss eine emotionale Vollständigkeit im Inneren angestrebt werden.

Das bedeutet, Verantwortung für die eigenen Gefühle zu übernehmen, sie als Sprache der eigenen Seele zu verstehen und nicht andere Menschen dafür verantwortlich zu machen. Man kann nicht ausschließlich spirituell wachsen und dabei die Gefühle vernachlässigen, wie das vielen spirituell strebenden Menschen passiert, die oft, so wie ich auch, viele Inkarnationen in Klöstern oder ähnlichen Zusammenhängen zugebracht haben, wo die Gefühle in einer Warteschleife gehalten oder unterdrückt wurden. Wir sind ganzheitliche Wesen, das bedeutet, dass wir gleichzeitig spirituell, mental und emotional wachsen sollten.

Meine inneren Bilder zeigten mir deutlich diese schwierige Lektion, in eine andere Dimension von Liebe hineinzuwachsen:

Lichtbrücke

Ein großer Engel erscheint, er weist mit einem flammenförmigen Schwert nach rechts. Ich weiß nicht, was er mir dort zeigen will, aber ich gehe in die gewiesene Richtung. Nach kurzem Weg lande ich in einem Dornengestrüpp und stecke fest. Ich werde aufgefordert weiterzugehen, bahne mir also einen Weg durch die Dornen, es scheint endlos weiter zu gehen. Ich kämpfe mich mühsam durch, trotz vieler Hindernisse und Verletzungen.

Endlich lichtet sich das Gestrüpp, ich lande in einem Lichtraum, in dem helfende Lichtwesen mich empfangen. Sie teilen von sich aus nichts mit, ich soll eine Frage stellen. Ich bitte sie, mir den Weg zu einer tieferen Liebesfähigkeit zu weisen. Als erstes setzen sie mir eine Dornenkrone auf, dann schicken sie mich zurück auf den Dornenweg. Das schmeckt mir überhaupt nicht! So hatte ich mir eine tiefere Liebesfähigkeit nicht vorgestellt! Ich verstehe schon, dass Liebe etwas anderes ist als ein romantisches Glücksgefühl, aber muss es denn mit Leiden verbunden sein? Oder wie soll ich dieses Symbol der Dornenkrone verstehen?

Ich weiß auch, dass neue Fähigkeiten sich oft erst durch Leid bilden, dass vieles erst umgewandelt werden und wachsen kann, wenn es zuvor durch einen Läuterungsprozess gegangen ist. Aber darf ich nicht endlich mal einen Weg der Freude gehen?!

Da sich nichts verändert, begebe ich mich also auf den Dornenweg zurück. Da steht noch immer der Engel mit dem Flammenschwert. Er weist mich an, immer wieder hin und her zu gehen und jedes Mal Menschen in den Lichtraum mitzunehmen. Von Mal zu Mal wird der Dornenweg breiter und ausgetrampelter, es wird immer leichter, sich auf ihm zu bewegen. Schließlich verwandelt er sich in eine goldene Lichtbrücke.

Um die Verbindung zu diesem Raum der Liebe aufrecht zu erhalten, braucht es Hingabe, Verzicht auf den Eigenwillen und Aufgabe aller Widerstände dem Leben gegenüber. Ich stehe wieder vor der Lichtbrücke und frage, wer mit mir hinüber will. Es tauchen viele kleine Wesen auf, sie begleiten mich, sind sehr lebendig und heiter. Sind es Kinder? Oder Naturwesen?

Wir werden von den Lichtwesen in dem Raum der Liebe empfangen. Die kleinen heiteren Wesen sammeln sich um meine Füße und tuscheln. Wir werden gemeinsam nach unten gezogen. Sie scheinen etwas mit Erdung zu tun zu haben und bewirken, dass ich meine Wege mit Heiterkeit gehen kann. Das Hadern mit der Dornenkrone ist verschwunden.

Einige Zeit später bin ich wieder in dem Lichtraum und stehe vor der Brücke, über die plötzlich viele Kinder auf mich zu kommen. Es werden immer mehr, ein ganzer Strom von Kindern. Ich empfange sie mit offenen Armen. Sie beachten mich aber kaum, strömen an mir vorbei in den Raum und gehen dort in kleinen Gruppen oder alleine an ihr Spiel. Ich bin wie ein Tor, eine Durchgangsstation, habe nichts weiter zu tun als da zu sein wie ein Leuchtturm oder Wegweiser. Die Kinder schauen aus dem geistigen Raum herab auf die Erde, auf ihr zukünftiges Leben, ihre Impulse und Wünsche. Dann sinken sie nacheinander herunter in ihre Lebensrealität, behalten aber die Erinnerung an diesen Lichtraum der Liebe.

Ich stehe nun wieder am anderen Ende der Brücke und frage den Engel mit dem Flammenschwert, was denn meine Aufgabe dabei sei. Er weist mit dem Schwert zur Brücke und sagt: „Sei die Brücke!" Ich frage ihn, wie ich das machen soll, eine Brücke zu sein. Er sagt: „Sei einfach gut geerdet und stelle dich den Menschen zur Verfügung."

Anfangs hatte ich große Mühe mit diesen sich wiederholenden Aufforderungen, einfach zu sein und nichts zu tun. Immer wieder stellte ich dieselben dummen Fragen, was ich denn jetzt eigentlich machen oder anstreben sollte. Und immer wieder bekam ich in unendlichen Variationen die Botschaft, einfach zentriert und geerdet zu sein und das zu ergreifen, was auf mich zukommt. Bald danach erhielt ich die Anfragen der drei zusätzlichen Kindergärten, von denen ich oben berichtet habe.

Ein Kindergarten ist nichts anderes als eine andere Art von Klein-Garten. Auch hier geht es darum zu ackern, den Boden zu bereiten, Samen zu legen und die Pflänzchen zu schützen und zu hegen. Auch hier ist Geduld und Vertrauen vonnöten, dass die Saat zur rechten Zeit aufgeht, und dass Himmel und Erde ihr Übriges dazu tun, um unsere Bemühungen fruchtbar werden zu lassen.

Den eigenen Erfolg kontrollieren zu wollen, kann sich als äußerst schädlich erweisen. Gesundes Wachstum wird unmöglich, wenn man wie Karlsson vom Dach - in der gleichnamigen Geschichte von Astrid Lindgren - jeden Abend den Pfirsichkern aus dem Blumentopf reißt, um zu kontrollieren, ob er schon Wurzeln geschlagen hat. Kleine Kinder können ebenso große Lehrmeister sein wie die Pflanzen in einem Garten. Wie in jedem Garten gibt es auch im Kindergarten wucherndes Wildkraut, das sich hartnäckig an die Erde klammert und zarte Pflänzchen, die sich schüchtern zur Sonne recken. Alles liebenswerte Geschöpfe, die ein kundiger Gärtner ins rechte Verhältnis zueinander bringen lernt.

Eckernförde

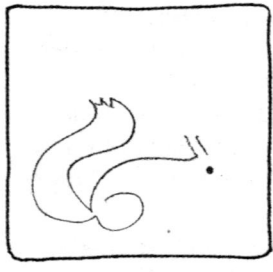

Das wichtigste Thema eines Gärtners habe ich bisher noch gar nicht erwähnt. Nun wird es endlich Zeit, mich über das Wetter auszulassen. Gärtner sind im Gegensatz zu den meisten anderen Menschen froh, wenn es regnet, denn das brauchen die lieben Pflänzchen, um gut zu gedeihen. Doch auch wir Gärtner teilen die Überzeugung der Masse, dass es besser nachts regnen sollte und tagsüber die Sonne scheinen möge. Der diesjährige Sommer ist bisher so verregnet, dass selbst für Gärtner die Grenzen des Erträglichen erreicht sind. Alles in Maßen!

Wenn mein Blick zum Kalender schweift, stelle ich ungläubig fest, dass es angeblich Ende Juli ist. Die Zahl der Sonnentage belief sich in den vergangenen zwei Monaten auf eine einstellige Summe. Seit den herrlichen Pfingsttagen Ende Mai gab es alles Mögliche an Wettervarianten, bloß keinen Sommer! Nasskalte Novemberstürme, dicke Hagelkörner, die die Wiese und die Beete im Garten mit einer zentimeterdicken weißen Eisschicht bedeckten, beständiges Nieselwetter und unberechenbares Aprilwetter. Dazwischen ein paar Mal richtige Hitzetage, und gleich danach wieder Gewitter, Sturm und Dauerregen.

So auch jetzt. Seit dem Unwetter während des Gemeinschafts-arbeits-Termins ist es so kühl und regnerisch, dass man im Garten einfach gar nichts tun kann. Nichts tun, aber erst recht nicht einfach da sein und genießen. So mache ich einen kleinen Stadtbummel und wandere den entvölkerten Strand entlang. Die armen Touristen! Die Strandkörbe sind verwaist, die Bistros geschlossen. Für Einheimische eine schöne Gelegenheit, ihren Strand endlich mal wieder in Ruhe für sich zu haben. Ich will die Gelegenheit nutzen, ein paar Samen von den wunderschönen Nachtkerzen zu pflücken, die dort auf dem Sandboden wachsen, neben Moschus-Malven, Wegwarten, Stockrosen und Hagebutten, eine wirklich schöne Strandbepflanzung!

Vor dem Ostsee-Info-Center in der Nähe des Hafens beobachte ich einen jungen Mann, der die dort angesiedelten Pflanzen aufmerksam inspiziert. Er scheint sie gut zu kennen, denn er geht mit ihnen wie mit vertrauten Freunden um. Ich warte, bis er weiter geht und begebe mich dann zu den Nachtkerzen, um nach Samen zu schauen. Diesmal werde ich beobachtet. „Die Samen sind noch nicht reif, da müssen Sie noch ein paar Wochen warten." sagt der junge Mann, und fügt hinzu: „Ich bin hier der Chef-Botaniker." Er beginnt, mir einen ausführlichen Vortrag über die von ihm angesiedelten Pflanzen zu halten, schenkt mir einige Samen von Wasserdost, Wegwarte und Herzgespann und betont, wie sehr er sich freut, wenn Leute Samen mitnehmen und bei sich anpflanzen.

Viele der Blumen in meinem Garten stammen von Samen der städtischen Blumenpracht. Die Stadtgärtnerei von Eckernförde ist berühmt für ihre genialen Kompositionen von Blumenbeeten. In den vergangenen Jahren habe ich Samen geerntet von Lupinen, Mohn in verschiedenen Farben, Eisenhut, Malven, Stockrosen und zweifarbigen Akelei-Sorten. Andere Pflanzen stammen von Ausgrabungen während meiner Radtouren in der Umgebung.

Nicht nur der Strand ist entvölkert, auch in der Stadt schleichen nur ein paar trübsinnige Gestalten umher. Der Vorteil ist, dass auch die meisten der aufdringlichen Werbestände fehlen, die Leute, die mit Zetteln in der Hand auf unschuldige Bürger losstürzen und sie mit einem Schwall von Fragen, Informationen und Broschüren überschütten. „Hätten Sie denn mal fünf Minuten…" ist für mich ein Grund, meine Scheuklappen aufzusetzen und einen kleinen Umweg zu nehmen. Nicht nett, ich weiß, aber pure Notwehr!

Da der Regen wieder zunimmt, bleibt nur der heimische Schreibtisch als angemessener Aufenthaltsort. In der Tat habe ich entdeckt, dass nicht nur das Gärtnern, sondern auch das Schreiben eine Tätigkeit ist, die mich in einen völlig zeitlos-abgehobenen Zustand versetzt. Welchen Wochentag haben wir eigentlich? Das ist in Eckernförde gar nicht so leicht festzustellen, da wir als Ostseebad unter die Bäderregelung fallen, was bedeutet, dass die meisten Geschäfte auch sonntags geöffnet sind. Ob die Vor- oder Nachteile überwiegen, darüber lässt sich streiten. Ich habe mich daran gewöhnt, jederzeit einkaufen zu können, so dass ich mich auf meinen Reisen eher gewundert habe, dass es sonntags in den meisten Städten so ruhig zugeht.

Bevor ich meine jetzige Wohnung bezog, wohnte ich mitten in der Fußgängerzone. Da war sonntags die Hölle los! Es sind nur wenige Einheimische, die sich an solchen Tagen dort blicken lassen, dafür ergießen sich Ströme von Touristen und Tagesausflüglern durch unser kleines beschauliches Städtchen. Selbst den Hamburgern ist der Weg nicht zu weit, denn den Luxus, sonntags in Ruhe einkaufen zu können, kombiniert mit Strandbummel, hat die Metropole nicht zu bieten.

Besonders voll wird es an jedem ersten Sonntag im Monat, da findet der Fischmarkt statt. Das Wort ist irreführend, denn es gibt dort alles mögliche, was man sich nur vorstellen kann. Und sogar etliches, was man sich nicht vorstellen kann. Frischen Fisch gibt es tatsächlich auch, direkt vom Kutter. Aber den muss man erst einmal finden im Gewühle. Es beginnt morgens in aller Frühe, da kann man noch gemütlich zwischen den Ständen umher spazieren. Am späteren Vormittag ist gewöhnlich kein

Durchkommen mehr. Menschenmassen quälen sich in beiden Richtungen aneinander vorbei, rempeln, schimpfen, schieben sich durch Schlupflöcher und sind damit so beschäftigt, dass sie keinen Blick mehr übrig haben für das, wofür sie eigentlich gekommen waren. Ich fürchte, das ist oft so im Leben!

An solchen Tagen ist mir der Garten eine besonders willkommene Oase. Da schnappe ich mir als erstes mein Lieblingswerkzeug, meinen Liegestuhl. Ich besitze auch noch eine Hängematte und einen Hängesessel. Die sind aber noch wenig zum Einsatz gekommen, da die infrage kommenden Bäume, an denen ich sie befestigen könnte, nicht stabil genug sind. Es geht nur mit ziemlich viel Aufwand, der Liegestuhl ist einfacher zu bedienen. Außerdem gibt es in der Hütte vier Sessel und etliche Klappstühle, so dass bei schönem Wetter auch Geselligkeit und Gartenpartys möglich sind. Die Bank vor der Hütte und die Sitzplätze um die Feuerstelle erlauben sogar, eine ziemlich große Gesellschaft einzuladen. In diesem Jahr hielten sich derlei Vergnügungen jedoch aus oben genannten Gründen in Grenzen.

Egal wie das Wetter ist, es zieht mich doch fast jeden Tag in den Garten, auch wenn es nur kurz ist, einfach um ihn zu besuchen und den lieben Pflänzchen hallo zu sagen. Im ersten Jahr habe ich das sogar im Winter getan, bei Schnee und Eis, um die Vögel und Eichhörnchen zu füttern. Sobald ich auftauchte, kamen nicht nur die Vögel angeflattert, sondern auch die Eichhörnchen sprangen herbei, wenn ich Vogelfutter mit Erdnussanteilen ausgestreute. In einem unglaublich rasanten Tempo knabberten sie alle Erdnusskerne weg, die eigentlich den Vögeln zugedacht waren. Ich erklärte ihnen sanft, aber bestimmt, dass das so nicht geht, dass sie doch bitte wenigstens ein bisschen für die Vögel übrig lassen sollen. Vergeblich! Sogar die Meisen-Knödel rissen sie von den Bäumen runter und zerfetzten sie.

Die Eichhörnchen sind hier sehr zahm, viele sind an Menschen gewöhnt, weil es am Noor eine Eichhörnchen-Schutz-Station gibt, in der kleine verlassene Eichhörnchen-Kinder aufgepäppelt werden. Bei vielen Naturfreunden ruft diese Station ungläubiges Kopfschütteln hervor. Wie? Bei euch rettet man Eichhörnchen? Gehören sie denn zu den bedrohten Tierarten? Gibt es nicht im Gegenteil eine zu starke Ausbreitung, eine Eichhörnchen-Plage?

Es ist sicher richtig, dass diese putzigen Tiere auch ohne die Rettungsmaßnahmen des Eckernförder Umwelt-Info-Zentrums nicht vom Aussterben bedroht sind. Man kann diese Station nur verstehen, wenn man weiß, dass die Verbundenheit der Eckernförder zum Eichhörnchen tief sitzende Wurzeln hat. Eckernförde ist die einzige Stadt Deutschlands, die das Eichhörnchen in ihrem Wappen hat. Der Name Eckernförde soll angeblich von den Bucheckern in dieser Bucht stammen, einer Lieblingsspeise der damals reichlich vorhandenen Eichhörnchen.

Die Sehnsucht nach meinem Garten trieb mich eben trotz der Nässe zu ihm hin. Alles in Ordnung. Ich stellte mit Genugtuung fest, dass die Hecke am Parkplatz noch nicht geschnitten wurde. Also habe ich vielleicht doch noch eine Chance auf das Halten des Leiterchens!

Aber ich bin mit meinen Erzählungen der Vergangenheit noch nicht ganz fertig:

Müdigkeit und neue Kraft

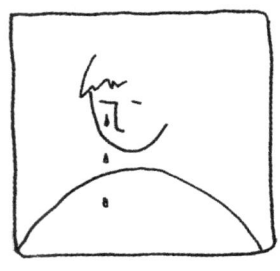 Nach den vielen Umbrüchen der letzten Jahre überkam mich eine große Erschöpfung. Wochenlang war ich völlig antriebslos und müde. Mein Arzt fand wie immer keinen Grund dazu. Er meinte, ich sähe so strahlend aus. Meine Versicherung, dass ich mich aber wirklich eher wie hundert fühle, als nur gut halb so alt, veranlasste ihn zu seiner Lieblingstätigkeit, nämlich mir Mengen von Blut abzunehmen, wie ein Vampir. Diese Untersuchung hätte ich mir sparen können. Wie immer. Ich suchte also wieder mein Heil in der inneren Welt.

Da begegne ich als erstes einer grauen lustlosen Gestalt, die fragt, warum sie sich immer so anstrengen soll, sie sei doch so müde. Ich frage diese Gestalt, wozu sie mir denn dienen kann, worin ihre Berechtigung besteht. Die Frage bewirkt, dass die graue Gestalt aufatmet und sagt: „Ich bewirke auch, dass du dich nicht verzettelst, dass du in dir bist und auf deinen Körper hören lernst. Wenn du dich der Müdigkeit hingibst, führt sie zur Kraftgewinnung. Prüfe vor jeder Tätigkeit, ob das Motiv Pflicht oder Liebe ist."

Dann zeigen sich zwei Lichtwesen rechts und links von mir, die ich als „Kraft-Engel" bezeichnen möchte, denn sie erzeugen durch ihre Polarität ein Energiefeld, wie eine Batterie, das wie ein Strudel von oben nach unten durch mich hindurch geht, reinigend, stärkend und mich mit Himmel und Erde verbindend. Sie können sich auch oben und unten zusammenschließen zu einem Oval und dadurch meinen Energieraum schützen.

Sie führen mich eine endlos lange Treppe hinunter zu einem kleinen See, der von hohen Bergen umschlossen ist. Ich steige ins Wasser, ein Strudel ergreift mich, beschleunigt sich, bis die Zentrifugalkraft um mich herum eine Wasserwand entstehen lässt, während ich ruhig im Trockenen stehe.

Dann sinke ich langsam weiter hinab in eine unterirdische Höhle, in der sich viele Erdgeister um mich kümmern und mich pflegen.

Nach diesen Bildern gönnte ich mir die Ruhe, die mir so nahegelegt wurde, mit gutem Gewissen. Aber mein Verstand meckerte immer wieder, dass es doch so nicht weitergehen könne. Allmählich wurde es mir unheimlich und ich war mir ziemlich sicher, dass mein Zustand Anzeichen einer Erschöpfungsdepression aufwies. Da der Arzt aber nichts gefunden hatte, verließ ich mich auf die Kraftengel. Und siehe:

Ich stehe auf einer Bergspitze, von der eine endlos lange Treppe abwärts führt. Ich versuche nichts zu überstürzen, sondern langsam und bedächtig herunterzugehen. Weil ich schon mal erlebt habe, dass eine solche Treppe abrupt im luftleeren Raum endete, bin ich diesmal vorsichtig und drehe mich um, damit ich wie ein kleines Kind rückwärts runter krabbeln kann. Meine Vorsicht nützt mir nichts, die Treppe endet wieder im luftleeren Raum.

Ich bleibe an der oberen Treppenstufe hängen, wütend, traurig, ärgerlich, und schreie: „Ihr könnt mich doch nicht immer so hängen lassen!" Nun bildet sich ein Seil, woran ich mich herunter lassen kann. Aber auch das Seil endet plötzlich irgendwo im Weltall. Die Erde ist nicht in Sichtweite, ich hänge einsam im unendlichen Kosmos, ohne Grund und Boden.

Ich klettere an dem Seil wieder hoch, krabbele die Treppenstufen zurück, setze mich oben auf die Bergspitze und weine.

Die Bergspitze formt sich zu einer Art Schale, wie eine große Muschel. Da lege ich mich hinein und schlafe, weil ich so unendlich müde bin. Allmählich setzt sich dieses Muschelgebilde in

Bewegung, gleitet in großen Spiralformen abwärts, es fühlt sich wie ein Boot auf einer Wasserfläche an, obwohl die Umgebung immer noch wie luftleerer Raum aussieht.

Das Muschelgebilde verdichtet sich. Plötzlich befinde ich mich in einem ganz irdisch-materiellen harten Boxauto, auf der Boxautobahn einer Kirmes. Das ist das absolute Gegenteil von vorhin: es ist hart, man stößt an, ist in Gesellschaft, hat Spaß, spürt die Materie hautnah.

Ich merke, dass ich immer gerne so ein kleines Boxauto um mich herum hätte, das gäbe mir Schutz, es wäre lustig, überall anzurempeln und Spaß zu haben.

Noch immer bin ich zu müde für ein solches Abenteuer. Wieder werde ich in die unterirdische Höhle versetzt, wo ich mich volltanken kann mit widerstandsfähigen kräftigen Energien. Das geschieht allein durch die Frequenzen dieses Höhlenraumes, die von den dort arbeitenden Wesen noch weiter verstärkt wird.

Nach dieser wilden Boxautofahrt, auch wenn sie „nur" im inneren Erleben stattfand, ging es mir schon wesentlich besser. Meine Lebensgeister erwachten wieder, ich hatte Lust auf weitere Fahrten:

Einige Tage später sind die Kraftengel wieder neben mir und ziehen Kräfte aus dem Kosmos an, die sie in meinem Körper verdichten. Zu meinen Füßen befinden sich Erdwesen, die Kraft aus der Erde ziehen, die sie ebenfalls verdichten und mit den oberen Energien verweben. Dann fahre ich in dem Boxauto wiederum von der Bergspitze aus in langsamen Spiralen nach unten. Durch die Fahrbewegung wird Energie erzeugt, die sich in meinem Körper verdichtet, so dass sich die Substanz immer wieder neu erschafft. Es kommt der Satz: „Ich erschaffe mich."

Nach diesen inneren Erlebnissen fühlte ich mich rasch besser. Bei erneuter Müdigkeit brauche ich sie mir nur ins Gedächtnis zu rufen, um wieder aufzutanken.

Hurra! Ein Sonnenstrahl! Ich lasse alles stehen und liegen und schwinge mich aufs Fahrrad. Schnell in den Garten! Unterwegs fängt es an zu tröpfeln, dann zu donnern, und als ich ankomme, ist bereits ein heftiges Gewitter im Gang. Ich flüchte in meine Hütte, stelle einen Sessel auf die Veranda und hole alte Rundbriefe des „Eckernförder Gartenboten" hervor. Eine amüsante Lektüre! Da gibt es Tipps für Gartenanfänger, Rezepte, Hinweise auf Vorschriften und Regeln, und vor allem die Schimpftiraden unseres Vereinsvorsitzenden über Mitglieder, die ihm, wie er schreibt, die Zornesröte ins Gesicht steigen lassen. Zum Beispiel: „Hatte ich doch in der Januarausgabe darauf hingewiesen, dass die Gärten nur durch den Vorstand vergeben werden, stellten wir jetzt vor Kurzem fest, dass ein weiterer Fall von Missachtung dieser Satzungsvorgaben am Laufen war. Hier wurde eindeutig durch geschicktes Manipulieren der Vorstand umgangen. Diese Dame, die für den abzugebenden Garten horrende Summen von Abstand verlangte, versuchte zu allem Überfluss auch noch, den Obmann der Kolonie und den Vorstand in ein unrechtes Licht zu setzen; aber da hat sie mit Zitronen gehandelt! Zwar hat sie einen Rechtsanwalt eingeschaltet, aber das wird ihr nichts nützen! Sie läuft Gefahr, über ein Ausschlussverfahren den Verein verlassen zu müssen."

Oder unter der Rubrik „Das Maß ist voll!": „Eines verspreche ich, sollte ich jemanden ausfindig machen, der unser Eigentum zerstört oder seinen Hund in unsere Anlagen sch....lässt, ich zeige ihn an!!"

Ich habe genug von dieser Lektüre und schaue mir lieber meinen Garten im Regen an. Der Sommerflieder beginnt zu blühen, rosa und purpurrot, die Montbretien gelb-orange, der Eisenhut dunkel-violett, dazu überall die gelb-orange-roten Farbtupfer von Ringelblumen, Klatschmohn und Kapuzinerkresse, das zarte Rosa der Herbstanemonen und Malven, das helle Blau der Glockenblumen, die weißen Margeriten: eine wahre Farborgie! Bei Regen wirken die Farben noch intensiver, klarer, reiner, wie frisch gewaschen.

Eine kurze Regenpause reicht gerade, um drei Äste abzusägen, die mir schon lange im Weg waren. Noch während ich damit auf dem Weg zur Sammelstelle am anderen Ende der Kolonie bin, prasselt die nächste Schauerwolke los. Immerhin habe ich durch das Absägen der Äste die Voraussetzungen für das Aufhängen der Hängematte geschaffen. Aber wer will bei so einem Wetter zwischen den Bäumen hängen?

Gewundene Wege

 Der Weg, der vom Eingang meines Gartens zur Hütte führt, schlängelt sich zwischen Büschen und Beeten hindurch und endet unter zwei großen Scheinzypressen, die wie Wächter-Bäume vor der Hütte ein Tor bilden. Wenn ich mir die anderen Gärten in der Kolonie anschaue, stelle ich fest, dass fast alle Wege schnurgerade sind. Daneben meist rechteckige Beete. Wie langweilig! Bei mir ist gar nichts eckig außer der Terrasse und der Hütte. Vom Vorgänger, dem ich den gewundenen Weg verdanke, erbte ich zwar einen rechteckigen Acker, aber dem gab ich schnell gefälligere Formen. Mitten durch den Acker legte ich einen weiteren Schlängelweg an, den ich als „Fühl-Pfad" konzipierte, mit verschiedenen Materialien, deren unterschiedliche Qualität man barfuß ertasten kann: Kleine spitze Steine, große runde Steine, Holz, Stroh, Sand und Moos. Die Beete sind rund, oval, herzförmig oder sonst wie geschwungen. Das ergab sich einfach so in meiner anfänglichen Planlosigkeit, da grub ich irgendwie wild drauf los, wie es mir gerade in den Sinn kam. Erst jetzt wird mir bewusst, wie schön das alles geworden ist!

Gewundene Wege entlang zu gehen, ist ein völlig anderes Erlebnis, als schnurgerade zu laufen. Der zielgerichtete direkte Weg ist ähnlich wie das zielgerichtete fokussierte Denken die wesentlich gefühls- und erlebnisärmere Variante. Warum schlängeln sich Bach- und Flussläufe? Es ist die natürliche Bewegung des Wassers, in Mäandern zu fließen, in wohltuender, geruhsamer, rhythmischer Lebendigkeit. Dort, wo Flüsse zugunsten der Schifffahrt zu Kanälen begradigt werden, fühlen sich die Wasserwesen unwohl und leiden, weil das nicht ihrem Wesen entspricht. Sie können dann ihre Aufgabe, das Wasser lebendig zu halten, nicht mehr erfüllen.

Eine spannende Übung ist es, einmal ebenfalls wie das Wasser in Mäandern zu gehen. Das kann man sogar auf normalen geraden Wegen tun, wenn sie breit genug sind. Die Fußgängerzone eignet sich hervorragend dafür, am besten zu Zeiten, in denen sie nicht allzu sehr bevölkert ist. Aber selbst wenn zielstrebig geradeaus hetzende Menschenmassen unterwegs sind, ist es besonders witzig, sich dazwischen einen geruhsam fließenden Schlängelweg zu bahnen. Sofort rutscht die Wahrnehmung auf eine andere Ebene, allein durch die andere Qualität des Gehens. Das zielgerichtete Gehen und Denken, das uns normalerweise herauszieht aus der Gegenwärtigkeit des Fühlens und Handelns, wird gebremst und ersetzt durch eine stärkere Wahrnehmung des Körpers und der Umgebung.

Eine ähnliche Übung kann man auch nur mit den Augen machen. Was ist der Unterschied im Erleben, wenn der Blick scharf fixiert und fokussiert ist, im Gegensatz zu einem in sanft lemniskatenförmigen Bewegungen zärtlich streichelnden Blick? Mir geht es jedenfalls so, dass ich im zweiten Fall spüre, wie sich vom Herzen her eine fühlbare Substanz zu dem Gegenstand der Betrachtung hin bildet, wie eine Liebesbrücke, ein Gefühlsbeziehung, durch die der Gegenstand anfängt, zu mir zu sprechen. Natürlich nicht in Worten zu sprechen, sondern in Form von Gefühlen und Empfindungen, von emotionaler Intelligenz, die sich dann mit der Verstandesintelligenz in ein ausgewogenes Gleichgewicht bringen lässt. Ich erfahre größere, umfassendere Dimensionen über den Gegenstand der Betrachtung, als durch bloßes Nachdenken möglich ist.

Eine der spirituellsten Übungen überhaupt ist das Schauen ohne zu urteilen, das aufmerksame geduldige Betrachten, ohne dem vorschnellen Verstand zu gestatten, gleich alles in seine wohlbekannten Schubladen stecken zu wollen. Unsere Sucht nach linearem Verständnis und vorschnellen Schlussfolgerungen beschränkt uns. Intellekt ist nicht dasselbe wie Intelligenz.

Wenn wir uns vom logischen Verstand lösen können und zulassen, dass die Essenz der Erfahrungen und Erlebnisse unsere Sinne durchtränkt, gelangen wir zu einer viel umfassenderen größeren Intelligenz. Das Aushalten können des Nicht-Wissens eröffnet den Zugang zu einem größeren Wissen.

Gewundene Wege bauen übrigens auch die Wühlmäuse. Soeben bewegt sich vor meinen Füßen die Erde, schiebt sich immer weiter vorwärts, bis sich schließlich ein kleines Schnäuzchen daraus hervor schiebt. „Hab ich dich doch auf frischer Tat ert........! Ach du liebes süßes Mäuschen, ich hatte beinah schon vergessen, dass wir doch jetzt Freunde sind!"

Der Bärtige schaut mich intensiv an und lässt wieder neue Kinder aus sich hervorquellen, die um mich herum strömen und mich wie in einem Strudel tief in die Erde hinein ziehen. Zuerst bin ich in der Schicht der Wühlmäuse und Kaninchen, in der ich kürzlich meinen Widerstand überwunden hatte. Ich fühle mich vertraut mit ihnen und spüre gegenseitige Zuneigung. Sie strahlen Lebendigkeit aus, die mich ganz durchdringt. Dann sinke ich noch tiefer hinab. In einer Höhle finde ich eine weibliche Gestalt, die traurig wirkt. Ich frage, was ich für sie tun kann.

Sie sagt, dass sie ein Teil von mir ist, dass sie jedoch nicht meine persönliche Traurigkeit repräsentiert, sondern einen unpersönlichen Teil der Traurigkeit der Erde, die von der Menschheit misshandelt und ausgebeutet wird. Da ich Teil der Menschheit bin, habe ich wie alle Menschen einen Anteil daran und bekomme jetzt Gelegenheit, etwas davon zu erlösen. Ich vereinige mich mit der Gestalt, um in ihr Erleben einzutauchen. Es dröhnt und braust um mich herum in chaotischen Klängen, die schwer auszuhalten sind.

Diese Klänge werden von negativen Gedankenfeldern erzeugt, es sind die Auswirkungen von egoistischem menschlichen Denken in der Natur. Zorn, Bitterkeit und Habgier lösen sich nicht einfach in Luft auf, sondern entwickeln sich zu einer destruktiven Kraft, die sich in Gewaltsamkeit und Naturkatastrophen entlädt. Orkane, Vulkanausbrüche, Erdbeben und Überschwemmungen haben ihren Ursprung in negativen Denkmustern der Menschen.

Ich empfinde das Leid der Erde, die nicht anders kann, als zurückzuspiegeln, was sie empfängt. Es wird mir aber nicht klar, was ich in diesem Moment tun kann, um dieses Leid zu mindern, außer meine eigenen negativen Gedanken abzustellen, was ich so gut ich kann versuche.

Der Bärtige sagt: „Nimm den Stein."

Zu diesem Stein gibt es eine Geschichte, die ich zunächst erzählen will:

Der Kristall

Vor vier Jahren machte ich mit einer Freundin eine Reise nach Holland, wo wir zwei ihr bekannte Frauen besuchten. Diese erzählten uns von einer Edelsteinhändlerin, die angeblich die Gabe besaß, bei Nennung eines Namens den richtigen Heilstein für diese Person herauszufinden und auch die entsprechenden Themen zu benennen, die mithilfe dieses Steins bearbeitet werden sollten. Ich wurde gefragt, ob ich mit dorthin gehen möchte, um diese Frau kennen zu lernen. Ehrlich gesagt, wollte ich nicht unbedingt. Ich hatte bereits mehr als genug Edelsteine aus der Zeit, als ich gemeinsam mit meinem Mann in Stuttgart einen Edelsteinladen betrieb. Ich liebe meine Steine und lebe mit ihnen, aber neue erwerbe ich nur in Ausnahmefällen, wenn ich etwas sehr Besonderes finde, was mir noch in meiner umfangreichen Sammlung fehlt. Mir von einer fremden Person sagen zu lassen, welcher Stein für mich gut sei, das kam mir ganz absurd vor.

Die beiden Frauen versicherten uns aber, dass das alles sehr freilassend sei, man brauche keinen Stein zu nehmen, den man nicht haben wolle. Die Beratung koste nur sieben Euro, und die Steine seien auch erschwinglich. Da die anderen drei gerne dorthin wollten, schloss ich mich an. Als wir den Raum betraten, wäre ich am liebsten sofort rückwärts wieder heraus gegangen! Es gab Regale voll von in Schädelform geschliffenen Kristallen, gruselig anzuschauen! Daneben entdeckte ich künstliche und manipulierte Steine, ein Gräuel für mich! Schließlich fand ich auch „normale" Edelsteine, teils Rohsteine, teils geschliffen oder getrommelt. Auf den ersten Blick sah ich wirklich nichts, was ich hätte haben wollen.

Wir waren ziemlich entsetzt über diese Schädelsteine. Daran war die Händlerin wohl schon gewöhnt. Sie erzählte uns, dass diese Schädelsteine ganz besonders wirksame Heilsteine seien. Sie bestehen aus Quarz, also aus Silicium, dem Material, das als Informationsträger auch in Computerchips verwendet wird, und was besonders geeignet ist, Informationen zu speichern und weiterzugeben. Diese Schädel seien „informiert" mit geistigem Wissen, welches dann vom Besitzer quasi abgerufen werden könne. Auf meine Frage, warum es denn unbedingt Schädel sein müssten und nicht beispielsweise Kugeln, erklärte sie, dass es um mentale Strukturen ginge und der Schädel sei auch ein Symbol für kosmische Intelligenz.

Während meine Begleiterinnen nach und nach ihre Steine ausgesucht bekamen, was teilweise längere Zeit in Anspruch nahm und scheinbar nicht immer gleich eindeutig war, wuchs mein innerer Widerstand. Ich saß völlig verkrampft und erstarrt auf dem Stuhl und wusste nicht, was ich antworten sollte, wenn ich gefragt würde, ob ich jetzt auch dran kommen wolle. Als die Frage schließlich kam, machte ich aus meiner Abneigung gegen diese schrecklichen Schädel und manipulierte Steine kein Hehl, erklärte mich aber aus Neugier bereit, eine Beratung zu bekommen, wenn ich danach frei entscheiden kann, ob ich den für mich ausgesuchten Stein haben will. „Selbstverständlich!" hieß es da, also ließ ich mich darauf ein.

Kaum hatte ich meinen Namen genannt, sprang die Frau auf und sagte: „Ich habe ihn eben bereits gesehen." Ich war erstaunt, denn bei meinen Begleiterinnen war das eine längere Prozedur gewesen. Als ich dann den Stein sah, der für mich bestimmt sein sollte, wusste ich sofort, dass es genau der Richtige war. Es war eine größere Bergkristallstufe mit vielen verschiedenen großen und kleinen Spitzen, die in unterschiedliche Richtungen zeigten. An einer Seite hatte eine alte Bruchstelle dafür gesorgt, dass diese Stelle übersät war von unzähligen winzigen Kristallen. Das Thema des Steins war laut der Aussage dieser Frau, dass er mir helfen könnte, verschiedene Arbeitsgebiete und Fähigkeiten zu bündeln, eine gute Grundlage und Zentrierung zu haben, um diese unterschiedlichen Tätigkeitsfelder zu vereinen. Das passte prima zu meiner Situation, da meine unterschiedlichen Arbeitsgebiete und weit entfernten Einsatzorte mir einiges an Organisation und guter Strukturierung abverlangten. Der Stein gefiel mir auch. Wenn überhaupt, dann dieser! So etwas besaß ich noch nicht. Der Preis war auch in Ordnung für so ein besonderes Stück, und ich hatte sogar noch genug Geld dabei. Auf dem Rückweg witzelte meine Freundin, dass ich wohl wegen meines größten Widerstandes den größten Stein abbekommen hätte.

Wie fuhren zusammen im Auto zurück. Ich behielt meinen neuen Schatz auf dem Schoß und betrachtete die feinen Riffelungen, die solche Kristalle an einigen Flächen aufweisen. Es fiel mir ein, dass mir Jahre zuvor einmal jemand erzählt hatte, dass er mit Laserkristallen arbeitet, in denen altes atlantisches Wissen und Heilkräfte kodiert sind. Die Wachstumsrillen der Kristalle seien wie Scanner-Codes zu betrachten, die in Urzeiten von spirituellen Führern verschlüsselt wurden und in der heutigen Zeit wieder entschlüsselt werden könnten. Mir wurde ganz komisch zumute. War bei diesem Kristall etwa auch etwas gespeichert oder manipuliert worden. Werde ich davon manipuliert? Sind das gute oder schlechte Kräfte?

Vorsichtig strich ich mit der Innenseite des Daumens über die Riffelungen und befragte in Gedanken den Stein nach seinem Wissen. Überraschend deutlich und mit großer Schnelligkeit und Leichtigkeit kamen folgende Informationen:

Die Programmierung dieses Steins erfolgte durch Gedankenkraft eines oder mehrerer Wesen, solange die Materie noch bildsam war. Auf meine Frage, wer das war, spürte ich die Präsenz eines sehr großen Lichtwesens, es kam das Wort „Sonnenintelligenz" und „Gleichgewicht der Tierkreiskräfte." Ich wurde auf die Ausbildung des Herzchakras hingewiesen. Plötzlich spürte ich eine Übelkeit. Ich war verwirrt und verunsichert. Es war eine ähnliche Übelkeit wie die, die mich beim Anblick der Schädel überkommen hatte. Ist es die Angst, manipuliert zu werden, die Angst vor Missbrauch magischer Kräfte und unlauteren Praktiken? Ist Vorsicht nicht berechtigt? Ja, aber diese Angst sei alt, die könne ich jetzt ablegen, hieß es weiter. Die Übelkeit verschwand bald. Der Stein offenbarte sich als rein und freilassend.

Die Lichtgestalt, die sich gezeigt hatte, vermittelte mir, dass sie mir als geistiger Führer zur Verfügung steht, aber ebenfalls sehr frei und mit unendlicher Zeit. Nichts drängt. Die Zeit ist reif, dass das Wissen abgerufen werden kann. Ich kann es empfangen, wenn ich innerlich bereit bin, kann es aber nicht forcieren. Es wird sich allmählich und organisch entfalten.

Kurz nachdem ich wieder zu Hause war, bekam ich Besuch von einem befreundeten Ehepaar aus Süddeutschland. Beide hatten sehr viel Erfahrung mit Steinen und deren Energien. Ich führte ihnen meinen Kristall vor. Sie nahmen ihn nacheinander in die Hände und bekamen offensichtlich genauso leicht und mühelos Informationen von ihm wie ich bei der ersten Begegnung. Sie sagten mir, dass er mir Hinweise geben wolle, wie ich mit ihm arbeiten kann. Ich solle herausfinden, mit welcher Körperstelle (Finger, Handflächen usw.) ich die verschiedenen Spitzen berühren müsste, um ihn abzufragen. Er kommt mir fast so vor wie ein kosmischer Computer, der viel Wissen gespeichert hat. Doch wo ist die Bedienungsanleitung, um das Wissen abzurufen? Wenn er so gut programmiert ist wie mein Macbook, sollte das eigentlich kein Problem sein, oder?

Ich gestehe, dass es doch ein Problem war. Immer wieder nahm ich ihn zur Hand, aber ich kam einfach nicht weiter. Wahrscheinlich hatte ich zu viele Fragen und wollte meinen Kopf mit Wissen füttern. Das Wort Sonnenintelligenz oder Liebesintelligenz tauchte immer wieder auf, aber ich wusste nicht viel damit anzufangen. Da er aber meine Zentrierung symbolisieren sollte, nahm ich ihn mit zu meinem ersten Seminar in Eckernförde, als Symbol, dass ich meine Arbeit in Zukunft auch an meinem Wohnort verankern wollte. Ich wickelte ihn gut ein, aber als ich ihn an Ort und Stelle auspackte, war er zerbrochen. Es gab keine Bruchstelle, sondern es war einfach ein kleinerer Teil von der Gesamtgruppe abgelöst worden. Eigentlich war nichts kaputt, die beiden Teile sahen eher aus wie Mutter und Kind, der große Teil fürs Auge, der kleine für die Hosentasche.

Ich habe seitdem immer wieder versucht, mich näher mit beiden Teilen zu beschäftigen. Es geht eine schöne, ruhige, zentrierende Kraft davon aus, aber ich habe bisher nicht herausgefunden, was der Kristall mir an Weisheit oder altem Wissen vermitteln könnte.

Und nun fordert mich der Bärtige auf, genau diesen Stein in die Hand zu nehmen.

Als ich den Kristall in den Händen halte, schauen Adrian und der Bärtige mich erwartungsvoll an. Ich sitze wieder auf diesem Thron, um den die kleinen dienstbaren Wesen herum stehen. Plötzlich höre ich mich zu meinem eigenen Erstaunen entschlossen sagen: „Ich will Verantwortung für euch übernehmen!" Warum ich das sage und worin diese Verantwortung bestehen soll, weiß ich selber nicht, aber ich spüre in diesem Moment, wie unsere Beziehung verbindlicher und tiefer wird. Ich stehe auf und gehe ihnen voraus aus dem Raum.

Sie folgen mir, aber ich weiß gar nicht, wohin ich mit ihnen gehen soll und was sie von mir erwarten. Der Bärtige sagt: „Lass dich von dem Stein führen!" Ich halte den Kristall in beiden Händen, er schmiegt sich genau hinein, wie in eine passende Schale. Der rechte Daumen liegt auf der schräg nach rechts weisenden Kristallspitze, der linke auf den zwei zusammengewachsenen nach links gerichteten Spitzen. Mein Verstand legt mir nahe, dass ich vielleicht dadurch die Richtung gewiesen bekomme, in

*die ich gehen soll. Sobald ich solche Gedanken hege, merke ich
jedoch, dass es gar nicht weiter geht. Es löst sich eine Lichtgestalt
aus dem Stein, sehr diffus, wie eine senkrechte Lichtsäule, die
vor mir her zieht.*

*Ich bemerke, dass ich wieder einmal zu viele Fragen habe, ich
will wissen, wo es hin geht und was das alles soll. Die Fragen
führen nicht weiter. Ich bin verwirrt und bitte um Klarheit. Das
Lichtwesen umhüllt mich jetzt vollkommen, ich entspanne mich,
weite mich und werde ganz durchtränkt von seiner sanften
Energie. Der Bärtige sagt: „Mehr brauchst du im Moment nicht
zu wissen. Der Stein wird dich führen, wenn du dich seiner Kraft
hingibst." Ich kann es nicht lassen, weiter zu fragen, was es
denn mit meiner Verantwortung auf sich hat. Wieder sagt er:
„Du brauchst im Moment nicht mehr zu wissen, als dass sich
unsere Verbindung vertieft hat."*

Gut. Eigentlich sollte ich es allmählich wissen, dass es eben
gerade nicht um wissen geht. Immer wieder heißt es: „Lass die
Fragerei! Sei einfach eins mit deiner Erfahrung und vermeide
es, Schlussfolgerungen zu ziehen." Es geht um Anschauen und
Hingabe. Ich lerne immer mehr, dass das reine Anschauen in
Liebe viel mehr Wirkung erzeugt als ein verstandesmäßiges
Einordnen und eventuell daraus entspringende Handlungen
bewirken könnten. Und zwar auf beiden Seiten, sowohl bei mir
selbst als auch bei dem wahrgenommenen Gegenstand, Wesen
oder Geschehen.

Omraan Mikhael Aivanhov soll einmal gesagt haben:

*„Weisheit besteht in der Erkenntnis, dass die Liebe wichtiger
ist als irgend etwas anderes. Eine Intelligenz, der die Tatsache
entgeht, dass die Liebe höchste Priorität verdient, dass sich alles mit Liebe und wegen der Liebe um die Liebe drehen muss,
ist eigentlich keine Intelligenz. Liebe ist das Herz von allem,
und wenn die Liebe in jedem Aspekt des Lebens zu der einen
motivierenden Kraft wird, dann wird die glühende Hitze dieser*

Liebe zu einem strahlenden Licht transformiert werden und die Intelligenz der Menschheit erleuchten. Erleuchtung kann nur aus Liebe entstehen."

Dies zu wissen bedeutet noch lange nicht, es zu können. Aber es ist gut, sich immer wieder in Erinnerung zu rufen, was das Wesentliche ist.

Zeit für eine Pause.

Lektionen

Ein neuer Tag. Jeden Morgen begrüße ich zuerst meinen Körper, in dem ich mich nach der Reise der Nacht wiederfinde. Ich bin mir bewusst, dass Gesundheit nichts Selbstverständliches ist und bin jeden Tag aufs Neue dankbar, wenn ich gesund und munter aufstehen kann. Dann begrüße ich jeden Raum meiner Wohnung und danach bei geöffnetem Fenster Eckernförde und das Wetter, egal wie es ist. Bei unangenehmem Wetter ist das ein feiner Trick gegen innere Widerstände. Dann sage ich fröhlich: „Guten Morgen, liebes Schiet-Wetter!" Und schon bin ich im Einklang damit. Der heutige Tag verspricht ausnahmsweise sonnig und warm zu werden.

Bevor ich in den Garten gehe, nehme ich jedoch meinen Kristall in die Hand und entspanne mich. Was will er mir wohl sagen? Ich denke daran, wie mich einige Menschen, die ich liebe, durch ihr Verhalten verletzt haben. Es kommen die Worte: „Sie mussten dir diesen Schmerz zufügen. Er erweckt in dir Heilkräfte. Deine Aura-Hülle härtet sich dadurch und wird wie ein kristallklarer Spiegel, der die Weisheit aus dem Kosmos auffangen kann. Bisher ist die Spiegelfläche trübe und löchrig. Lass den Schmerz wirken wie eine bittere Medizin. Liebe kennt keine Schmerzen. Verletzungen resultieren aus Emotionen, falschen Erwartungen und Bindungen. Der Schmerz gehört zum spirituellen Wachstum wie die physischen Wachstumsschmerzen bei Kindern."

Obwohl ich dies seit Jahren lehre, sind trotz allem intellektuellen Verständnis immer wieder Emotionen im Spiel gewesen. Es scheint, dass wir bedauerlicherweise auf die harte Tour lernen müssen, solange wir nicht die bewusste Entscheidung treffen, alle Bedürfnisse nach Bestätigung oder Erwiderung der Liebe fallen zu lassen. Erst dann wird Liebe bedingungslos und frei.

Neben den Emotionen hindern aber vor allem die Urteile daran, bedingungslos zu lieben. Bei meinem letzten Seminar forderte ich die Teilnehmer zu einer einfachen Übung auf. Sie sollten sich selbst auf dem Stuhl sitzend intensiv innerlich wahrnehmen, danach sich im Bewusstsein von der sitzenden Gestalt lösen, aufstehen und sich etwas davon entfernen. Nach diesem Akt der Dis-Identifikation sollten sie die verlassene sitzende Figur betrachten und sich fragen, ob sie diese Gestalt bedingungslos lieben können. Dann durften sie sich wieder setzen und sich mit diesem geliebten Wesen identifizieren. Die Ergebnisse waren erstaunlich, und auch wieder nicht. Die Antworten ähnelten sich: „Ja, ich könnte mich schon lieben, aber...., wenn nicht..., abgesehen von...." und dann folgten lauter selbstvernichtende Urteile: zu dünn, zu dick, zu hässlich, zu undiszipliniert und dergleichen mehr. Die Übung zeigte aber auch in aller Einfachheit, was uns an der Selbstliebe hindert. Es sind dieselben Verurteilungen, die uns hindern, andere Menschen zu lieben. „Liebe deinen Nächsten wie dich selbst" bedeutet in erster Linie, mit dem Verurteilen aufzuhören. Wenn ich die Leute frage, ob sie die Erfahrung gemacht hätten, dass dieses Kritisieren irgendwelche positiven Veränderungen bewirken würde, schütteln alle den Kopf. Trotzdem können wir es anscheinend nicht lassen.

Nachdem ich dies vor Jahren erkannt hatte, beobachtete ich mich dabei, wie ich das Verurteilen verurteilte. Ich entwickelte heftige Widerstände gegen Menschen, die urteilen, und auch gegen mich selbst, wenn ich mich erwischte, wieder mal geurteilt zu haben. Ebenso empörte ich mich über die Empörung anderer Menschen, da ich es als eine völlig destruktive Energie erkannt hatte, mich über irgend etwas aufzuregen, was ich nicht ändern kann und durch das sinnlose Schimpfen darüber die negativen

Energien in der Welt zu vermehren. Empörung halte ich nur für sinnvoll, wenn sie zu einer konstruktiven Handlung führt, um Missständen abzuhelfen. Das kann auch eine geistige Handlung sein, eine neue Erkenntnis oder veränderte Einstellung. Aber Empörung, die nicht in positives Handeln mündet, wirkt sich körperlich, seelisch und geistig zerstörerisch aus, auf denjenigen, der sich empört und auf seine Umgebung. Das trifft im Prinzip auf alle negativen Emotionen zu, solange sie nicht bewusst in eine positive Kraft verwandelt werden.

Einige Menschen mögen hier einwenden, dass ein Ventil für den Abbau von Emotionen doch berechtigt sein kann. Selbstverständlich, alles ist von einem gewissen Gesichtspunkt aus berechtigt. Es kann auch ungeheuer befreiend sein, sich nach einer schwer verdaulichen Mahlzeit zu übergeben. Die Frage ist nur, ob man das als wünschenswerten Zustand für sich selbst und die Umgebung betrachtet. Da ich es für mich persönlich als eine Wahrheit erkannt habe, dass wir mit jedem Gedanken, erst recht mit jedem ausgesprochenen Wort Wesen erzeugen, die mit uns verbunden bleiben, halte ich es nicht für erstrebenswert, hässliche Wesen zu erzeugen oder bei deren Entstehung anwesend zu sein.

Ich sage nicht, dass Emotionen unterdrückt werden sollen, denn dann wirken sie nach innen hin zerstörerisch. Es geht mir an dieser Stelle darum, den Zusammenhang von urteilendem Denken und dem Entstehen von Emotionen deutlich zu machen. Dabei wirken Kopf und Bauch zusammen, unter Umgehung der Mitte, der Herzebene, in der Liebe und Mitgefühl angesiedelt sind. Empörung bedeutet im Wortsinne, sich empor zu heben, überheblich zu sein und damit nicht im Kontakt mit den echten Gefühlen zu sein, sondern sich beherrschen zu lassen durch vom Verstand erzeugte Emotionen. Marshall Rosenberg hat in seinen Büchern über gewaltfreie Kommunikation deutlich gemacht, dass die Ursache von Wut und Empörung zwar meistens im Außen gesucht wird, aber die wahre Ursache können niemals andere Menschen oder Umstände sein, sondern nur die Art und Weise, wie wir über sie denken. Der Verzicht auf Empörung versetzt uns in die Lage, wertfrei hinzuschauen und Empathie zu entwickeln.

In meinen früheren Seminaren hatte ich eine Bewegungsübung zur Transformation negativer Emotionen entwickelt. Es ist schwierig, sie zu beschreiben, aber ich versuche es:

Zuerst geht es darum, einen Bewegungsausdruck für die ausgewählte Emotion zu finden. Beispielsweise hat Angst eine zusammenziehende Gebärde, Aufregung eine zappelnde, Wut eine um sich schlagende, Trauer eine schwer werdende Geste. Dies kann individuell stark variieren. Es geht darum, dass sich die Bewegung mit der jeweiligen Emotion erfüllt und verbindet. Dann erstarrt die Bewegung allmählich zu einer Gestalt, in der sich die Emotion verdichtet, als ob sie eingefroren würde. Nachdem man einen Moment in dieser eingefrorenen Haltung verharrt hat, schlüpft man heraus wie aus einem Kokon, diese Gestalt wie einen ätherischen Abdruck oder Stempel im Raum hinterlassend. Es ist ein Moment der Dis-Identifikation, in dem klar wird, dass dies zwar ein Teil von mir ist, der mich manchmal beherrscht, aber es ist nicht mein Ich. Ich habe die Freiheit, mich davon zu trennen und mir diesen Teil wie von außen zu betrachten.

In den meisten Fällen löst schon dieser erste Schritt eine gewisse Erleichterung aus. Weiter geht es darum, die eigenen Gefühle und Empfindungen gegenüber diesem zurück gelassenen Anteil zu beobachten, die sich genauso wie die Figur selbst in mehreren Schritten verändern können. Wie ist es, wenn ich mich entferne, und was geschieht, wenn ich wieder an dem Ort der verlassenen Gestalt stehe, ohne mich wieder in die Gebärde hinein zu begeben, einfach nur wahrnehmend? Tauchen Gefühle des Bedauerns auf, des Mitleids, der Scham? Kann ich mit Humor sehen, wie lächerlich eine solche Gestalt, also mein Verhalten in entsprechenden Momenten, auf die Umwelt wirkt? Meistens genügen drei bis vier Runden, um eine entscheidende Wandlung herbeizuführen. Es erfolgt je nachdem eine Auflösung, ein Annehmen in Liebe oder eine willentliche Zerstörung dieses Anteils. Das ist wiederum sehr individuell. Das Ergebnis ist in jedem Fall eine bewusste Verwandlung zu Freiheit und Liebe.

Etwas später im Garten: Meine neuen Freunde, die Wühlmäuse, strapazieren ganz schön meine Geduld. Das ganze Erdbeerbeet ist zerwühlt! Und nicht genug damit, auch rings um die Johannisbeer- und Rosenbüsche wölbt sich die Erde. Gibt es bei aller Freundschaft nicht auch irgendwo Grenzen?! Ich beruhige mich und stelle eine andere Frage: Kann ich beim Platttreten der aufgewühlten Erde Liebe ausstrahlen statt Wut? Ja, das kann ich. Ich lenke die Aufmerksamkeit auf das Positive, und danke ihnen, dass sie so schön die Erde lockern. Genau genommen ist gar kein Schaden entstanden. Der Schaden befindet sich in meinem Kopf, der denkt, dass ihr Verhalten nicht in Ordnung ist. In Wirklichkeit verrichten sie perfekt ihre Aufgabe, die ihre Mauseseele ihnen eingibt.

Ich hole mein Lieblingswerkzeug, den Liegestuhl, und genieße erst mal die seltenen Sonnenstrahlen. Auf den Blüten des Sommerflieders tummeln sich Bienen, Hummeln und Schmetterlinge. Wie schön! Ein Eichhörnchen springt mir fast vor die Füße und klettert dann an einer der beiden Scheinzypressen hoch, die vor der Hütte ein Tor bilden. Es scheint noch ein junges Tier zu sein, hält immer wieder inne und äugt neugierig zu mir herüber. Ich halte ganz still, denn ich weiß, dass Eichhörnchen äußerst schreckhaft sind. Wir flirten ein bisschen, bevor es in der Krone des Baumes verschwindet. Eine entzückende Begegnung! Felix lässt sich nicht blicken, der Feigling! Ich vermisse ihn schon.

Als ich nun das von den Wühlmäusen unterwanderte und ver-wüstete Rasenstück betrachte, kommt mir plötzlich die Idee, aus der Not eine Tugend zu machen und den Rasen an dieser Stelle ganz abzutragen, um ein neues Beet anzulegen. Die Stelle würde sich gut für Heidelbeeren eignen. Meine Freunde haben gute Vorarbeit geleistet, ich brauche nicht zu graben, sondern kann die gelockerten Rasenstücke einfach abzupfen oder mit dem Rechen wegharken. Während ich so dem Garten wieder ein manierliches Aussehen verschaffe, überkommen mich plötz-lich Gewissensbisse. Wie kann ich meinen neuen Freunden das bloß antun! Darf ich dieses sorgfältig gegrabene Reich einfach so zerstören? Andererseits würde es ohnehin dem Rasenmäher zum Opfer fallen. Die Erde bewegt sich ein bisschen, es wird wohl eifrig weiter gebuddelt. Ich spüre aber keine Angst, so wie neulich bei der Flucht von Felix, so dass ich erst einmal fortfahre. Die Menge an immer wieder neuen Gängen legt nahe, dass es den Mäusen hauptsächlich ums Buddeln geht und nicht um die fertige Konstruktion. Ganz sicher bin ich mir da aber nicht.

Ich lege eine Pause ein, um mich in Bezug auf Wühlmäuse fort-zubilden und ziehe das Tierboten-Buch von Angela Kämper zu Rate. Da lese ich zum Beispiel unter Traumdeutung, dass Mäuse ein Hinweis auf überflüssige Gewissensbisse sind. Na prima! Die spirituelle Botschaft lautet dem Buch zufolge: innere Beschei-denheit. Man soll sich in seinen Erwartungen an sich selbst und an andere Menschen bescheiden. „Die Maus fordert dich auf: Erwarte nicht mehr Geduld, Großmut und Opferbereitschaft von dir, als du jetzt tatsächlich zur Verfügung hast." Also bitte! Ich lasse die Gewissensbisse fallen.

Weiter erfahre ich in dem Buch über verschiedene Arten von Mäusen, und dass es ein Kennzeichen der Wühlmäuse ist, dass sie sich zyklisch explosionsartig vermehren. Das sehe ich auch ohne Buch. Neu ist die Information, dass sie ihre in der Grasnarbe verlaufenden oberirdischen Gänge gegen den Winterfrost mit geflochtenem Gras und Erde regelrecht überdachen. Wow! Tolle Freunde habe ich! Also scheinen die Gänge doch auf dauerhafte Benutzung angelegt zu sein. Ich wende mich in Gedanken an meine wühlenden Freunde, dass sie sich doch bitte um ihrer eigenen Sicherheit willen einen anderen Ort für ihre Aktivitäten aussuchen sollen. Ich kann sonst für nichts garantieren. Mögen sie es beherzigen!

Da ich das Buch schon einmal in der Hand habe, schaue ich auch noch unter Kaninchen nach. Dem Wildkaninchen wird dort symbolisch die Angst zugeordnet. Das ist plausibel, konnte ich doch die Fluchtspur hinter Felix förmlich vor Angst vibrieren fühlen. Mir wird nahegelegt, meine eigenen Ängste anzuschauen. Ich blättere lieber weiter und informiere mich noch über Maulwürfe. Die stehen demzufolge für eine gute Erdverbindung und ein stabiles Fundament. Das gefällt mir schon besser!

Abendsonne am Strand. Ich liebe es, barfuß durch den warmen Sand und das kühle Wasser zu laufen. Früher, als wir noch vom Süden aus als Urlauber nach Eckernförde kamen, habe ich es als touristische Pflichtübung betrachtet, bei jedem nur möglichen Wetter in der Ostsee zu baden. Seit wir hier wohnen, ist dieser Ehrgeiz vollkommen verschwunden. Was man immer haben kann, wird reizlos. Ich bin keine Wasserratte. Es muss schon wirklich sehr heiß sein, bevor ich weiter als bis Kniehöhe ins Wasser steige. Wenn ich gefragt werde, ob ich in diesem Jahr schon in der Ostsee geschwommen bin, zeige ich je nachdem zum Knöchel, zur Wade oder zum Knie, um den Grad meiner Schwimmversuche anzuzeigen. Eher wage ich mich zuweilen in unser Meerwasserwellenbad am Strand, vorzugsweise an Warmbadetagen mit dreißig Grad Wassertemperatur. Am allerliebsten sitze ich dann im Hotwhirlpool oder lasse mir die Massagestrahlen auf den Nacken prasseln. Kein Wunder, dass ich bei so minimal ausgeprägtem sportlichem Ehrgeiz den Rasenmäher nicht ankriege! Aber heute ist kein Tag für Gewissensbisse....

Von Schlangen und Drachen

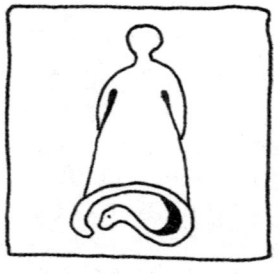

Wieder ein neuer Tag. Was ist wirklich neu? Obwohl der Tag neu ist, müssen wir uns für das Neue bewusst entscheiden, sonst bleibt alles eine Wiederholung von Altbekanntem. Wie viele Gedanken denkt der Mensch durchschnittlich pro Minute, pro Sekunde? Ich habe mir die genaue Zahl nicht gemerkt, die Wissenschaftler herausgefunden haben, aber es sind unvorstellbar viele. Die meisten davon kommen kaum zum Bewusstsein. Es sind blitzschnell ablaufende Assoziationsketten, die sich meistens immer wieder um dasselbe drehen und automatisch in gewohnheitsmäßigen Bahnen ablaufen. Sie springen ständig zwischen Vergangenheit und Zukunft hin und her, ausgelöst durch gegenwärtige Eindrücke, unbewusste Gefühle und Impulse.

In allen mir bekannten spirituellen Schulungen spielt Gedankenkontrolle eine wesentliche Rolle, ebenso Kontrolle von Gefühlen und Willensimpulsen. Ich mag das Wort Kontrolle in diesem Zusammenhang nicht. Es ist irgendwie negativ besetzt, weckt Assoziationen von Zwang, Unfreiheit oder Einschränkung. Gemeint ist bei diesen Übungen aber gerade das Freiwerden von unbewussten Zwängen, eine Bewusstwerdung dessen, was gewöhnlicherweise automatisch abläuft und uns zu Sklaven dieses Automatismus macht. Erst indem uns diese Mechanismen bewusst werden, erlangen wir die Freiheit, selbst zu entscheiden, was wir denken und fühlen wollen. Die Willenskraft benötigen wir gerade für diese Entscheidung, uns immer wieder bewusst auf Klarheit im Denken und Fühlen auszurichten, auf die innere Haltung, im Einklang mit den geistigen Gesetzen und der kosmischen Ordnung zu handeln, sich authentisch und situationsgerecht zu verhalten.

Vor Jahren, als ich versuchte, meine widerspenstigen Gedankenströme zu bändigen, hatte ich ein treffendes Bild:

Die Gedanken, die mich haben (statt ich sie), sehen aus wie ein Gewirr von durcheinander kriechenden Schlangen. Sie zischeln und züngeln und sind in ständiger Unruhe und Bewegung. Als ich dieses Gewirre frage, was es in mir bewirkt, sagt es: „Das siehst du doch. Wir weben einen dichten Schleier vor die Wirklichkeit, so dass du nicht wahrnehmen kannst, was wirklich ist, sondern sich immer dieses Gedankenwirrwarr davor schiebt." Ich sage: „Hört sofort auf damit!" Sie lachen höhnisch. Ich greife hinein und versuche, das Dickicht mit beiden Händen auseinander zu ziehen. Ich schaffe es nur für kurze Zeit, dann verstärken die Schlangen ihre Kraft, werden noch dicker und schnellen wieder zurück.

Widerstand ist zwecklos. Es geht nur durch Annehmen und Verwandeln. Ich frage also, was ihr positiver Kern ist, womit sie mir im fortschrittlichen Sinne dienen können? Statt einer Antwort löst sich das Knäuel auf. Die Schlangen kriechen auf meinen Körper, sich von oben nach unten schlängelnd. Ich verstehe die Botschaft nicht. Mein Blick ist jetzt zwar frei, aber die kriechenden Schlangen sind mir äußerst unangenehm. Sie behaupten, dass sie mir Schutz geben. Schutz wovor? „Schutz, um die Wirklichkeit ertragen zu können, ohne sich selbst zu verlieren oder der Außenwelt ausgeliefert zu sein." Ich erkläre ihnen, dass ich diesen Schutz jetzt nicht mehr brauche. Allmählich erstarren die Schlangen, vertrocknen, zerfallen zu Staub und dann zu Licht.

Im Alltag beobachtete ich von nun an mehr und mehr die unbewusst ablaufenden Assoziationsketten, wie blitzartig, sprunghaft, durcheinander sie sind, aber doch immer wieder denselben Grundmustern folgen, konditioniert durch alte Ängste, Sehnsüchte, Wünsche, Alltagserlebnisse und Aufgaben, alles geprägt vom selben Raster. Zur Übung halte ich den Film gelegentlich an, spule ihn zurück, um die Assoziationskette bewusst zu machen und die zugrunde liegenden Mechanismen zu analysieren. Wie bin ich jetzt ausgerechnet zu diesem Gedanken gekommen? Welcher Sinneseindruck hat welche Erinnerungen ausgelöst? Bin ich jemandem begegnet, der mich an eine bestimmte Person erinnert, so dass mir jetzt Erlebnisse mit dieser Person in den Sinn kommen? Höre ich etwas, was mich an ähnliche Ereignisse erinnert?

Es hat einen heilsamen Effekt, diese Übung dahingehend zu erweitern, den Film nicht nur zurückzuspulen, sondern ihn an einer beliebigen Stelle anzuhalten und in dem festgehaltenen Bild in liebevoller Präsenz zu verweilen. Sei es so ein banaler Gedanke wie: „Ich muss noch den Abwasch machen." Dann vertiefe ich mich in das Bild von schmutzigen Geschirrbergen und meiner Abwaschtätigkeit mit aller Ruhe, Liebe und Freude, die ich aufbringen kann, um später ebenso gesammelt und präsent ans Werk zu gehen. Das gibt ungeheuren Frieden und Erfüllung.

Die automatische Gedankenflut hindert uns daran, im Hier und Jetzt die Wirklichkeit wahrzunehmen. Der Verstand hat das hauptsächliche Bestreben nach Sicherheit. Er ist hervorragend geeignet, die Vergangenheit zu analysieren und die Schlussfolgerungen aus bereits Erlebtem auf die Zukunft zu übertragen. Dabei will er um jeden Preis Veränderungen vermeiden, denn das würde ja Unsicherheit bedeuten. Auf diese Weise drehen wir uns immer wieder im Kreis und wiederholen dieselben Muster. Wenn wir diese Mechanismen nicht bewusst durchbrechen, sorgt das Leben auf eine häufig unangenehme und schmerzhafte Weise für die anstehenden Veränderungen. Die häufigste Wahl von allen ist die Wahl, nicht zu wählen, also keine bewusste Entscheidung zu treffen und dadurch ein Spielball des Schicksals zu werden.

Die Schlangen in dem Bild haben deutlich gemacht, dass Abwehr keine gute Strategie ist. Widerstand verstärkt die Kraft der Gegenseite, so dass wir in eine Spirale von Abwehr und Kampf geraten, was ungeheuer kraftraubend ist. Eine weit bessere Strategie ist es, Zwangsgedanken, die einen nicht loslassen wollen, durch positive Gedanken zu ersetzen. Wer kennt das nicht, dass bestimmte Sorgen einen plagen, obwohl man weiß, dass man keine Möglichkeit zum Handeln hat. Sorgen um die Zukunft sind ein weit verbreitetes Übel. Haben wir im Rahmen unserer Möglichkeiten alles getan, um unser Leben in die gewünschte Richtung zu lenken, sind alle weiteren Gedanken von Sorge oder Angst überflüssig und schädlich. Die Realität folgt dem Bewusstsein, wir kreieren also genau das, was wir denken und befürchten. Man kann dies alles wissen und sich trotzdem nicht der anstürmenden Sorgengedanken erwehren. So ging es mir vor Jahren, als ich merkte, dass meine innere Abwehr gegen die Sorgengedanken dazu führte, dass sie erst recht wie zwanghaft wiederkehrten. Folgendes Bild half mir, den Kreislauf zu durchbrechen:

Ich spüre die Sorgengedanken in meinem Brustkorb kreisen, als ob sie mich zerfressen und aushöhlen wollen. Ich bitte meinen Engel darum, diese Stelle zu durch-lichten, diese Energie herauszulösen und mir die Essenz davon in die Hände zu legen, damit ich sie erkennen und verwandeln kann. In meinen Händen zeigt sich ein kleiner Drache. Er sieht hungrig und gierig aus. Ich frage ihn, was er in mir bewirkt. Er sagt: „Das merkst du doch. Ich höhle dich aus. Ich fresse all deine Energie weg. Davon ernähre ich mich." Ich weiß aus Erfahrung, dass es keinen Zweck hat, ihm das zu verbieten. Also versuche ich herauszufinden, was er an positiven Eigenschaften hat und frage ihn, was er am besten kann. Er sagt: „Fressen. Ich kann und will nur fressen." Ich überlege, was ich ihm zu fressen anbieten kann, ohne dass er mir schadet. Blitzartig kommt mir der Gedanke, ihn umzudrehen, so dass er von mir weg nach vorne schaut. Dann sage ich: *„Friss also alles weg, was sich mir in den Weg stellt, alle Hindernisse und Blockaden. Sorge für meine Zukunft!"* Er ist einverstanden, die Sorgen um die Zukunft in ein Sorgen für die Zukunft umzuwandeln.

Sorgen um andere Menschen können eine besonders verheerende Wirkung entfalten. Es sind unreife Formen von Liebe, die den Anderen nicht auf seinem Weg zur Freiheit unterstützen, sondern ihn in Gedanken entmündigen, klein machen und entwürdigen. Es ist eine subtile Form von Arroganz, sich mit seinen Sorgengedanken innerlich über den Anderen zu stellen und ihn an unseren eigenen Wertvorstellungen zu messen, denn wir kennen die Beschlüsse seiner Seele nicht, die einen ganz anderen Weg und andere Werte gewählt haben kann, als das, was wir selbst für erstrebenswert halten. Selbst in den Fällen, in denen wir eine gewisse Fürsorgepflicht haben, zum Beispiel kleinen Kindern oder hilfsbedürftigen Personen gegenüber, können Sorgengedanken für uns selbst und die anderen belastend sein. Sie rauben allen Beteiligten unnütz Energie und behindern sie in ihrer freien Entfaltung.

Wiederum gilt: wenn wir alle uns zur Verfügung stehenden Möglichkeiten ausgeschöpft haben, um heilsam tätig zu werden, gilt es loszulassen im Vertrauen auf das Schicksal. Wenn wir denjenigen, um den wir uns sorgen, wirklich unterstützen wollen, schicken wir ihm Gedanken der Ermutigung, Bewunderung und Hochachtung für seinen Weg. Wir können uns in Meditationen an seinen Engel wenden oder Heilengel um Unterstützung bitten. Dabei zeigt es sich oft, dass die zuständigen Engel völlig unbesorgt sind, denn sie kennen die Wahl, die diese Seele getroffen hat, um zu wachsen und zu reifen, selbst wenn es ein leidvoller Weg ist.

In meinen Seminaren machte ich gelegentlich aus der oben beschriebenen Bewegungsübung eine Partnerübung. Zum Beispiel sollte die eine Seite die Rolle der sich Sorgenden übernehmen, während das Gegenüber ahnungslos darüber war, dass es nach Meinung der anderen Seite ein ach so bedauernswerter Mensch ist. Es ist frappierend, wie schnell durch eine derartig einfache Übung ohne Worte klar wird, wie unangenehm und fesselnd die Sorgengedanken für beide Beteiligten sind. Durch dreimaliges Begegnen, Lösen und Verwandeln gelingt es meistens schnell, zu einem freien liebevollen Verhältnis zueinander zu finden.

Aber ich bin abgeschweift. Zurück ins Hier und Jetzt:

Ich nehme den Kristall in die Hände. Sofort umhüllt mich die Lichtsäule des Wesens, das mit ihm in Verbindung steht. Ich gehe innerhalb dieser Lichtsäule langsam und sicher voran, sie führt mich, indem sie sich bewegt und ich mich bemühe, sie nicht zu verlassen. Adrian und der Bärtige gehen hinter mir her. Sie rufen andere Naturgeister herbei. Plötzlich befinden wir uns am anderen Ende der Gartenkolonie, vor dem Abhang, an dem wir unsere Baum- und Heckenschnittabfälle entsorgen können. Hier soll ich den Kristall in die Erde versenken. Was? Wieso denn das? Ich soll meinen schönen Stein hier vergraben? „Nein, nicht physisch, nur mental." Ich sehe, wie der Kristall hell leuchtend in die Erde sinkt.

Warum? Ausgerechnet an dieser Stelle, die so abgelegen ist von meinem Garten, auch von anderen Gärten? Hier ist am wenigsten los, warum soll ausgerechnet hier eine positive Energie verankert werden? Okay, ich höre ja schon auf zu fragen. Ich lasse mich einfach entspannt mit dem Kristall in die Erde sinken. Das Licht zieht andere Wesen an, die jetzt von allen Seiten herbei geströmt kommen. Zuerst denke ich, dass eine Versammlung von Naturgeistern einberufen wird, aber dann sehe ich, dass es Mäuse sind, die sich von diesem Ort angezogen fühlen. Es findet eine Art Mäuse-Völkerwanderung statt. Na, das wäre ja toll, wenn sie wirklich dahin gingen, wo sie niemanden stören!

Ich werde meinen Freunden diesen Vorschlag unterbreiten und versuchen, ihnen den neuen Ort schmackhaft zu machen.

Experiment

Ich erinnere mich an die Gärtnerin, die ihren Schnecken eine gemütliche Heimat gebaut hat und ihnen immer genug zu fressen gegeben hat, so dass sie den übrigen Garten in Ruhe ließen. Das bringt mich auf die Idee, meinen Mäusen Getreide, Sonnenblumenkerne und Müsli anzubieten und sie damit nach und nach an die besagte Stelle am Abhang zu locken. Das Experiment verspricht lustig zu werden, egal wie es ausgeht, es gibt nichts zu verlieren. Ich fülle also einen kleinen Teller mit Leckereien, stelle ihn an die Stelle meines gestrigen Zerstörungswerks und beobachte was geschieht.

Nichts. Weder Mäuse noch Kaninchen noch Eichhörnchen zeigen sich. Nur Geduld, sage ich mir, und begebe mich meinem heutigen Vorhaben gemäß zu den wuchernden Pfefferminz-Pflanzen. Ich habe ihnen erlaubt zu wuchern, denn ich verwende sie in Mengen für diverse Teemischungen. Ebenso Ringelblumen-, Malven-, und Rosenblüten, Lavendel, Rosmarin, Salbei, Kamille, Weißdorn-Blüten und -Früchte, Lungenkraut, Thymian, Brombeer-Blätter, Brennnesseln, alles wird getrocknet und zu Tee verarbeitet. Einmal im Jahr stelle ich auch ein Hautöl aus verschiedenen Kräutern her. Heute soll es aber Pfefferminzsirup werden. Dass das Pfefferminzfeld inzwischen auch von Wühlmausgängen unterhöhlt ist, nehme ich mit Lächeln zur Kenntnis. Tatsächlich, es regt mich wirklich nicht mehr auf.

Das Wetter lässt es zu, dass ich heute wieder im Garten übernachte. Abends bekomme ich Besuch von Felix, er mümmelt genüsslich an einem welken Blatt herum. Dann hoppelt er davon in Richtung Nachbars Garten. Ha! Wo ist denn diesmal das Loch?

Morgens öffne ich um halb sechs das Fenster. Der Vollmond steht gerade noch am Himmel. Über dem Noor liegt leichter Nebel, der sich aber bald auflöst. Es verspricht sonnig zu werden. Eine Taube stolziert gemächlich den Weg entlang. Eine einsame Hummel nascht am Eisenhut vor meinem Fenster, die fleißige Frühaufsteherin!

Mein Delikatessenteller sieht nahezu unberührt aus. Undankbares Pack! Ich nehme den Teller weg und streue die Körner auf die Erde. Wenn sie nicht gefressen werden, schlagen sie vielleicht wenigstens Wurzeln. Dann würde aus dem neuen Beet unabsichtlich ein Dinkel- und Sonnenblumenfeld werden. Auch gut. Nun inspiziere ich die Stelle, an der Felix gestern Abend verschwunden ist, und finde ein neues großes Loch im Zaun. Ich dichte es, dem Nachbarn zuliebe.

Auf einmal sehe ich ein winzig kleines Mäuschen neben meinem Körnervorrat sitzen. Also doch! Ohne Teller scheint die Hemmschwelle geringer zu sein. Das Mäuschen ist offensichtlich sehr jung. Es guckt mich neugierig und aufmerksam an. Ich komme näher und rede ihm sanft zu: „Hör mal, du Süße! Kannst du nicht deinem Clan erzählen, dass ich eine ganz tolle Stelle für euch ausfindig gemacht habe, wo ihr ungestört Gänge und Höhlen bauen könnt? Zeig mal den Anderen die Leckerbissen hier und erzähle ihnen, dass demnächst am anderen Ende der Kolonie immer eine festlich gedeckte Tafel warten wird!" Meine junge Freundin hört aufmerksam zu, aber ich fürchte, es übersteigt ihren intellektuellen Horizont. Sie verschwindet in einem Loch, während aus einem anderen Loch eine größere Maus auftaucht. Wahrscheinlich die Mama, die nachsehen will, mit was für fremden Leuten sich ihr Sprössling unterhält. Dann verschwinden beide. Ich lege mich mit der Kamera auf die Lauer. Mama Maus taucht auf und flitzt blitzschnell auf den Schneeballbaum hinauf. Krass! Wie ein Eichhörnchen erklimmt sie die oberen Äste. Das Mausekind lässt sich nicht mehr blicken. Wahrscheinlich hat es Hausarrest!

Die ersten Blätter werden gelb. Einige fallen schon ab. Auch einige unreife Äpfel liegen schon unter dem Apfelbaum. Seit Tagen frage ich mich, was mit meinem Apfelbaum los ist. Im Frühling stand er in voller Blüte, aber jetzt sehe ich kaum Äpfel. Das war in den letzten drei Jahren ganz anders. Jedes Jahr gab es eine üppige Apfelernte, mal viel, mal sehr viel und mal unendlich viel. Im letzten Jahr waren es unendlich viele, so dass ich beinahe darin erstickt bin. Zwei Monate lang war ich damit beschäftigt, zum einen die faulen und unreifen Äpfel von der Wiese zu sammeln und zum Kompost zu bringen, was ungefähr drei Viertel der gesamten Menge an Äpfeln entsprach, zum anderen das übrige Viertel entweder selber aufzuessen, einzukochen oder irgendwie an den Mann zu bringen.

Wochenlang ernährte ich mich hauptsächlich von Äpfeln und Apfelmus und versorgte alle Freunde, Nachbarn und Bekannten auch noch damit. Bald schon fand ich aber keine dankbaren Abnehmer mehr, alle hatten bis zum Abwinken genug. Viele hatten auch eigene Äpfel, die sie wiederum bei mir loswerden wollten. Meine Tage bestanden aus Aufsammeln, Schälen und Einkochen, bis mir die Gefäße ausgingen. Das sollte mir nicht noch einmal passieren! Das ganze Jahr über sammelte ich alle Schraubgläser und sonstigen geeigneten Gefäße, um gut gerüstet für die diesjährige Apfelernte zu sein. So wie es aussieht, werden die Gefäße leer bleiben. Wenn ich Glück habe, sind einige der wenigen kostbaren Exemplare am Baum roh essbar. Der Überfluss an Äpfeln und der Mangel an Gläsern im vorigen Jahr gleichen sich aus durch einen Überfluss an Gläsern und einem Mangel an Äpfeln in diesem Jahr. Das wundersame Gleichgewicht des Lebens!

Ein Gärtner erntet oft andere Dinge als die, die er gesät hat. Einige Male ist es mir schon so ergangen, dass ich Blumensamen in Töpfe gesät habe und heraus kam das vielfältigste Wildkraut. Als Entschädigung wachsen auch schöne Pflanzen, die ich nicht gesät habe, zum Beispiel eine riesige Königskerze und eine wunderschöne große Glockenblume, die wahrscheinlich von den Vögeln gesät wurden. Die Vögel, besonders die Amseln, ernten dafür wiederum Früchte, die ihnen meiner Meinung nach nicht zustehen. Regelmäßig vertilgen sie die Kirschen und roten Johannisbeeren. Die schwarzen mögen sie glücklicherweise nicht.

Unter den Menschen geht es scheinbar ähnlich zu. Ich sage scheinbar, denn das Gesetz von Ursache und Wirkung verspricht uns ja, dass wir ernten, was wir gesät haben. Da sollte es eigentlich unmöglich sein, Blumen zu säen und Wildkraut zu ernten. Die Frage ist nur, was in diesem Falle Blumensamen sind.

Ich nehme den Kristall zur Hand. Wiederum bin ich von Licht umhüllt. Ich soll auf das Noor schauen. Über dem Wasser erhebt sich eine Lichtsäule, die aus vielen kleinen Wesen besteht, die für einen beständigen Austausch zwischen oben und unten sorgen. Es entsteht eine Verbindung zwischen der Lichtsäule, in die der Stein mich einhüllt und der Lichtsäule über dem Noor. Adrian erscheint links von mir, der Bärtige rechts. Über dem Wasser formt sich aus dem Licht eine Gestalt. Es kommen die Worte: „Denke an deine Verantwortung."

Ich erschrecke ein bisschen, weil ich wieder nicht weiß, worin genau diese Verantwortung besteht und was ich tun soll. Es kommt: „Sei in Liebe und gebe alle Widerstände auf." Die beiden Lichtsäulen schließen sich oben und unten zu einem Kreis zusammen, so dass ich mich in einem strömenden Kreislauf von Licht und Liebe befinde. Ich soll mir so oft wie möglich diese Verbindung in Erinnerung rufen, auch wenn ich in der Stadt bin.

Widerstände

Ach ja, die Widerstände! Hatte ich mir nicht vorgenommen, meine Widerstände aufzugeben? Um sie aufgeben zu können, müsste ich sie aber erst mal entdecken, denn die meisten Widerstände sind wohl unbewusst. Nach außen hin spüre ich wenig Widerstand. Konfrontationen gehe ich gerne aus dem Weg und übe mich in Toleranz. Ich bilde mir ein, ziemlich im Einklang mit mir und der Welt zu sein. Vielleicht ist das ein grandioser Selbstbetrug, um die inneren Widerstände nicht spüren zu müssen. Ich begebe mich also auf eine neue innere Entdeckungsreise und gehe am Strand entlang.

Da ist er schon, der erste Widerstand. Er türmt sich in ungeheurer Größe vor mir auf, in Gestalt eines Riesenrads am Hafen, das weithin sichtbar in den Himmel ragt. Schon wieder Rummel! Das alljährliche Piratenspektakel, mit dem die gelangweilten Touristen bespaßt werden! Jedes Jahr wird Eckernförde von verkleideten Piraten überfallen, das Rathaus wird gestürmt und der Bürgermeister gefangen genommen. Für drei Tage bleibt die Stadt in der Hand der Piraten. Alles genau nach Plan, versteht sich. Die Zeit des Überfalls ist genauso festgelegt wie die Abreise der Piraten, damit möglichst viele Leute diesem Schauspiel beiwohnen können. Das eigentlich Unerträgliche für mich ist aber weniger dieses Theaterstück, sondern die unzähligen Fress- und Saufbuden und die laut dröhnende Unterhaltungsmaschinerie. In der Stadt trifft man Erwachsene und Kinder mit Augenklappen, Piratenfahnen und Plastikdolchen. Ist es nicht geschmacklos, Piraten zu verherrlichen und zu feiern, während in der Realität echte Piraten die Gewässer unsicher machen?

Das scheint hier weit weg zu sein. So, jetzt habe ich meinen Widerstand gegen dieses Treiben deutlich genug gespürt. Normalerweise treibt mein Fluchtinstinkt mich in meine Gartenoase. Da brauche ich den Widerstand nicht zu spüren. Diesmal will ich wissen, wie es sich mitten im Getümmel anfühlt. Noch laufen die Vorbereitungen. In der Fußgängerzone stehen verkleidete Piraten und bieten ihre Utensilien zum Kauf an. Die Verkleidung gefällt mir, der Widerstand bezieht sich auf dasjenige, was sie verkaufen wollen. In einigen Geschäften sind die Schaufensterpuppen mit Augenklappen, schwarzen Kopftüchern mit Totenkopf und Säbeln ausstaffiert. Die Verkäufer tragen Piratenhüte, vor den Geschäften hängen schwarze Luftballons und Fahnen mit Piratenemblemen. Die Imbissbuden bieten Piratenpizza, Piratensuppe, Piratenbrot und Piratenbier an. Muss das alles sein?! Widerstand Nummer zwei besagt: Alles viel zu viel und zu übertrieben! Das müssten die Geschäftsleute doch wissen, dass ein Zuviel der besten Sache Überdruss erzeugt!

Ich bemerke, wie normalerweise ein unbewusster Automatismus bei mir dafür sorgt, dass ich das alles einfach ausblende. Dann spüre ich auch keine Widerstände. Es ist gleichgültige Abstumpfung, aber keineswegs Liebe. Ich gehe weiter zum Hafen. Die Kirmes ist schon in vollem Gang. Die dröhnenden Bässe der Musikbühne fahren mir in die Knochen. Gut, dass es nur eine kurze Probe ist und gleich wieder aufhört! Der für das Spektakel vorgesehene Strandabschnitt ist bereits mit Flatterband abgesperrt. Schilder weisen auf den bevorstehenden Überfall hin. Das bringt mich zum Lachen. Echt komisch! Hier beschränkt sich mein subtiler Widerwille darauf, es als lächerlich abzutun. Das scheint mir eine andere Art zu sein, sich innerlich rauszuziehen, als offener Widerstand oder Flucht.

Auf dem Rückweg durch die Fußgängerzone sehe ich, dass eine ältere Dame offensichtlich kollabiert ist und, von mehreren hilfsbereiten Menschen umringt, auf dem Weg liegt. Ich frage nach, ob ich helfen kann, aber da kommt schon der Rettungswagen. Die Sanitäter springen heraus und werden tätig. In diesem Augenblick realisiere ich, dass sich hier mitten im Getümmel ein Akt der Liebe vollzieht. Es berührt mich stark, wahrzunehmen, wie diese alte Dame unwillentlich ein Gegengewicht erzeugt hat zu dem ringsherum tosenden geschäftssüchtigen Spektakel. Ich stelle in Gedanken die Verbindung zu der Lichtsäule über dem Noor her und sende Licht zu der alten Dame und den Helfern.

Bisher habe ich drei Arten von Widerstand in mir entdeckt: Abstumpfung, etwas als lächerlich verurteilen oder Flucht, alles eher versteckte Widerstände. Von Hingabe bin ich noch weit entfernt! Jetzt brauche ich erst mal Erholung in meinem Garten...

Nach einigen Stunden Gartenurlaub bin ich so weit, dass ich mich der größten Herausforderung stellen könnte, mir das Theater des Überfalls live anzusehen, was ich bisher fast immer vermieden habe, obwohl es noch einer der nettesten Teile dieser Tage ist. Mir ist schon allein die Menschenmenge zuwider. Ich stecke das kleinere abgespaltene Stück meines Kristalls in die Hosentasche, konzentriere mich auf die Verbindung zu dem Lichtwesen über dem Noor und will gerade losziehen, als mich ein lauter Donnerschlag zum Fenster treibt. Binnen Minuten braut sich ein Gewitter zusammen, es blitzt, donnert und fängt an zu regnen. Ich gestehe, dass ein Hauch von Schadenfreude in mir aufkommt. Etwas in mir denkt: Geschieht euch Recht! Da seht ihr die Folgen von Gier und Kommerz unmittelbar, denn die Natur wehrt sich gegen Ausbeutung und lebensentfremdendes Handeln durch Unwetter und sonstige Katastrophen. Unmittelbar nach diesem Anflug von Schadenfreude formiert sich ein Widerstand gegen meine eigenen hämischen Gedanken. Pfui, wie bin ich doch gemein! Eine lehrreiche Übung!

Inzwischen schüttet es wie aus Kübeln. Wie ich aus dem Fenster sehe, hindert das die Massen aber nicht, in Scharen zum Strand zu strömen, wo in zehn Minuten der Überfall stattfinden soll. Die Frage, ob ich hin gehen soll, hat sich auf wundersame Weise erübrigt. Ich sitze am Fenster und schaue grübelnd den wütenden Naturgewalten zu. Wie kann ich denn nun die erkannten Widerstände überwinden? Es wird mir bewusst, wie paradox diese Frage ist, denn Widerstände aufgeben heißt nachgeben, heißt loslassen, ohne etwas Bestimmtes zu tun. Absichtlich loslassen wollen ist kein wirkliches Loslassen.

Indem ich mich innerlich dem draußen tobenden Gewitter hingebe, fühle ich mich plötzlich von unbeschreiblicher Liebe durchströmt. Ich stelle eine gedankliche Verbindung zu dem Noorwesen her und dann zu dem Geschehen am Strand, und auf diesen Verbindungsbahnen fließt ein Strom von Liebe, ganz ohne jede Intention, einfach warm und erfüllend. Ich bin erstaunt und dankbar und fühle mich reich beschenkt.

Eine Stunde später lacht die Sonne wieder vom Himmel. Jetzt gehe ich los. Ich treffe lauter fröhlich lächelnde Menschen und habe ausgesprochen nette Begegnungen. Das Schauspiel ist noch nicht ganz zu Ende, es donnern ein paar Kanonen, die Piraten kämpfen noch mit den Fischern, bis sie schließlich den Bürgermeister gefangen nehmen. Das Publikum ist so laut, dass man vom Text kein Wort versteht. Das stört aber niemanden, da das Ergebnis von vorneherein bekannt ist. Ich genieße ganz entspannt mein Widerstand-freies Dasein und die Lebensfreude ringsumher.

Gegen die Logik

 Gestern habe ich einer Freundin erzählt, dass ich gerade ein Buch gegen die Logik schreibe. Warum mir in diesem Moment ausgerechnet diese Formulierung in den Sinn kam, kann ich weder logisch begründen noch unlogisch ahnen. Aber wenn ich mir die vorigen Seiten durchlese, stelle ich fest, dass mein Bemühen, die Logik fallen zu lassen, offensichtlich Früchte trägt. Von Logik keine Spur! Dennoch erlebe ich eine andere Art von Folgerichtigkeit, die nicht erklärbar ist, höchstens fühlbar. „Bravo!" ruft Adrian und klatscht in die Hände. „Weiter so!"

Ich will nicht den Eindruck erwecken, dass ich die Logik verschmähe oder Widerstand gegen sie empfinde. Ich liebe sie sehr, aber alles in Maßen! Logik und Disziplin waren nie meine Schwäche, im Gegenteil, sie waren so vertraute und sichere Stützen, dass ich mich gerne darauf verlassen habe und dadurch der Einseitigkeit des linearen Denkens Vorschub geleistet habe. Die Logik hat ihren berechtigten Platz im menschlichen Denken. Hinderlich wird sie nur, wenn sie sich über den ihr zugewiesenen Platz hinaus wie wucherndes Unkraut ausbreitet, wie es seit Jahrhunderten, wenn nicht Jahrtausenden, der Fall ist. Der logisch analysierende Verstand ist in der linken Gehirnhälfte angesiedelt, das intuitive gefühlsbezogene Denken in der rechten. Ich vermeide es, von männlichem oder weiblichem Denken zu sprechen, denn jeder Mensch hat beides in sich, in individuell unterschiedlicher Gewichtung. Der ideale Gleichgewichtszustand von beiden Gehirnhälften hat sich durch eine kollektive

Überbewertung der logischen Seite so weit verschoben, dass durch das fortwährende Analysieren, Zerstückeln und Diskutieren der Mensch sich selbst auch innerlich zerstückelt und sich seiner fühlenden Natur entfremdet hat.

Das Beschränkende dieser Einseitigkeit wird in der heutigen Zeit immer schmerzlicher erlebbar. Daraus ergibt sich die Notwendigkeit, an der Herstellung des Gleichgewichts zu arbeiten, an der harmonischen Verbindung von linker und rechter Gehirnhälfte, von Denken und Fühlen, von Kopf und Herz. Das klingt so selbstverständlich, ist es aber keineswegs. Denn es ist nicht das Wiederherstellen eines verlorenen früheren Zustands gemeint, sondern das bewusste Erringen eines neuen Gleichgewichts, das Liebe und Freiheit vereint.

Dass das logische Denken gegenüber dem rein assoziativen oberflächlichen Verknüpfen von Gedanken eine fortschrittlichere Fähigkeit darstellt, steht außer Zweifel. Wir verdanken ihm Klarheit, Sicherheit, Orientierung und Zielstrebigkeit. Was wir uns im eigenständigen logischen Denken errungen haben, hat mehr Gewicht und Bedeutung als zufällig verknüpfte Gedanken. Die Zufallsgedanken bleiben kaum im Gedächtnis haften, die logischen schon eher, denn sie bedürfen einer größeren Anstrengung und Verbindung mit dem Denken. Gegenüber dem logischen Denken hat wiederum mehr Gewicht und Bedeutung das freie intuitive Denken, das Kopf und Herz miteinander verbindet. Vielleicht ist es das, was mit dem Wort „Liebesintelligenz" gemeint ist, ein am eigenen Gewissen orientiertes und in Liebe verwurzeltes Denken.

Die sichere Stütze des logischen Denkens loszulassen, und sei es auch nur vorübergehend, um die Wahrnehmung nach der Gefühlsseite hin zu erweitern, ist keine leichte Angelegenheit, zumal Gefühle und Intuition in unserer Gesellschaft immer noch keinen hohen Stellenwert haben. Wir sind ungeübt darin, der

Sprache des Herzens zu lauschen und sie ernst zu nehmen. Dieses Lauschen braucht Ruhe und Zentrierung. Das lineare Denken kommt nie zur Ruhe, weil es immer ein Ziel braucht, eine Richtung, einen Fixpunkt. Dadurch führt es uns immer weiter weg von unserer Mitte, vom pulsierenden Leben des Herzens, im schlimmsten Fall in Erstarrung und Fixationen.

Wenn ich vom Loslassen des logisch denkenden Verstands und der Widerstände spreche, ist das relativ gemeint. Wir brauchen beides, Verstand und auch Widerstände, aber sie dürfen uns nicht behindern. Behindernd sind sie, wenn sie unbewussten Gewohnheiten folgen und uns in immer gleichen Denk- und Verhaltensmustern gefangen halten. Die Frage, ob Widerstand nicht auch in einigen Fällen berechtigt ist, ob es nicht auch wichtig ist, entschieden Nein sagen zu können, ist absolut mit Ja zu beantworten. Dieser äußere Widerstand kann sich aber dennoch ohne inneren Widerstand vollziehen, in liebevoller Klarheit sich selbst und dem Anderen gegenüber. Damit ein Nein wirklich in Liebe ausgesprochen werden kann, ist es notwendig, innere Widerstände aufzugeben. Zum einen den Widerstand, den ich gegenüber dem Anderen empfinde, wenn er unberechtigte – oder auch berechtigte – Forderungen an mich stellt, zum anderen den Widerstand, den ich mir selbst gegenüber hege, wenn ich Nein sagen will, aber es mir nicht zugestehe, weil ich den Anderen nicht abweisen oder verletzen will. Unklarheit, Bequemlichkeit und Trägheit sind unsere größten Widerstände.

Adrian macht mich gerade darauf aufmerksam, dass dieses Kapitel „gegen die Logik" vor Logik geradezu strotzt. Dabei grinst er mich breit und schelmisch an. Es fällt mir auf, dass der Bärtige eher auftaucht, wenn es um die Sprache geht, der Kristall hat eindeutig mit dem Herzen zu tun, und Adrian? Ist er für das Gedankliche, das Verständnis zuständig? Er bestätigt meine Vermutung, warnt aber zugleich davor, das zu eng zu sehen.

Nun sitze ich auf der Veranda meines Gartenhauses, es donnert und regnet in Strömen. Vor einer Stunde hätte die verschobene Gemeinschaftsarbeit stattfinden sollen. Der ununterbrochene Nieselregen ließ mich schon vermuten, dass daraus auch diesmal nichts würde. Doch eine unerwartete Regenpause gab mir Hoffnung, dass ich endlich zu meinem Vergnügen kommen könnte, das Leiterchen zu halten. Ich schwang mich aufs Rad und strampelte in Richtung Garten. Auf dem Zettel im Schaukasten las ich: „Die Gemeinschaftsarbeit fällt wieder aus. Neuer Termin spontan, wenn es mal wieder trocken ist." Schade! Das Leiterchen wird wohl weiter warten müssen.

An meiner Mäuse-Futterstelle liegen nur noch ein paar verstreute Dinkelkörner. Sonnenblumenkerne und Müsli sind verschwunden. Ich schließe messerscharf, dass das ihre Lieblingsspeise sein muss und lege beides nach. Dann säge ich drei weitere Äste ab und bringe sie zu dem Abhang, an dem ich mir die zukünftige Mäuse-Kolonie vorstelle. Jetzt wäre ich gerne der Rattenfänger von Hameln! Aber so oft ich mich auch umdrehe, es folgen mir keine Mäusescharen...

Schweigen

Der Bärtige erscheint und sagt: „Du brauchst jetzt Ruhe. Schweigen ist mindestens so wichtig wie sprechen. Schweigen ist nicht Passivität, sondern konzentrierte Sammlung. Lerne lauschen auf die lebendige Präsenz des Schweigens." Dann erstarrt er wie ein Fels.

Ich bin tatsächlich sehr müde und nehme mir vor, besonders gut zu schlafen. Dass dieser Vorsatz genauso paradox ist wie die Absicht, Widerstand aufzugeben oder Angst loszulassen, ist eigentlich klar. Der Trick wäre, sich einfach fallen zu lassen. Aber gerade das ist manchmal fast unmöglich. Die Absicht, sich fallen zu lassen, bewirkt ja schon wieder das Gegenteil. Erst indem ich den Versuch aufgebe und mir sage, dass ich auch ohne Schlaf gut durch den Tag kommen werde, lasse ich los und entspanne mich.

Am nächsten Tag findet das Treffen unserer spirituellen Forschungs-Gruppe statt. Unsere Arbeit besteht hauptsächlich im Schweigen. Die wenigen Worte, die gesprochen werden, bekommen dadurch ein besonderes Gewicht. Jedes Wort, jede sprachliche Aussage ist ein Geschöpf, ein Wesen, das im Moment des Sprechens neu geboren wird. Das Urbild eines Wortes, eines Begriffs, drückt sich durch das Aussprechen immer wieder in neuen Facetten aus, so wie eine Seele durch ihre Inkarnationen wiederholt in neuen Gestalten erscheint. Jede Gestalt fügt dem Urbild eine weitere Möglichkeit der Verwirklichung hinzu. Indem wir den Worten genügend Raum und Aufmerksamkeit geben, können sie sich ihrem Wesen gemäß entfalten und wirken. Das laut ausgesprochene Wort ist auch für die Naturgeister wichtig, obwohl man mit ihnen in Bildern und Gefühlen kommunizieren kann. Es ist eine Realität, dass jedes ausgesprochene Wort die Welt verändert.

Um den Worten genügend Raum zu geben, sind die Pausen und das Schweigen wichtig. Das ist nicht immer leicht auszuhalten, schon gar nicht in einer Gruppe. In größeren Gruppen kann ein „Sprechstein" eine Hilfe sein, wie ihn die Indianer verwenden. Der Stein liegt in der Mitte und jeder, der etwas sagen will, kann dies nur tun, wenn er vorher diesen Stein in die Hand nimmt. Das verhindert, dass ein anderer ihm ins Wort fällt und stellt sicher, dass dem Sprechenden die volle Aufmerksamkeit zukommt, bis er den Stein in die Mitte zurück gelegt hat. Dadurch entsteht Bewegung zwischen den einzelnen Beiträgen, das Gehörte und Gesagte wird durch Füße und Hände bekräftigt. Überflüssige Kommentare haben keinen Platz mehr, auch hitzige Diskussionen sind so kaum möglich. Es entstehen Pausen, in denen Besinnung auf das Erklungene stattfinden kann und jeder sich in Ruhe prüfen kann, ob er etwas Sinnvolles beizutragen hat. Wenn der Stein in der Mitte liegt, ist Schweigen angesagt, bis jemand den Impuls hat, etwas beizutragen. In einer kleineren Gruppe wie der unsrigen funktioniert das Prinzip auch ohne Stein.

Wir gehen so vor, dass jeder so kurz und präzise wie möglich ausspricht, was in diesem Moment sein Herzensanliegen ist. Das kann etwas ganz Alltägliches sein. Es geht um Wahrhaftigkeit des Augenblicks. Den ausgesprochenen Worten wird Raum und Aufmerksamkeit gegeben. Wir versuchen, nichts zu kommentieren, zu bewerten oder zu hinterfragen, auch nicht innerlich zu kommentieren, sondern die Wirkung des ausgesprochenen Inhalts auf uns selbst und den Raum zu beobachten. Allein das ist eine heilsame Schulung, die eigenen Reaktionen und Automatismen zu erkennen und Zurückhaltung zu üben.

Aus der so geschaffenen Wortvielfalt webt sich im Raum eine unsichtbare, aber fühlbare Substanz zwischen uns. Oft konnten wir dieses Weben regelrecht beobachten. Viele Wesen scheinen daran beteiligt zu sein, Naturwesen, Engel und natürlich wir Menschen, die wir die eigentlichen Schöpfer sind, das Bindeglied zwischen Engeln und Naturreichen. Aus diesem Zusammenwirken entsteht eine Art Gefäß für das Aufnehmen höherer geistiger Wahrheiten.

Nach dem Aussprechen der einzelnen Anliegen begeben wir uns in eine kurze Meditation, in der das Gesprochene und Gewobene nachklingen kann. Es löst neue Bilder, Impulse oder Worte aus, die dann wiederum miteinander geteilt und der schon vorhandenen Substanz hinzugefügt werden, so dass das gemeinsame Bild immer klarer und gesättigter wird. Nach drei Runden kann sich noch ein lockeres Gespräch anschließen, um das Ganze abzurunden.

Dieser Vorgang kann und sollte sich eigentlich in jedem guten Gespräch vollziehen. Teilweise geschieht es auch, bewusst oder unbewusst, aber was uns oft fehlt, ist das Element des Schweigens. Gewöhnlich kommentiert der vorlaute Verstand automatisch und pausenlos alles, was er hört und sieht, ordnet ein, wertet ab oder auf, reagiert mit Zustimmung oder Ablehnung, weiß alles besser oder stellt das Gehörte in Frage. Oder es tauchen blitzschnell Assoziationen auf: „So etwas habe ich auch schon mal..."

Im Schweigen, in der bewussten Enthaltsamkeit des inneren Kommentierens, kann sich wirklich Neues vollziehen. Die Worte, die dem bewertenden Zugriff des Verstands entzogen werden, erreichen unser Herz, berühren uns und bewirken Öffnungen für das Wesentliche.

Worte können heilen, berühren, ermutigen, aber auch verletzen und zerstören. Äußerliches Schweigen kann das alles auch. Wirkliches inneres Schweigen führt uns jedoch auf eine andere Ebene des Seins, an die Quelle der Schöpferkräfte hinter dem Wort.

Unser heutiges Treffen beginnt mit der Schilderung einer Teilnehmerin vom Tod ihres Katers, von dessen Seele sie sich seitdem stark begleitet fühlt. Während sie darüber spricht, ist die Präsenz dieser Tierseele stark erlebbar. Es berührt mich sehr, die bedingungslose Liebe des Tieres zu spüren. Haustiere haben oft schon Ansätze von Individualität und können ihrem Besitzer über den Tod hinaus verbunden bleiben. Die Schilderung führt mich in der ersten Meditation zu den Tieren in meinem Garten.

Ich knie auf dem Erdboden, mit der Stirn den Boden berührend, und schaue tief in die Erde hinein. Als erstes nehme ich die von den Pflanzen und Tieren belebte und beseelte Schicht wahr, von der Vitalität und Liebe ausströmt. Dann soll ich noch tiefer hinunter steigen. Meine Begleiter Adrian, der Bärtige und der Kristall gehen mit. Die Erde selbst strahlt bedingungslose Liebe all ihren Geschöpfen gegenüber aus. Die Disharmonien, die sich störend in diese Ausstrahlung mischen, stammen ausschließlich vom egoistischen Treiben der Menschen, vom Missbrauch der Freiheit, Habgier und Ausbeutung. Wir begegnen einem krötenähnlichen Wesen, das grimmig und feindselig wirkt.

Diese Krötengestalt repräsentiert den Groll der Erde der Menschheit gegenüber. Ich versuche sie zu besänftigen, indem ich ihr erzähle, dass es zwar insgesamt noch wenige, aber immerhin doch mehr und mehr Menschen gibt, die Verantwortung für sich und die Erde übernehmen und an ihrer Heilung und Erlösung arbeiten. Die Kröte scheint immer noch reserviert und skeptisch zu sein, aber wenigstens offen, Näheres von mir zu erfahren. Sie sagt, dass sie einen Schatz hütet, der aus uralter Weisheit und ungeheuer großen zukünftigen Wissensmöglichkeiten für

die Menschheit besteht. Dieser Schatz könne aber nicht freige-
geben werden, solange die Menschheit nicht in genügendem
Maße moralisch reif sei.

Die Kröte vervielfältigt sich. Es sind jetzt unendlich viele uralt
wirkende Gestalten, die auf ihren Schatzkisten hocken und
Feindseligkeit ausstrahlen. Ich bitte sie, ihren Groll auf eine
sanftere Weise loszulassen, als sie es bisher getan haben und
den Menschen, die dafür offen sind, zu helfen, an der Heilung
mitarbeiten zu können. Ich spüre eine vorsichtige Offenheit
mir gegenüber, ein gewisses Entgegenkommen. Mehr ist im
Moment nicht möglich. Ich soll wieder kommen.

Nach dem meditativen Teil ergibt sich ein Gespräch über Moral.
Was verstehen wir darunter? Den gesellschaftlichen Kodex, der
für Viele keine Gültigkeit mehr zu haben scheint? Das eigene
Gewissen, das diesem gesellschaftlichen Kodex oft entgegengesetzt ist? Gibt es überhaupt eine verbindliche Moral für alle?
Wenn Liebe und Freiheit die höchsten Werte sind, sind dann
nicht alle von außen aufgezwungenen Moralvorschriften un-
moralisch?

Auf äußere Regeln des friedlichen Zusammenlebens werden wir
wohl noch lange nicht verzichten können. Aber je starrer solche
Regeln und Gesetze ausgelegt werden, je weniger Spielraum
für individuelle Abweichungen gegeben ist, umso mehr entpuppen sich solche Gesetze selbst als das eigentlich Unmoralische.
Verletzungen der Freiheit und Individualität des Menschen sind
Verletzungen gegenüber dem göttlichen Gesetz. Wir Menschen
stecken in dem Dilemma, dass das korrekte Befolgen eines
bürgerlichen Gesetzes gleichzeitig die Verletzung eines kosmischen Gesetzes darstellen kann – und umgekehrt! Wie viele
Bürokraten tun gewissenhaft ihre Pflicht und befolgen kleinlich
die ihnen auferlegten Gesetze und Vorschriften, womit sie sich
gleichzeitig gegen Liebe und Freiheit versündigen?

Zur Freiheit gehört auch die Befreiung von überkommenen Moralvorstellungen. Die Verhaftung gegenüber dem gesellschaftlichen Kodex ist oft eine Scheinmoral, die einen Menschen selbst und seine Mitmenschen unfrei macht. Die Regeln und Glaubenssätze, die wir - meist unbewusst – in der Kindheit aufgenommen haben, hindern uns häufig daran, in unserer Seele so präsent und wach zu sein, dass wir die tatsächliche Realität wahrnehmen und aus eigener Gewissensverantwortung heraus Entscheidungen treffen. Dass bisherige Wert- und Moralvorstellungen immer weniger Gültigkeit zu haben scheinen, muss nicht zwangsläufig ein schlechtes Zeichen sein. Im besten Fall ist es der Beginn einer neuen Ära, in der von außen auferlegte Scheinmoral durch freie individuelle Gewissensentscheidungen abgelöst wird. Vielleicht sind die derzeitigen Zerfallserscheinungen alter Werte, die Unsicherheit, Orientierungslosigkeit und Haltlosigkeit notwendige Durchgangsstufen zu individuellem Gewissen und echter moralischer Verantwortung. Wer weiß?

Nach diesem Exkurs wechsle ich den Schauplatz und begebe mich in den Garten. Zum zweiten Mal lege ich Sonnenblumenkerne und Müsli nach. Die wenigen verbliebenen Dinkel-Körner haben unterdessen angefangen zu keimen. Nach einiger Zeit hüpft eine Amsel herbei und pickt frech die Rosinen aus dem Müsli. Na warte, Freundin! Wie kannst du bloß den Mäusen das Futter stehlen? Hast du schon mal was von Moral gehört? Nein, hat sie nicht.

Ich konstruiere aus Blumentöpfen einen Amsel-Schutz, um sicher zu gehen, dass meine Wühlmaus-Freunde nicht beklaut werden. Ein albernes Spiel? Ja, wahrscheinlich schon. Aber ich halte mich da ganz an Friedrich Schiller, der sagte: „Der Mensch ist nur da ganz Mensch, wo er spielt."

Und was sind die Tiere, wenn sie spielen? In Nachbars Garten spielt eine Kaninchenmutter mit ihrem Nachwuchs. Mein Felix spielt Verstecken, er lässt sich nicht blicken. Meine Amsel fängt an mit den Blumentöpfen zu spielen. Ich will ihr nicht so ein leichtes Spiel machen und befestige den Schutzwall mit Stöcken. Wahrhaftig, ich fühle mich ganz als Mensch bei diesem göttlichen Spiel!

Hingabe

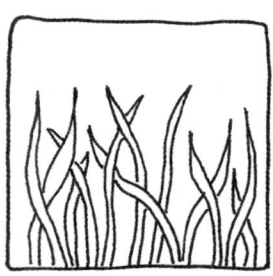

Nach einem unverhofft schönen Sonntags-wetter ist es wieder so weit: Vom Himmel prasseln sintflutartige Wassermassen herab. Als unverbesserliche Positiv-Denkerin finde ich mit viel Geschick und Spitzfindigkeit den guten Kern der Situation heraus. Der Vorteil dieses Wetters ist, dass ich, ins Haus und zum Nichtstun verbannt, Gelegenheit habe, über die immer wie-der neuen Hindernisse und Widerstände zu sinnieren. An mein heutiges Vorhaben, den Rasen zu mähen, brauche ich eigentlich keinen Gedanken zu verschwenden. Die Wettergötter haben mir freundlicherweise einen Strich durch die Rechnung gemacht.

Das Rasenmähen wird für mich mittlerweile zum Alptraum. Vorgestern habe ich mir bei dem Versuch, den Rasenmäher zu starten, eine Muskelzerrung eingehandelt. Das Biest sprang trotzdem nicht an. Durch die Nässe verschiebt sich das Problem nur, und wächst dabei zu einer immer größer werdenden Horror-vision an. In meiner Not habe ich mich bereits im Gartencenter des Baumarkts nach Akku-Rasenmähern umgesehen. Sie sind leise, stinken nicht und sind einfach per Knopfdruck zu bedienen. Der Akku ist herausnehmbar, so dass ich ihn bequem zu Hause aufladen könnte. Der einzige Widerstand, den ich gegen eine so geniale Maschine habe, ist der Preis. Lohnt sich die Investition?

Den Widerstand gegen das Wetter habe ich mittlerweile aufgegeben. Es bleibt noch der Widerstand gegen den alten Rasenmäher und das unerbittlich wachsende Gras, und der Wi-derstand gegen die Amsel, die unersättlich ihren Mitgeschöpfen die Leckereien wegfrisst. Dass sie meine Kirschen und Johannisbeeren stibitzt hat, konnte ich ihr noch verzeihen, aber dass sie meine Freunde, die Mäuse, beklaut, das geht wirklich zu weit! - Witzig, wie sich der Blickwinkel verschiebt: indem ich mich mit meinen ehemaligen Feinden solidarisiert habe, entsteht ein neues Feindbild...

Bisher hatte ich nichts gegen Amseln einzuwenden. Sie sind immerhin die einzigen Tiere, die man zu jeder Tages- und Nachtzeit beobachten kann. Letzten Winter nahm ich an der Vogel-Zählaktion des Naturschutzbundes teil. Eine Stunde lang harrte ich bei eisigen Temperaturen im Garten aus und zählte Vogelarten. Danach ging ich durch die Kolonie, um zum Vergleich auch dort zu zählen. Die Amseln waren so eindeutig in der Überzahl, dass sie mehr als alle anderen Vogelarten zusammen ausmachten. Wie der Naturschutzbund zu seiner Befürchtung gekommen war, dass die Amsel-Population in Deutschland wegen eines rätselhaften Amsel-Sterbens stark rückläufig und gefährdet sei, ist mir ein Rätsel. Bei uns zumindest gibt es eher eine Amsel-Plage.

Ich begnüge mich an dieser Stelle damit, meine Widerstände zu erkennen, da ich ja inzwischen weiß, dass das Nachgeben nur geschehen kann, wenn man keine Absicht darauf richtet. Ich nehme meinen Kristall zur Hand. Meine Gedanken schweifen zu der unterirdischen Krötengestalt, zu dem Abhang, dem Noorwesen, aber ich komme nirgends richtig an. Dann höre ich:

„Sei ganz in dir. Es ist immer noch Schweigen angesagt. Ruhe in deiner Mitte." Allmählich komme ich zur Ruhe, und zum Einklang mit dem wunderbaren Regen, der mich zu dieser Ruhe zwingt. „Schau das Gras an, wie es wächst. Du könntest ziehen oder drücken, soviel du willst, es würde nicht schneller oder langsamer wachsen. Die Grashalme können die Sonne nicht sehen, und doch haben sie eine Beziehung zur Sonne, die den Rahmen der menschlichen Erfahrung weit übersteigt." Indem ich das Gras unter diesem Blickwinkel betrachte, schmilzt mein

Widerstand gegen das Wachstum des Rasens. Eine Ehrfurcht vor den kleinen Wundern der Natur erfüllt mich, die sich erst durch geduldiges schweigendes Betrachten erschließen können.

Eine Regenpause erlaubt einen kurzen Besuch im Garten. Der Weg am Noor ähnelt der Mecklenburgischen Seenplatte. Mit dem Fahrrad durchpflüge ich die riesigen Pfützen wie ein Kapitän auf hoher See. Das Wasser spritzt auf beiden Seiten hoch. Ich ziehe die Beine an und rausche hindurch. Gelegentliche Untiefen machen die Fahrt besonders spannend. Immerhin sind meine Reifen danach sauber. Und meine Hose verdreckt! Der vom Noor zum Garten hinaufführende Hohlweg, der nach einer Kurve in einen geheimnisvoll wirkenden, aus oben zusammengewachsenen Weißdorn-Büschen gebildeten Tunnel übergeht, gleicht einem reißenden Gebirgsbach. In den Sand-Kies-Belag des Parkplatzes hat sich eine weit verzweigte Flusslandschaft gegraben, wogegen die Rasenwege eher an ein Sumpfgebiet erinnern.

An meiner Mäuse-Futterstelle steht noch der befestigte Blumentopf, das Futter darunter ist verschwunden. Der andere Topf steht nach oben geöffnet daneben. Das Werk der Amsel! Angela Kämper schreibt: „Die Kelten betrachteten die Amsel als den Vogel des Torwegs nach innen. Der melodienreiche Gesang der Amsel sollte nach keltischer Vorstellung den Hörer betören und in das jenseitige Reich locken. Durch die Vermittlung der Amsel sollten die inneren Ebenen des Grenzgängers in Harmonie gebracht und tiefe innere Heilung ausgelöst werden." Unter der Rubrik „Spirituelle Botschaft" verheißt die Amsel Selbstbewusstsein. Ich erfahre, dass die Begegnung mit einer Amsel mich auffordert, mich zu besinnen, wer ich bin und mich nicht zu sehr an meinen Unzulänglichkeiten festzuhalten.

Prima! Eine neue Freundin! Ich werde ihr eine Extra-Portion Rosinen hinstellen.

Nun betrachte ich eines der keimenden Dinkelkörner genauer. Eine winzig kleine Keimspitze hat sich durch die braune Haut gebohrt. Daneben strecken sich drei dünne weiße Würzelchen in alle Richtungen. Wo kommen sie her? Wo wollen sie hin? Mein Verstand weiß, dass sie aus dem kleinen Korn kommen, obwohl sie vorher in dieser Form nicht darin waren. Auch weiß ich, dass die Wurzeln ihre Aufgabe kennen, nach unten zu wachsen und die Erde zu durchdringen, so klein und zart wie sie sind. Der Keimling wird sich zur Sonne recken und zu einem großen Halm aufschießen, an dessen Ende später viele solcher Körner sitzen werden, vorausgesetzt, dass die äußeren Bedingungen das ihre dazu beitragen. Ein alltägliches, kaum wahrgenommenes Wunder!

Ich halte dieses Wunder in der Hand, und es spricht zu mir, nicht in Worten, sondern in einer Welle von Gefühlen. Es geht reine Hingabe davon aus, Hingabe an das Leben, sanfte Kraft und Vitalität, rührendes Bemühen um die Erfüllung seiner Bestimmung. Wie viel können wir von so einem kleinen Samenkorn lernen! Allen Widerständen von außen begegnen die Pflanzen mit der immer gleichen Hingabe. Sie entfalten sich unter widrigsten Bedingungen, wie Trockenheit, Nässe, Stürme, Zerstörung durch Menschen, Tiere oder Naturgewalten, so gut es eben geht, und entwickeln dabei eine Zähigkeit und Ausdauer, die bewundernswert ist. Ich habe schon abgesägte und total verstümmelte Bäume gesehen, die allem tot aussehenden Anschein zum Trotz neu ausschlugen, als ob sie jetzt erst recht ihren unbändigen Lebenswillen offenbaren wollten.

Selbst im Welken und Abfallen der Blätter ist kein Nachlassen dieser freudigen Hingabe an das Leben zu spüren, im Gegenteil: Ein welkendes Blatt erzählt von noch größerer Hingabe als ein knospendes. Bei genauem Hinsehen entdeckt man neben jedem welkenden Blatt schon die neue Knospe, das verborgene zukünftige Leben. Im Winter scheint alles kahl zu sein, aber der Schein trügt. In der Erde und an den Ästen schlummert das pralle Leben und wartet auf Entfaltung. Auch die Natur schweigt, bevor sie sich ausspricht. Die Pflanzen entwickeln besondere Kräfte an den Hindernissen der irdischen Gegebenheiten, genauso wie wir Menschen. Sie gehen ebenso wie wir durch Zeiten der Trockenheit und Mühsal sowie durch Zeiten der Üppigkeit und des Überflusses, um daran Widerstandsfähigkeit und Stärke zu entwickeln. Könnten wir doch dieselbe Hingabe dabei empfinden!

Mein Freund, der Rasenmäher

Die Art von Kleingemüse, die in einem Kindergarten heranwächst, braucht zuweilen eine ziemlich resolute Entschiedenheit, um zu gedeihen. Zur Einstimmung auf meine nun wieder beginnende Arbeit nach der Entwöhnungsphase der Sommerferien übe ich an meinem Rasenmäher. Ich hole ihn aus dem Schuppen und halte ihm in aller Entschiedenheit eine Standpauke, erkläre ihm klipp und klar, dass ich nicht mehr willens bin, mir weiterhin sein störrisches Verhalten bieten zu lassen. Im Übrigen sei ich überhaupt nicht auf seine werte Mitarbeit angewiesen, es gäbe durchaus Alternativen. Dann schwärme ich ihm von dem Akku-Rasenmäher vor, mit dem ich seit kurzem liebäugele, erkläre mich aber großzügig bereit, ihm eine letzte Chance einzuräumen.

Nach dieser Vorrede ziehe ich am Startseil. Er bleibt stur und stumm. Ich ziehe noch einmal. Keine Reaktion. Ein drittes Mal. Wieder nichts. Ich halte nach einem starken Mann Ausschau. Niemand in Sicht. Gut, die Entscheidung ist klar. Noch ein letztes Mal ziehe ich, quasi als Abschiedsgruß. Wummm! Geht das Ding los. Aha! Na also, geht doch! Offensichtlich hat mein Zorn den richtigen Pegel erreicht, um den notwendigen Ruck hervorzubringen.

Es lebe der Zorn! An der richtigen Stelle, versteht sich.

Der Anblick des glatt geschorenen Rasens löst eine wohltuende Erleichterung und Zufriedenheit in mir aus, denn das bedeutet zwei Wochen Ruhe vor den Launen des Rasenmähers. Ich nehme meinen Kristall zur Hand und entspanne mich...

Eine riesige Kröte sitzt vor mir, sie scheint aus Stein zu sein, wie eine Sphinx. Sie befindet sich aber nicht tief unten im Dunkel der Erde, sondern oberirdisch im Tageslicht. Es öffnet sich ein Spalt zwischen ihren Beinen, wie ein Tor. Ich gehe hinein und gerate in einen unterirdischen Felsengang. In Stein gehauene Stufen wechseln sich mit schmalen Pfaden ab. Eine kleine Kröte hüpft hinter mir her, es werden immer mehr, die mich begleiten und sich nach und nach in kleine Gnomen verwandeln. Wir geraten in eine unterirdische Höhle, in deren Mitte ein Feuer brennt. Die Gnome versammeln sich rund um das Feuer. Die sphinxartige Riesenkröte ist wie eine Wächtergestalt im Hintergrund präsent.

Ich frage mich, was sie mir zeigen wollen, was ich hier erfahren soll, oder was von mir erwartet wird. Ich werde aufgefordert, mich hinzulegen. Unter mir tut sich eine Spalte auf und ich sinke tief in den Felsen hinein, so dass der Fels mich eng wie eine Haut umschließt. Es ist sehr beklemmend, ich kann gerade noch atmen und versuche mich zu entspannen, um die Qualität meiner Umgebung wahrnehmen zu können.

Ich spüre eine dichte Zusammenballung von Energie, die schwer auszuhalten ist. Keine Frage, der Fels ist mehr als tote Materie, er lebt, aber wie? Diese Art von Leben, von Intensität des Verkörpert-seins, ist mir total fremd. So fremd und neu, so unerträglich fordernd, dass ich den Tränen nah bin und es kaum aushalten kann. Es ist zusammen geballte Willenssubstanz. Bewusstsein der Materie, der Erde?

Langsam werde ich nach oben geschoben und liege wieder auf dem Boden der Höhle. Ich bin völlig erschöpft und erschüttert. Die Gnomen um das Feuer herum zeigen mir, dass es um das Zusammenwirken, die Durchdringung von Geist und Materie geht. Die steinerne Riesenkröte ist präsent und es tönt schallend durch die Höhle das Wort „Verantwortung." Ich fühle mich vollkommen überfordert, irgendwie zu reagieren und sträube mich innerlich dagegen, dass hier offensichtlich etwas von mir erwartet wird. Ich weine wie ein kleines Kind, von dem man zu viel verlangt.

Aber so sehr ich mich auch sträube, ich merke, dass es kein Entkommen gibt. Alle Ausgänge sind versperrt. Ich werde erwartungsvoll angeschaut. Ich erkläre mich bereit, das mir Mögliche zu tun, um verantwortlich der Erde gegenüber zu handeln, bitte aber auch um Hilfe, das jeweils richtige Handeln erkennen zu können. Es tönt: „Ergib dich und es wird sich ergeben!" Ich gebe nach und zerfließe wie Wasser, das verdunstet und sich in der Höhle ausbreitet. In diesem luftigen Zustand soll ich mich von der Weisheit der Erde und der Elemente durchdringen lassen.

Pause!! Wie können ein paar Minuten Meditation so anstrengend sein?! Ich bin gerädert, als ob ich gerade die Welt neu erschaffen hätte. Die Worte aus Goethes Faust kommen mir in den Sinn, wo es darum geht, zu erkennen, „was die Welt im Innersten zusammen hält."

Adrian erklärt mir, dass es genau das ist, warum die Naturgeister uns Menschen oft für dumm halten, weil wir trotz aller Intelligenz das für sie Offensichtliche und eigentlich Wesentliche nicht sehen können. Wir können zwar die Materie in ihre Bestandteile zerlegen und ihren Aufbau bis ins kleinste Atom erforschen, aber dass sie ihre Formen durch die Willensanspannung verschiedener Wesen und Naturgeister erhält, entgeht unserem scharfen Verstand. Verantwortung gegenüber der Materie drückt sich auch in unserem Verhältnis zu Besitz und alltäglichen Gegenständen aus. Etwas in Besitz zu nehmen, was man nicht wirklich braucht, um das man sich nicht liebevoll kümmert, ist ein Umgang mit der Materie, den sie nicht schätzt. Gebrauchsgegenstände, Kleidung, Nahrungsmittel, all das verdient besondere Wertschätzung und pflegliche Behandlung. Wenn wir der Materie achtlos begegnen, wird sie uns ebenso behandeln.

Weiter erklärt mir Adrian, dass durch die Freundschaft von Menschen mit Tieren, Pflanzen, Steinen und sogar durch individuelle Verhältnisse von Menschen zu Maschinen neue

Räume sich öffnen, in die harmonische Wesen einziehen oder hinein geboren werden, wodurch neue heilsame Verbindungen zwischen den verschiedenen Reichen geschaffen werden. Es erstaunt mich, dass er sogar Maschinen erwähnt. Wie viele neue Freunde habe ich in den letzten Tagen und Wochen gewonnen? Kaninchen und Mäuse unter der Erde, Amseln oberhalb, das Gras flächendeckend, die Steine in der Tiefe, meine Blumen, Büsche und Bäume sowieso schon lange, und jetzt auch noch mein Rasenmäher!

Ich gestehe, dass diese neue Freundschaft noch nicht wirklich auf bedingungsloser Liebe beruht. Da erwarte ich schon eine gewisse Kooperationsbereitschaft seinerseits. Soll ich das diesmalige Entgegenkommen als eine neue Vertrauensbasis betrachten? Nun gut! Auf meinen Freund, den Rasenmäher!

Die nächste Herausforderung ist das soeben aufziehende neuerliche Unwetter. Schon wieder ein Herbststurm?! Mitten im August! Das Noor ist aufgewühlt, braun und schäumend, eine dunkle Wolkenfront rast bedrohlich näher. Im Garten wird es ungemütlich. Schnell nach Hause! Ich komme nicht weit, da prasselt es schon los. Binnen Sekunden bin ich bis auf die Haut durchnässt. Kurz vor der Haustür lacht die Sonne wieder vom Himmel. Lacht sie mich etwa aus? Fast kommt es mir so vor, als ob sie spöttisch grinst. Jedenfalls sind die Wettergötter eindeutig nicht meine Freunde! Noch nicht. Wer weiß, vielleicht wollen sie auf diese Weise meine Widerstände hervorkitzeln und mit mir anbandeln?!

Bäume

Nun wird es Zeit, mich den Bäumen näher zu widmen. Bäume sind im Allgemeinen die dem Menschen gemäßesten Pflanzen, zu denen man leicht Zugang bekommen kann. Sich mit einem Baum zu befreunden, ist eine vergleichsweise einfache Art, mit der Natur in Kontakt zu kommen. Man kann sich bewusstseinsmäßig in ihn hinein begeben, in seine Wurzeln, seinen Stamm, die Äste, Zweige, Blätter, Blüten oder Früchte. Der Baum beschenkt den Menschen, der sich so mit ihm verbindet, mit seiner Kraft, seiner Verwurzelung, seiner Fruchtbarkeit. Alte Bäume haben oft Erinnerungen an Geschehnisse ihrer Umgebung gespeichert, so dass man mit Geduld einiges von ihnen erfahren kann. Wenn es ihnen nicht gut geht, ist es auch möglich, nach Heilmöglichkeiten zu fragen. Solche Übungen habe ich schon früher häufiger gemacht. Jetzt nähere ich mich meinen beiden vor der Hütte stehenden Wächterbäumen.

Es sind Scheinzypressen, die ursprünglich in Nordamerika und Ostasien beheimatet sind und bei uns gelegentlich als Zierpflanzen in Parks und Gärten angepflanzt werden. Als Nadelgehölze sind sie den Kleingärtnern ein Dorn im Auge. In der Satzung des Kleingarten-Vereins gibt es einen Paragraphen, der besagt, dass Nadelbäume nicht in eine Kleingarten-Anlage gehören. Neuanpflanzungen sind verboten, schon vorhandene sollten nach Möglichkeit gefällt werden, denn sie sind angeblich Wirtspflanzen für Pilze oder andere Schädlinge, die Obstbäume befallen können. Daher wurde mir bei Übernahme des Gartens deutlich gesagt, dass ich diese Bäume bitte fällen möge. Da ich sie aber unbedingt behalten wollte, lässt man sie als „Altlasten" gelten. Die Satzung des Kleingarten-Vereins widerspricht in diesem Punkt übrigens der Baumschutz-Satzung der Stadt, nach der Bäume einer bestimmten Größe grundsätzlich nicht ohne Genehmigung gefällt werden dürfen.

Die beiden Bäume bilden ein Tor. Sie stehen so dicht nebeneinander, dass ihre Kronen sich durchdringen. Würde man einen von ihnen fällen, so würde der andere als Krüppel zurückbleiben. Sie wirken wie ein symbiotisches Paar, total ineinander verwoben und jeder für sich allein unvollständig. Der Platz zwischen ihnen bleibt selbst bei starkem Regen trocken, so dicht sind die verwobenen Baumkronen. Sie spenden der Terrasse und der Hütte reichlich Schatten. Der einzige Grund, warum ich nicht allzu gerne unter ihnen sitze, sind die Zecken, die ich unter ihnen in den ersten Jahren mehrfach aufgefangen habe. Ansonsten wohnen in den Bäumen Eichhörnchen und jede Menge Vögel, ich möchte sie wirklich nicht missen.

Ich begebe mich zuerst in den größeren Baum hinein, werde eins mit seinem Stamm, seinen Wurzeln und seiner Krone. Er fühlt sich zwar kräftig an, aber irgendwie nicht so kraftstrotzend, wie ich es mir vorgestellt hatte. Irgendetwas scheint nicht in Ordnung zu sein. Ich frage ihn nach seinem Wesen, seiner Aufgabe und eventuellen Problemen. Ich bekomme zur Antwort, dass es seine Aufgabe sei, gemeinsam mit dem anderen Baum das Tor zu bilden, die Wächterfunktion auszuüben. Diese Aufgabe sei ihm aber von den Menschen zugedacht worden, die die beiden Bäume dort gepflanzt haben. Eigentlich gehöre diese Baumart gar nicht in diese Gegend, sie seien nicht freiwillig dort gewachsen. Er spürt auch die Ablehnung einiger Gartenfreunde, die ihn dort nicht gerne sehen, und das Befremden der einheimischen Gewächse, die Mühe damit haben, diese Fremdlinge zu integrieren.

Das scheint der Grund zu sein, warum er sich nicht wirklich wohl fühlt. Auf meine Frage, wie es wäre, wenn beide Bäume gefällt würden, antwortet er: „Für uns gut, für den Garten schlecht."
Ich frage ihn, ob ich etwas tun kann, damit er sich wohler fühlt. Meine Frage bewirkt schon eine Veränderung. Er möchte mehr vernetzt werden mit den anderen Bäumen und Sträuchern im Garten und in der Anlage. Ich könnte mit ihnen allen reden und sie auf eine andere Weise miteinander bekannt machen, als sie das von sich aus können. Ich verspreche es ihm und begebe mich dann zu seinem Partner-Baum. Der wirkt wesentlich heller und unbeschwerter. Ob das schon die Folge meines Gesprächs mit seinem Bruder ist, weiß ich nicht.

Als nächstes widme ich mich dem bereits erwähnten Apfelbaum, um ihn zu fragen, was ihm fehlt, was er vermisst, warum er in diesem Jahr kaum Äpfel trägt. Ich weiß, dass die Ernten bei Obstbäumen sehr unterschiedlich ausfallen können, nicht nur aufgrund äußerer Bedingungen, sondern auch, weil der Baum nach einer üppigen Ernte im folgenden Jahr auch mal eine Pause einlegen kann. Im vergangenen Jahr haben alle Apfelbäume sehr reichlich getragen. Die anderen Apfelbäume der Kolonie tragen zwar alle etwas weniger als im letzten Jahr, aber die meisten sehen auch in diesem Jahr nicht schlecht aus. Meiner scheint eine Ausnahme zu sein. Es ist ein sehr alter Baum, vielleicht ist er einfach altersschwach? Außerdem hat er vor Jahren, lange vor meiner Zeit, bei einem schweren Sturm einen sehr großen Ast eingebüßt, fast die halbe Krone ist abgebrochen, so dass er eigentlich nur noch ein halber Baum ist. Mir wurde erzählt, dass sich die Profi-Gärtner der Kolonie damals gefragt haben, ob er überhaupt noch zu retten sei. Die Entscheidung, ihn stehen zu lassen, hat sich bisher durch sehr reichliche Ernten ausgezahlt. Nun will ich herausfinden, wie es ihm geht.

Ich begebe mich im Bewusstsein hinein, in den Stamm, die Wurzeln, die Äste, die Blätter, die wenigen Früchte. Ein Gefühl von Müdigkeit und Resignation überkommt mich. Es gibt sicherlich auch äußere Gründe für das Fehlen von Äpfeln, der nächstliegende ist, dass es in der Blütezeit zu viel geregnet hat. Als weiterer Grund zeigt sich tatsächlich Altersschwäche und eine übermäßige Verausgabung im letzten Jahr. Aber die für mich erstaunlichste Information lautet: „Ich habe mich im vergangenen Jahr sehr angestrengt, dich mit möglichst vielen Früchten zu beschenken. Dann habe ich gemerkt, dass es dir zu viel wurde und dir nicht nur Freude bereitet hat, sondern eine Last war."

An dieser Stelle interveniert mein Verstand. Er argumentiert, dass Bäume nicht so menschliche Reaktionen haben können. Da sei wohl eher meine Phantasie im Spiel. Ich halte dagegen, dass ich ihm im Moment nicht viel Mitspracherecht einräume, er solle mal das Kapitel „Gegen die Logik" lesen. Im Übrigen sei es allgemein bekannt, dass Pflanzen sehr wohl auf die Gesinnung von Menschen positiv oder negativ reagieren können. Er schweigt beleidigt und ich lasse mein Gefühl sprechen. Es macht mich betroffen und beschämt, dass ich tatsächlich unter der Last der überreichen Ernte gestöhnt habe. Ich gelobe Besserung und bitte ihn, mir noch eine Weile erhalten zu bleiben und mich noch oft mit Früchten zu beschenken. Die Resignation lässt nach. Wir verabschieden uns als Freunde.

Adrian: „Was du der einzelnen Pflanze zukommen lässt, geht in das Gedächtnis der ganzen Art ein. Wenn die Bäume geliebt werden, können sie äußere Schädigungen besser überstehen. Die Pflanzen sind zwar innerhalb ihrer Art miteinander verbunden, aber für die Vernetzung der verschiedenen Pflanzensorten braucht es den Menschen. Je mehr Pflanzen und Tiere du in dich aufnimmst, indem du eine Verbindung mit ihnen eingehst, umso mehr können solche Verbindungen durch dich entstehen."

Das klingt nach einer Vollzeit-Beschäftigung! Wie kann ich bloß all meinen neuen Freunden gerecht werden? Ich mache einen Rundgang durch die Kolonie. Dabei entdecke ich jede Menge bisher unentdeckter Schätze. Sonst streife ich eher selten innerhalb der Anlage umher, da meine Parzelle die erste hinter dem Eingang ist. Nun sehe ich erst, dass mein Apfelbaum doch nicht der Einzige ist, der nur wenige mickrige Äpfel trägt. Die meisten Pflaumenbäume, die sich im letzten Jahr unter einer Last von Früchten bogen, sind sogar völlig leer! Überall auf dem Weg hinterlasse ich in Gedanken Grüße und Segenswünsche, erzähle von meinen Freunden und stelle sie mir an einem „runden Tisch" vor.

Der Gedanke, dass sich Vernetzung nicht nur durch äußere Verbindungen und Begegnungen vollzieht, sondern auch oder sogar hauptsächlich durch das Bewusstsein, durch das Herstellen von Verbindungen im Inneren, lässt mich die Welt mit ganz anderen Augen betrachten. Ich erinnere mich, dass mich der Vernetzungsgedanke sehr stark auf meinen ersten Arbeitsreisen begleitete. Damals ging es mir mehr um menschliche Verbindungen, aber auch um die Orte meiner Tätigkeit. Die Anzahl der Menschen, die sich auf meinen Seminaren oder durch meine aktive Mitwirkung näher kennenlernten, hielt sich jedoch in Grenzen. Aber weiß ich denn, welche Verbindungen auf weniger offensichtlichen Ebenen entstanden sind? Plötzlich taucht in mir das Bild auf, dass all meine handschriftlichen Sitzungsprotokolle, die bei Hunderten von Menschen verblieben sind, eine mir eigene Signatur tragen, die sie alle miteinander verbindet. Das Bild gefällt mir. Indem mein Blick liebevoll darauf verweilt, bekommt es Kraft und Lebendigkeit. Welche realen Auswirkungen dies im Äußeren hat, werde ich vielleicht nie erfahren, aber in mir selbst spüre ich die verbindende Wirkung unmittelbar.

Vernetzung und Ausweitung

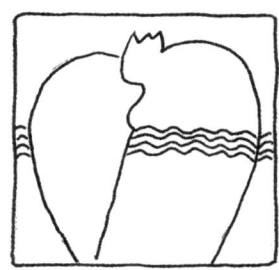 Nach und nach befreunde ich mich mit immer weiteren Tieren und Pflanzen und versuche, zwischen den verschiedenen Wesen, die ich auf diese Weise in mich aufnehme, Räume zu öffnen und Verbindungen herzustellen. Gerade eben setzt sich zum Beispiel eine Biene zu mir auf den Liegestuhl, putzt sich mit den Vorderbeinen gründlich den Saugrüssel, den sie zu eindrucksvoller Länge ausrollt und wieder einzieht, dann behandelt sie mit derselben Gründlichkeit ihre Flügel und den Hinterleib durch geschickte Bewegungen der Hinterbeine und krabbelt mir zutraulich auf den Finger. Diese kleine Sonnenbotin schließe ich sofort ins Herz. Ebenso die Libelle, die bunt schillernd vor meinen Augen ihre tänzerischen Bahnen vollführt und das Tagpfauenauge, das auf meiner weißen Jacke neckisch seine Flügel auf und zu klappt. Auch ohne vorhergehende Widerstände finden pausenlos neue Verbindungen, Vernetzungen und Erweiterungen statt.

Erst durch Adrians Erklärung wird mir bewusst, dass diese Vernetzung in mir auch eine Rückwirkung auf die Natur hat; dass der Mensch ein wichtiges Bindeglied, eine Brücke zwischen den Naturreichen darstellt. Die Vernetzung geschieht nicht nur zwischen den verschiedenen Pflanzen- und Tierarten, sondern betrifft auch größere Räume, Orte, Landschaften, Gewässer, Städte usw. Meine Aufmerksamkeit wird auf das Noor gelenkt. Jedes Gewässer hat eine eigene Signatur. Das Noor ist zwar eine Abschnürung von der Ostsee, hat aber eine völlig andere Ausstrahlung als beispielsweise die Eckernförder Bucht. Es wirkt dunkler, tiefer, geheimnisvoller als die flache Ostseebucht.

Selbst auf Luftfotos fällt der Unterschied sofort ins Auge: das hell glitzernde Wasser der flachen sandigen Bucht auf der einen Seite der Stadt, und auf der anderen Seite das runde dunkle Auge des Noors, das von bewaldeten Anhöhen, Feldern und Kleingärten umgeben ist.

Der Wasserspiegel ist ringsherum durch einen grünen Gürtel wie von einem Schutzwall umsäumt. Große uralte Bäume geben dem Uferweg ein eindrucksvolles Gepräge. Besonders auf der meinem Garten gegenüber liegenden Seite gibt es solche alten Baumbestände, an denen die Präsenz von Naturgeistern stark erlebbar ist. Diese Bäume, die ich schon lange kenne, nehme ich nun aufs Neue ins Bewusstsein und lade sie zu einem Austausch und Vernetzung mit den Bäumen der hiesigen Seite ein. Das scheint für sie nicht neu zu sein. Es gibt wohl einige Menschen, die ähnliches tun, und doch trägt alles zur weiteren Stärkung bei.

Während die Ostseebucht mich mit der Weite verbindet, der gesamten Ostsee, den vielen Anrainerländern und Nationalitäten, führt mich das Noor eher in die Tiefe, zu den ursprünglichen Wurzeln dieses besonderen Ortes und auch in die Höhe zu der Lichtgestalt, die ich über dem Noor wahrnehme. Ist es eine Art Landschaftsengel oder eine Raumfee, ein Luftwesen?

Eine festgelegte Klassifizierung oder Zuordnung spielt vielleicht keine Rolle. Wesentlich ist das Erleben einer Verbindung von Himmel und Erde, ein Austausch, eine Erneuerung von Kräften, ein Ruhepol gegenüber dem hektischen Treiben der Stadt. Hier findet Regeneration statt, nicht nur für den einzelnen Menschen, sondern für die gesamte Gegend. Ich frage das Wesen nach seiner Aufgabe. Es vermittelt mir, dass es übergeordnete Lebensprozesse in der Umgebung koordiniert. Sein Wirkungsbereich erstreckt sich um das Noor herum. Es versorgt die Umgebung mit der Lebenskraft des Wassers. In der Stadt und an der Ostsee sind andere Kräfte wirksam, die aber untereinander in Verbindung stehen.

Das Noor ist ein Schutzraum, der auch auf die Stadt positiv aus-
strahlt, aber diese Ausstrahlung ist im Laufe der Zeit geschwächt
worden durch mangelndes Bewusstsein der Menschen für die
Qualität des Ortes. Durch wahrnehmende Unterstützung können
Menschen dazu beitragen, dass das Noorwesen wieder mehr
Kontur bekommt und gestärkt wird.

Unsere Kleingarten-Kolonie heißt Abendfrieden. Sie macht ihrem Namen alle Ehre, denn besonders nachmittags und abends
sorgt das im Sonnenlicht glitzernde Wasser des Noors für eine
Stimmung des Friedens und der sanft vibrierenden erfüllten
Lebendigkeit. Es gibt wunderschöne Sonnenuntergänge über
dem Wasser zu sehen. Morgens herrscht eine ganz andere Stimmung. Die Sonne beleuchtet das Wasser ebenfalls, aber von der
anderen Seite. Das bewirkt eher eine Stimmung von Neugeburt
und Reinheit. Beides genieße ich sehr, wenn ich dort übernachte.

Zwischen der Stadt und dem Noor befindet sich das im Zusammenhang mit der Eichhörnchen-Schutz-Station erwähnte
Umwelt-Info-Zentrum. Es ist eine wunderbare Oase, die sich
jetzt vehement in mein Bewusstsein drängt als ein wichtiger Ort
der Vernetzung, nicht nur zwischen der Stadt und dem Noor,
sondern auch zwischen Mensch und Natur und der Naturreiche
untereinander. Es berührt mich immer wieder zu sehen, mit
welcher Hingabe und Liebe die Menschen dort diese friedliche
Oase erschaffen und gestaltet haben. Alle Gebäude, Wege,
Zäune, Brücken, Sitzgelegenheiten und Beet-Einfassungen
sind mit unterschiedlichen Naturmaterialien gestaltet, es gibt
historische Kloster-, Bauern- und Färber-Gärten, Kleinbiotope,
eine duftende Kräuterspirale, Rosenwälle und Staudenbeete,
eine Kleintierhöhle, einen Fledermaus-Garten, Insektenhotels,
Weidentipis, Streuobstwiesen, Teiche und noch viel mehr, was
ein märchenhaftes Garten-Paradies ausmacht. Im Sommerhalbjahr werden dort verschiedene Veranstaltungen für Kinder,
Jugendliche und Erwachsene rund um die Natur angeboten. Ein
wertvoller Beitrag für die Vernetzung!

Während ich die Bilder der Umgebung auf mich und in mir wirken lasse, tauchen Erinnerungen an Erlebnisse der Vergangenheit in mir auf. Meine Beschäftigung mit dem Noor und dem Ostseeraum ist nicht neu. Was ich jetzt erlebe, ist wie eine Zusammenfassung und Vertiefung des Bisherigen. Vor sechs Jahren bereiste ich mit einer Freundin die deutsche Ostseeküste und einen kleinen Teil der polnischen Küste. Drei Jahre später schloss sich eine weitere Ostseereise an, diesmal mit dem Fahrrad ins ehemalige Ostpreußen, von Litauen über die russische Exklave Kaliningrad (Königsberg) nach Polen. Die Hin- und Rückreise führte jeweils übers Wasser, einmal von Kiel nach Klaipeda, und zurück von Gdynia nach Travemünde. Beide Reisen waren intensiv von spiritueller Arbeit begleitet. Der Ostseeraum als uralter Mysterien-Raum spielte dabei eine wesentliche Rolle, seine Zerstörung durch die Überlagerung der alten Kultstätten durch spätere Besiedlung und Klostergründungen, die auch wiederum zerstört wurden und nicht zuletzt von grauer DDR-Tristesse überlagert sind. Überall gab es viel zu tun an innerer und äußerer Heilungsarbeit. Auch damals ging es um Vernetzung von Orten und Energien rings um die Ostsee.

Seit Jahren greife ich dieses Vernetzungsthema an Heiligabend auf, indem ich eine kleine Aktion am Strand durchführe, die ich „Weihnachtsfrieden über der Ostsee" nenne, und zu der sich eine von Jahr zu Jahr größer werdende Gruppe an diesem Tag versammelt. Zu dieser Idee wurde ich inspiriert durch einen russischen Text über Weihnachtsbräuche im Baltikum, in dem berichtet wird, dass es in der estnischen Hauptstadt Tallinn seit über dreihundert Jahren einen von der schwedischen Königin Christina eingeführten Brauch gibt, nach dem der Bürgermeister der Stadt an Heiligabend um zwölf Uhr mittags den Weihnachtsfrieden verkündet. In den skandinavischen Ländern ist dieser Brauch noch älter. In der finnischen Stadt Turku gibt es die Tradition der Ausrufung des Weihnachtsfriedens nachweislich seit 1320. Dort wird vom Direktor der Stadtverwaltung eine aus dem Mittelalter stammende Grußbotschaft verlesen, die von vielen Finnen im Fernsehen oder Radio verfolgt wird. Unsere kleine Aktion findet zur selben Zeit statt, durch die Zeitverschiebung bedingt also um elf Uhr. Wir singen und tanzen in dem Bewusstsein der verbindenden Kraft der Ostsee und senden, stellvertretend für jedes Anrainerland, ausgewählten Küstenstädten unsere Lichtgrüße zu. All diese Erinnerungen fügen sich jetzt ein in die Aufgabe der Vernetzung und Erweiterung. Alles bekommt mehr Kontur und Kraft.

Nach diesem umfassenden Ausflug durch Raum und Zeit werde ich jäh mit der Alltagsrealität jenseits des Gartenzauns konfrontiert. Aus purer Neugierde auf die Reaktion des Nachbarn erzähle ich ihm beiläufig, dass ich neuerdings die Mäuse füttere. Seine Reaktion fällt tatsächlich völlig unerwartet aus. Er strahlt mich an und verkündet: „Das tue ich schon lange!" Er erzählt mir von den niedlichen Hausmäusen, die sich in seinem Schuppen an den Samentüten zu schaffen machen: „Die haben so süße runde Öhrchen und Kulleraugen!"

Die Wühlmäuse findet er längst nicht so hübsch, aber: „Die fressen alles auf, was ich ihnen hin streue. Die scheinen eine ganze Menge zu vertragen. Nur ganz selten krepiert eine daran. Die finde ich dann manchmal tot auf dem Rasen liegen."

Allmählich begreife ich, dass er von Gift spricht, und bin entsetzt! Meine Freunde, die Opfer eines Giftmörders! Die tote Maus, die neulich auf meinem Rasen lag, war bestimmt auch einen qualvollen Gifttod gestorben, die Ärmste! Ich schweige jedoch höflich und halte im Stillen eine Gedenkminute zu Ehren der unschuldigen Opfer ab.

Die Alltagsrealität in meinem Heim ist dagegen ein Grund zu großer Freude. Ein vertrauter langjähriger Freund ist nach einem gründlichen inneren Umwandlungsprozess in meine gute Stube zurück gekehrt: Mein Macbook! Mit neuer, jungfräulich unberührter Festplatte, aber äußerlich unverkennbar derselbe. Da ich mit dem geliehenen Computer nicht ins Internet konnte, erschließt sich nun auch wieder diese Art der Vernetzung mit der Welt. Mein iPod hat zwar diesbezüglich wenigstens eine Minimalversorgung aufrecht erhalten, aber so richtig durch die digitale Welt surfen ist mit so einem kleinen Ding doch recht schwierig.

Der Entzug hatte allerdings auch seine guten Seiten. Wie viel kostbare Lebenszeit kann einem doch das Internet rauben! Bin ich denn wirklich vernetzt mit Menschen oder Orten in aller Welt, wenn ich mich am Schreibtisch sitzend durch die Flut der Informationen durchklicke? Ich denke, dass es wie bei allen Betätigungen und Erlebnissen von der inneren Haltung abhängt. Was ist wesentlich, was nicht? Wie viel Information kann ich wirklich mit dem Herzen aufnehmen und was rauscht und plätschert nur oberflächlich durch mein Gehirn? Womit will ich eine Beziehung eingehen?

Der Bürgerkrieg in Syrien, der sich zur Zeit gewaltig zuspitzt, gehört sicher zu den bewegendsten Ereignissen der letzten Wochen und Monate. Zu dem dortigen Geschehen wandern meine Gedanken und Gebete immer wieder hin. Solche Nachrichten fordern auf, Licht und Liebe an die Orte des Grauens zu senden, sich mit dem Herzen zu verbinden und helfende geistige Wesen um Trost und Kraft für die Betroffenen zu bitten. Aber was fange ich mit den Meldungen über die olympischen Spiele, über die Affären von Schauspielern, das Auf und Ab der Börsenkurse und die Machtspiele von Politikern an? Die neuesten Errungenschaften der Technik sind schon am nächsten Tag veraltet und wissenschaftliche Forschungen widersprechen einander in schönster Regelmäßigkeit. Sind das die Ereignisse, die für die Menschheit von tief gehender Bedeutung sind?

Das Internet ermöglicht mir wenigstens eine zielgerichtete Auswahl an Informationen, die ich für wichtig halte. Ich gehöre zu dem angeblich minimalen Prozentsatz der Deutschen, die keinen Fernseher besitzen wollen, weil es ihnen um die vernichtete Lebenszeit leid tut. Tageszeitungen können ebenfalls eine zeitraubende Angelegenheit sein. Mir geht es jedenfalls so, dass ich mich irgendwie verpflichtet fühle, sie auch zu lesen, wenn ich sie schon abonniert habe. Nach einstündiger Lektüre weiß ich dann meistens kaum noch, was ich soeben gelesen habe. Die Tageszeitung habe ich also auch abbestellt, es genügt mir ein kurzer Blick auf die online-Ausgabe. Die wenigen wirklich wichtigen Dinge erfahre ich trotzdem. Auf meinen Reisen und während meiner Gartenurlaube habe ich gemerkt, dass ich nicht nur nichts vermisse, wenn ich nicht ständig mit angeblichen Neuigkeiten abgefüllt werde, sondern dass ich dann frei genug für das wirklich Wesentliche bin. Nun aber genieße ich meine lang entbehrte Anbindung an das weltweite Netz!

Widersprüche

 Widersprüche und Zweifel gehören zu den unvermeidlichen Auswüchsen von Logik und Verstand. Wer glaubt, dass die physische Wirklichkeit klar und eindeutig ist und somit auch eindeutig vom Verstand erfassbar, unterliegt einem großen Irrtum. Es ist der Verstand selbst, der in seiner Sucht, alles zu definieren und zu kategorisieren, selbst das Rätselhafte und Vieldeutige ins Offensichtliche zwingen will. Das Geheimnisvolle und Uneindeutige vermeidet und leugnet er, da seiner Meinung nach nicht sein kann was nicht sein darf.

Eine vieldeutige und geheimnisvolle Gestalt, die eng mit Eckernförde verbunden ist, drängt sich nun vehement in mein Bewusstsein, so dass ich nicht umhin kann, einen weiteren Exkurs im Zusammenhang mit Vernetzung und Ausweitung zu machen:

Der Graf von Saint Germain, Alchemist, Diplomat, Musiker und Heilkundiger des achtzehnten Jahrhunderts, verbrachte seine letzten Lebensjahre in Eckernförde. Da man über sein rätselhaftes und sagenumwobenes Leben kaum etwas Gesichertes weiß, ist es kein Wunder, dass er für Logik-besessene Menschen eine Bedrohung ihres Weltbildes darstellt. Im Jahre 2004 wurde ich im Zusammenhang mit der Uraufführung einiger seiner Kompositionen gebeten, einen Vortrag über diese schillernde Gestalt zu halten. Daraus entstand das Büchlein „Graf Saint Germain im Spiegel der Widersprüche," das mittlerweile vergriffen ist. Da ich gestern wieder einmal, wie schon so oft, von einer Besucherin gefragt wurde, was man denn in Eckernförde im Zusammenhang mit Saint Germain noch sehen oder erfahren kann, nehme ich diese Frage als Anlass, nun einige persönliche Erlebnisse mit dieser Gestalt zu erzählen, die sich so genial dem Verstand zu entziehen weiß.

Bei der Recherche zu dem Vortrag stieß ich auf die krassesten Widersprüche, die man sich nur vorstellen kann. In einigen Büchern wurden Dokumente und angeblich historisch belegte Aussagen als Beweis dafür angeführt, dass Saint Germain ein Scharlatan und Schwindler gewesen sei. Andere Autoren beriefen sich auf Berichte, die belegen sollten, dass er ein Eingeweihter, ein Menschheitslehrer und „aufgestiegener Meister" sei. Diese Widersprüche setzten sich von damals bis in die heutige Zeit fort, wobei immer wieder dieselben fragwürdigen Quellen zitiert und von Generation zu Generation dieselben Fehler aus Lexika abgeschrieben wurden.

Seit dieser Zeit betrachte ich die historische Wissenschaft mit der allergrößten Skepsis. Was glauben wir nicht alles, weil es im allwissenden Lexikon, bei Wikipedia oder in der Zeitung steht? Wie oft widersprechen sich nicht auch heute die als unumstößlich sicher geltenden Forschungsergebnisse der Wissenschaft? Es wurde mir klar, dass unser historisches Wissen zu einem vergleichsweise geringen Teil aus Dokumenten und zu einem weitaus größeren Teil aus Interpretation und Spekulation besteht. Selbst scheinbar sichere Tatsachen geraten ins Wanken, wenn man bei intensiver Recherche immer mehr Ungenauigkeiten, Ungereimtheiten und eindeutige Fehler entdeckt. Für die widersprüchlichsten Hypothesen kann der Verstand logische und überzeugende Argumente finden. Dagegen wäre im Prinzip nichts einzuwenden, wenn nicht der Anspruch bestünde, Recht zu haben und die Gegenseite des Unrechts zu bezichtigen.

Ich persönlich war jedenfalls am Ende meiner Forschungen bei der Weisheit des Sokrates angelangt: „Ich weiß, dass ich nichts weiß." Sokrates hielt es für die größte Weisheit, wenn dem Menschen bewusst wird, dass alles Verstandeswissen bestenfalls ein unzulängliches Hilfsmittel ist, um sich oberflächlich in der Welt zurecht zu finden. Nur wer bereit ist, die Scheinsicherheit der verstandesmäßig erfassbaren Wirklichkeit fallen zu lassen, kann zu einer tieferen echten Weisheit gelangen. In meinem Büchlein ließ ich die unterschiedlichen Meinungen über Saint Germain nebeneinander bestehen. Ich zeigte auf, wie sie sich historisch im Laufe von zwei Jahrhunderten auseinander entwickelt haben und welche esoterischen Strömungen sich auch heute noch auf Saint Germain als spirituellen Meister berufen. Dabei versuchte ich, Brücken zu schlagen, um die Widersprüche der extremen Haltungen aufeinander zu zu bewegen. In Eckernförde gibt es Vertreter aller Richtungen, aber weit größer ist die Anzahl der Menschen, die den Namen Saint Germain nie gehört haben, obwohl er doch zur Stadtgeschichte gehört.

Nach dem Erscheinen des Buches hatte ich die Idee, einen kleinen Film zu drehen, in dem ich eine ahnungslose Touristin spiele, die in Eckernförde auf die Spuren von Saint Germain gerät und versucht, etwas über ihn herauszufinden. Mein ältester Sohn besaß damals eine Filmkamera und so machten wir uns gemeinsam auf den Weg, um eine authentische Dokumentation über das Wissen der Eckernförder Bevölkerung in Bezug auf Saint Germain durchzuführen.

Die erste Szene zeigt mich mit Rucksack, Schirmmütze und Sonnenbrille aus dem Bahnhof kommen. In der Nähe des Bahnhofs befindet sich das Gebäude Kieler Straße 98-100, in dem Saint Germain in seinen letzten Lebensjahren Direktor einer Tuchfärberei war. Dort soll er auch gestorben sein. Ein kleines Täfelchen am Gebäude erwähnt sein dortiges Wirken neben anderen früheren Funktionen des Hauses. Heute befinden sich Mietwohnungen darin.

Die zweite Filmszene spielt sich vor diesem Haus ab: ich komme, immer noch mit Rucksack, auf dem Weg vom Bahnhof hier vorbei, sehe das Täfelchen an dem Haus und frage vorübergehende

Passanten, ob sie mir etwas über diesen Grafen Saint Germain sagen können. Das Ergebnis ist ernüchternd. Niemand hat auch nur die leiseste Ahnung. Endlich kommt jemand auf die Idee, mich zur Touristik-Information zu schicken.

Szene drei: Bei der Touristik-Information erzeugt meine Frage Unsicherheit und Ablehnung. Dass wir ungefragt filmen, erzeugt vielleicht zusätzliche Irritationen, aber es protestiert niemand. Ich bekomme die Auskunft, dass man für solche Fragen hier nicht zuständig sei, ich solle ins Heimatmuseum oder in die Kirche gehen.

Szene vier spielt sich unmittelbar danach völlig ungeplant ab. Ich stehe auf der Strandpromenade vor der Touristik-Information, ziehe meinen Stadtplan hervor und schaue mich hilfesuchend um. Eine Frau spricht mich an, ob sie mir helfen könne. „Ich suche nach Informationen über den Grafen Saint Germain," sage ich unschuldig. Daraufhin hält mir die Dame einen geschliffenen Vortrag, der alles enthält, was man definitiv historisch weiß. Aber nicht nur das, sie kennt sich auch aus mit Legenden und Mutmaßungen, sowie mit esoterischen Sichtweisen, die sie aber nur vorsichtig andeutet. Auf meine Frage, woher sie das alles weiß, entpuppt sie sich als kundige Stadtführerin, die professionell alles Wissenswerte über die Vergangenheit Eckernfördes studiert hat.

Unser weiterer Weg führt uns zur Nikolai-Kirche. Die Urkunde der Kirche über Saint Germains Tod und Begräbnis ist zweifelsfrei echt. Sie gehört zu den wenigen sicheren Dokumenten seines Daseins. Die Gerüchte, er sei noch nach diesem Todestermin an mehreren Orten Europas gesehen worden, sind verständlicherweise eine Herausforderung für jeden logisch denkenden Menschen. Ich treffe auf einen älteren Kirchendiener und stelle ihm meine Frage, was er über Saint Germain weiß. Sein Gesichtsausdruck zeigt Erschrecken und Abwehr. „Das sind alles nur Märchen!" sagt er unfreundlich. „Alles Hokuspokus!"

Ich stelle mich dumm und frage weiter, was er denn für ein Märchen meint: „Ist Saint Germain denn nicht hier begraben worden? Ich habe gehört, es gäbe eine Sterbe- und Begräbnisurkunde dieser Kirche." „Alles Märchen!" beharrt er. Ich bleibe stur: „Aber die Urkunde ist doch wohl echt?" Er schüttelt unwirsch den Kopf und geht brummend davon. Bei einem früheren Besuch habe ich dort allerdings eine bereitwilligere Auskunft von einem jüngeren Küster bekommen, der mir immerhin die Stelle zeigte, an der unterhalb, in der nach einer Sturmflut zugeschütteten Krypta der ursprüngliche Standort des Sargs gewesen sein soll.

Unsere nächste Station ist das Museum. Dort bekomme ich auf Anfrage ein Informationsblatt über Saint Germain. Die Ecke, die ihm in diesem Haus gewidmet ist, kenne ich natürlich längst, aber für den Film spiele ich die überraschte Touristin, die sich über die vielen Bücher wundert, in denen Saint Germain eine Rolle spielt.

Um die Ecke befindet sich ein Edelsteinladen, in dem es auch esoterische Bücher gibt. Im Schaufenster steht ein Buch, dessen Autor angeblich Saint Germain ist. Natürlich weiß ich längst, dass darin „gechannelte" Botschaften des aufgestiegenen Meisters enthalten sind. Die Menschen, die diese Botschaften medial empfangen, treten als Autoren meist nicht in Erscheinung. Ich stelle mich wieder dumm und will wissen, ob denn dieser Saint Germain auch Bücher geschrieben hat. Die Ladenbesitzerin kennt mich, sie spielt freiwillig mit und erklärt mir alles Wissenswerte über den spirituellen Aspekt von Saint Germain.

Die letzte Station ist Louisenlund, wo es noch Überreste des von ihm benutzten Alchemisten-Turmes zu sehen gibt. In der Nähe wohnt ein Freund, der eine große Sammlung von Literatur über Saint Germain besitzt, für die er eigens einen Studienraum eingerichtet hat. Auch hier bin ich bekannt und finde einen willigen Mitspieler vor.

Jetzt brauchte der Film nur noch geschnitten und bearbeitet zu werden. Dabei geschah es, dass durch ein technisches Versagen ein großer Teil der Aufnahmen zerstört wurde. Wir hatten keine Lust mehr, alles noch einmal zu drehen. Typisch Saint Germain! Er entzieht sich, wenn er will und taucht auf, wenn es ihm passt! Nun ist er sogar in diesem Buch aufgetaucht, obwohl das eigentlich gar nicht geplant war!

Alchemie des Alltags

Meine persönlichen Erfahrungen mit Saint Germain gehen weit vor die eben beschriebene Zeit zurück. Wir besaßen bereits eine recht umfangreiche Sammlung von Literatur über den Grafen, als unser damals dreizehnjähriger Sohn in der Schule ein Referat über eine Persönlichkeit des achtzehnten Jahrhunderts halten sollte. Thema: Entdecker, Erfinder, Erneuerer. Ich schlug ihm Saint Germain vor, die Lehrerin war begeistert. Damals ahnten wir nicht, wie komplex und verwirrend dieses Thema war, und dass ein Siebtklässler damit völlig überfordert sein musste. Da ich den Vorschlag gemacht hatte, fühlte ich mich irgendwie verpflichtet, ihn bei der Suche nach brauchbarem Material zu unterstützen.

Wir suchten gemeinsam einen Menschen auf, von dem ich dachte, dass er viel zu diesem Thema weiß und uns vielleicht gute Ratschläge geben könnte. Er wusste tatsächlich sehr viel, aber das steigerte unsere Verwirrung nur. Was war wirklich wichtig für ein nicht allzu umfangreiches Referat? Wo sollte man anfangen? Ich erinnere mich noch an den scherzhaft an meinen Sohn gerichteten Satz dieses Mannes: „Na, weißt du denn schon, wann Saint Germain gestorben ist? Wenn du ihn selber fragst, wird er dir vielleicht sagen, dass er immer noch lebt!" Wir lachten alle. Aber der Satz verfolgte mich.

Am nächsten Tag saß ich am Strand und dachte: „Ja, warum soll ich ihn eigentlich nicht selber fragen? Schließlich bin ich doch daran gewöhnt, mich an Engel zu wenden, warum also nicht auch an Saint Germain? Soll er mir doch selber sagen, was wichtig ist für dieses Referat!" Ich schloss die Augen und stellte mir sein Bild vor, daneben das Bild meines Sohnes und stellte in Gedanken meine Frage. Da begann das Bild sich zu bewegen. Saint Germain drehte sich zu meinem Sohn um und hielt die Hände über seinen Kopf, wie in einer segnenden Gebärde. Dann drehte er sich zu mir um und sagte: „Auch ein Referat ist ein alchemistischer Prozess. Es soll denjenigen verwandeln, der sich mit einem Stoff beschäftigt." Das war eindeutig keine Antwort auf meine Frage, denn ich wollte ja wissen, was genau mein Sohn schreiben soll. Und doch war es eine Antwort, die eine völlig andere Sichtweise voraussetzte, aus der heraus meine Frage kleinlich und dumm erschien. Ich wollte mich jedoch so schnell nicht zufrieden geben und hakte noch einmal nach, welche seiner politischen Aktivitäten denn besonders wichtig gewesen seien.

Auch die diesmalige Antwort zeigte mir, wie kurzsichtig meine Frage war. Sie lautete: „Ganz Europa war eine einzige Alchemisten-Küche. Es ging um die Fähigkeit, zur rechten Zeit am rechten Ort das Rechte zu tun." Nun, das klingt sehr allgemein und schien auf den ersten Blick wenig hilfreich zu sein. Ich bemerkte aber bald, wie ich durch diese Art von Antworten eine andere Sichtweise einnehmen konnte und mich über die Alltagsprobleme hinausgehoben fühlte. Von da an begann ich öfters zu fragen. Die Antworten waren meist ähnlich lakonisch, humorvoll treffend und immer irgendwie erlösend von zu engen Vorstellungen.

Als ich mich zum Beispiel einmal in großer Not fühlte, weil ich als Lehrerin eine sehr schwierige Klasse zu unterrichten hatte, fragte ich Saint Germain um Rat. Er sagte: „Es geht nicht um den Erfolg, sondern um das Bemühen." Ich antwortete: „Ja, das ist mir schon klar und ich bemühe mich doch schon seit langem, aber kann ich nicht darüber hinaus etwas Sinnvolles tun, um meine Bemühungen effektiver zu gestalten?" Seine Antwort lautete lapidar: „Weitermachen!"

Dieses eine Wort traf mich wie ein Blitzschlag bis ins Mark. Schlagartig wurde mir bewusst, dass er selbst genau dies sein Leben lang getan hatte, ohne nach Erfolg oder Anerkennung zu fragen. Diese Erkenntnis löste einen großen inneren Reinigungsprozess in mir aus, eine neue Sichtweise den Alltagsdingen gegenüber. Ich lernte verstehen, dass wir Menschen unser spirituelles Wachstum verhindern, solange wir unser Leben mit den Maßstäben von Erfolg und Versagen messen und dass es darum geht, im Alltag subtile Verwandlungsprozesse wahrzunehmen.

Ob es wirklich Saint Germain war, der mir diese kurzen Antworten gab, ist für mich eigentlich unerheblich. Ich betrachte die „Aufgestiegenen Meister" als Aspekte des höheren Bewusstseins, also auch einer höheren Bewusstseinsebene in mir selber. Mich mithilfe von Vorstellungsbildern in eine solche Ebene zu begeben, ist ein hilfreicher Trick, mit meinem eigenen höheren Bewusstsein zu kommunizieren und dadurch zu größerer Klarheit im Alltag zu finden.

So wie Saint Germain in seinem Erdenleben ein Meister der Alchemie war, der Umwandlung und Reinigung von materiellen Substanzen, so gilt er unter Esoterikern auch als Meister der inneren Alchemie, der Klärung, Reinigung, Transformation und Veredelung der menschlichen Seele. Die mittelalterlichen Alchemisten hatten nicht nur das Ziel, dem Menschen dienliche Substanzen herzustellen, wie zum Beispiel Medikamente, Farben und veredelte Metalle, sondern mithilfe der äußeren Umwandlungsprozesse gleichzeitig ihr Inneres zu läutern. Feuer und Wärme bewirken in der stofflichen Welt Zerstörung bestehender Strukturen, Reduzierung auf das Wesentliche, Reinigung von Unbrauchbarem und Zusammenfügen des Brauchbaren zu neuen Formen. So gesehen ist jeder Verdauungsvorgang, jedes Zubereiten von Speisen bereits Alchemie. Auch im seelischen Bereich findet fortwährend innere Alchemie statt, indem wir das Vorhandene erst einem Umwandlungsprozess unterziehen müssen, um es zu Eigenem zu gestalten.

Ein entscheidender Faktor bei alchemistischen Experimenten ist der Mensch, der den Umwandlungsprozess vollzieht. Er braucht nicht nur genaue Kenntnisse der Materie, des richtigen Zeitpunkts und der günstigsten Versuchsanordnung, sondern vor allem seine geistigen Kräfte tragen entscheidend zum Gelingen bei. Im Alltag geschehen Wandlungsprozesse oft allmählich und fast unmerklich. Sie vollziehen sich nicht nur durch sichtbare dramatische Ereignisse, sondern oftmals im Stillen und Verborgenen.

Um die Alchemie des Alltags in einer zeitgemäßen Form zu beobachten, ist der heute stattfindende Flohmarkt am Hafen besonders geeignet. Aus unbrauchbaren Dingen vollzieht sich hier eine erstaunliche Metamorphose in brauchbare und nützliche Objekte, je nach Standpunkt. Zwischen Verkäufern und Kunden fließen unsichtbare Energieströme, die am Ende des Prozesses im besten Falle eine gemeinsame neue Schöpfung zur Folge haben, nämlich den Wechsel des Objekts in andere Hände und die damit verbundene Aufwertung und Veredelung desselben. Auch hier spielen die Persönlichkeiten der Beteiligten am Zustandekommen eines gelungenen Prozesses eine große Rolle, wie folgender Vorgang zeigt, dessen Zeugin ich wurde.

Verkäufer: „Sieben Euro! Letztes Wort!"

Kundin: „Ich biete fünf!"

Verkäufer: „Nein, für fünf hätte ich es schon längst verkaufen können, aber das habe ich nicht gemacht!"

Die Kundin strahlt: „Wie gut! Dann können Sie es ja jetzt bei mir machen!"

Der Verkäufer ist widerspruchslos einverstanden. Ich staune. Wie ist ihr das bloß gelungen?

Ich selbst bin auch relativ erfolgreich. Für zwei statt drei Euro erstehe ich eine Hantel. Mein Rasenmäher wird sich wundern! Vorausgesetzt, ich trainiere auch...

Gemeinschaftsarbeit

 Da der heutige Samstag sich überraschenderweise sonnig und trocken präsentiert, hege ich berechtigte Hoffnungen, dass der mehrfach verschobene und nun spontan nach Wetterlage geplante Gemeinschaftseinsatz der Gartenkolonie stattfinden wird.

Ich beeile mich, rechtzeitig zum Garten zu kommen. Als ich das Tor öffne, sehe ich Felix mitten im Blumenbeet thronen. Er rast so schnell davon, dass ich diesmal nicht sehen kann, wohin er eigentlich verschwindet. Anders mein kleines Eichhörnchen. Es blinzelt neckisch durch die Zweige des Haselstrauches und knackt in aller Ruhe Nüsse. Als es mich bemerkt, unterbricht es seine Mahlzeit und starrt mich verwundert an. Dann putzt es sich gründlich und führt mir kunstvolle Turnübungen zwischen den Ästen vor.

Die Rhabarberblätter sind von kleinen kreisrunden Löchern übersät, dazwischen krabbeln bildschöne, winzige grün-blaugoldene Käferchen. Sie glänzen wunderschön in der Sonne, das Ganze sieht wie ein modernes Kunstwerk aus. Solche Käfer habe ich noch nie gesehen. Wo kommen sie bloß her? Wie heißen sie? Es sind Massen. Die Löcher lassen darauf schließen, dass sie als Schädlinge gelten. Da die Rhabarberzeit ohnehin vorbei ist, schneide ich die Blätter samt den Goldkäfern kurzerhand ab und bringe sie zum Kompost.

Inzwischen ist mein Nachbar eingetroffen und trifft Vorbereitungen für den bevorstehenden Einsatz. Als ich meine Absicht äußere, mitzuarbeiten, lacht er schallend. „Trauen Sie mir denn nichts zu?" frage ich beleidigt. „Doch," beschwichtigt er mich, und schlägt mir erneut den Posten der Leiter-Halterin vor. Allmählich trudeln weitere Helfer ein. Von insgesamt fünfzig Pächtern beteiligen sich ungefähr zehn.

Ich lerne neue Nachbarn kennen: eine junge Frau, die sich während des Einsatzes darauf beschränkt, mit ihrem Handy daneben zu stehen, einmal eine Flasche Mineralwasser für ihren Mann zu holen und ansonsten attraktiv auszusehen; eine andere junge Frau, die darauf brennt zu arbeiten, und sich dabei pausenlos über faule Leute beklagt, die ihre Hecke nicht ordentlich schneiden oder ihre Gärten nicht vorschriftsmäßig bewirtschaften; eine etwas ältere rundliche Dame mit Hund, die mir erzählt, dass sie sich den Hund und den Garten aus therapeutischen Gründen angeschafft hat; einen jungen Mann, offensichtlich der Sohn dieser Dame; die anderen, meist älteren Herren kenne ich vom Sehen.

Ich postuliere vorsichtshalber gleich meinen Anspruch auf den Posten des Sicherheits-Dienstes am Leiterchen. Jetzt erst sehe ich, wie dieses Gerät aussieht. Es ist eine zu einer Art Tisch-Bank umfunktionierte Leiter, die auf beiden Seiten drei Stufen hat und dazwischen ein langes Brett. Zuerst wird allerdings die Hecke seitlich geschnitten, so dass diese Vorrichtung noch nicht gleich zum Einsatz kommt. Mir wird ein Rechen in die Hand gedrückt, mit dem die Abfälle zusammengekehrt werden sollen. Damit sind mehrere Frauen beschäftigt. Die Männer laden die zusammengekehrten Haufen auf Schubkarren und bringen sie zum Abhang. Die Arbeit geht schnell voran. Auf einmal bemerke ich, dass die rundliche Dame das Leiterchen hält, auf dem der Nachbar mit seiner Elektro-Heckenschere hantiert. Schlagartig lasse ich meinen Rechen fallen und beeile mich, an der anderen Seite dieser Tisch-Bank-Leiter meine Stellung zu beziehen. Das wäre ja noch schöner, wenn mir der heiß ersehnte Posten streitig gemacht würde!

Das Stromaggregat des Nachbarn reicht für zwei Geräte, so dass der Obmann mit seiner elektrischen Heckenschere auf der anderen Seite der Hecke arbeiten kann. Plötzlich hört die Schere des Obmanns auf zu rattern. Er steht verlegen da und kaut an dem Kabel seiner Maschine herum. Dann fragt er nach Isolierband. Er hat statt der Hecke das Kabel angeschnitten. Während einige Helfer in ihren Lauben nach Isolierband suchen, treffen gleichzeitig gute Nachrichten ein:

„Da kommen gleich noch ein paar starke Kerle mit Benzin-Heckenscheren!" Mein Nachbar oben auf seiner Leiter kommentiert: „Die können wir hier oben nicht gebrauchen!" Der Obmann: „Warum denn nicht? Das sind doch junge starke Kerle!" Mein Nachbar ist über siebzig, aber hier zeigt sich deutlich, dass er offensichtlich niemandem etwas zutraut, außer sich selbst. Als die starken Kerle jedoch eintreffen, räumt er freiwillig seinen Posten und hält mit mir zusammen das Leiterchen fest.

Ich stelle fest, dass der Job nicht ganz ungefährlich ist. Wäre ich doch bei meinem Rechen geblieben! Die Benzin-Heckenschere schwankt bedrohlich über meinem Kopf hin und her. Ich fürchte nicht nur um meine Frisur, sondern um wichtigere Körperteile. Aber es geht alles gut. In weniger als einer Stunde ist der auf zwei Stunden angelegte Einsatz beendet. Der Obmann lädt alle Helfer auf ein Bier in das Gemeinschaftshaus ein. Ich bewaffne mich vorsichtshalber mit einer Flasche Mineralwasser und einer Packung Kekse, um auch diesen Teil der Gemeinschaftsaktion unbeschadet zu überstehen, können doch manchmal schon ein paar Schlucke Bier genügen, um mich in eine Art Koma zu befördern. Man unterhält sich über die neuesten Schandtaten der Kaninchen und Amseln, je nach Temperament wird gejammert, geschimpft oder gelacht, aber das Wichtigste ist das Erlebnis von Solidarität und Wir-Gefühl.

Für die kommende Nacht ist bei sternklarem Himmel eine wahre Orgie von Sternschnuppen angekündigt. Vorausgesetzt die Bereitschaft, zwischen zwei und fünf Uhr morgens einen dunklen Ort abseits der beleuchteten Städte aufzusuchen, verspricht der Meteorschwarm der Perseiden romantischen Naturen in einer Stunde bis zu einhundertzwanzig Sternschnuppen! Jede einzelne davon soll angeblich einen Wunsch erfüllen, den man im Moment der Beobachtung ausspricht oder denkt.

Es böte sich an, im Gartenhaus zu übernachten und den Wecker zu stellen. Aber nein! Allein die Vorstellung, ich müsste mir in einer Stunde hundertzwanzig Wünsche ausdenken, treibt mir Schweißperlen auf die Stirn. Mir fällt die Geschichte vom Klugen und vom Weisen ein, die beide von einer guten Fee die Erfüllung eines Wunsches versprochen bekamen. Der Kluge dünkt sich besonders schlau, als er sagt: „Ich wünsche mir, immer wünschen zu können." Der Weise lächelt, als er seinen einzigen Wunsch ausspricht: „Ich wünsche mir, niemals mehr einen Wunsch zu haben." Diese Art von Weisheit ziehe ich eindeutig vor. Keine Wünsche, keine Erwartungen, keine Enttäuschungen.

Wenn ich mir die Bruchstelle meines Kristalls anschaue, die von vielen kleinen Kristallen übersät ist, spüre ich einen leicht zusammenziehenden Schmerz. Dazu kommen die Worte: „Lerne durch den Schmerz! Achte auf die Gebärde des Zusammenziehens. Darauf folgt immer eine Ausdehnung. So wie das Herz in diesem rhythmischen Wechsel lebt, tut es auch die Seele. Achte auf einen gesunden Rhythmus von Zusammenziehen und Ausdehnen. In diesem Rhythmus lebt auch die Natur. Schwinge dein Herz und deine Seele ein in den harmonischen Rhythmus der Natur." Der Bärtige erscheint und lässt in rhythmischen Abständen seine Kinder aus der Bartspalte hervorquellen. Sprechen und Schweigen sollen ebenfalls in einem harmonischen Rhythmus stattfinden. Konzentrierter Sammlung folgt das lebendige Hervorbringen von Worten.

Ich frage mich, wie ich mich in Bezug auf seelische Verletzungen verhalten soll. Es tauchen in schnellem Wechsel konträre Bilder auf. Das eine zeigt mich von einer starken Mauer umgeben, die mich vor Verletzungen schützt. Darin sitze ich und vertrockne und verkümmere immer mehr, da die Mauer mich auch von lebendigen Verbindungen trennt. Das andere Bild zeigt mich eher durchsichtig und weit ausgedehnt. Das erste kann dem inneren Weg dienen, wenn es sich immer wieder abwechselt mit dem zweiten, dem Ausdehnen. Wachstum ist nur möglich, wenn es abwechselnd in die Tiefe und in die Weite führt. Die Mauern können eine vorübergehende Schutzfunktion erfüllen, um den Weg in die Tiefe zu finden, aber auf Dauer behindern sie das Wachstum. Eine gute Verwurzelung ist wichtig, um den Verletzungen standhalten zu können und daran zu wachsen. Ohne ein gut verankertes Urvertrauen kann eine starke Verletzung entwurzelnd und vernichtend sein. Das zeigen auch die Pflanzen. Wenn die Wurzel stark genug ist, rufen Verletzungen neue Lebenskräfte und Wachstum hervor.

Sportlich!

Der Noor-Wanderweg ist nicht nur mit einem reich beschilderten Naturlehrpfad ausgestattet, sondern bietet auch noch einen Fitness-Parcours an. An der Stelle des ehemaligen Hinrichtungsplatzes entstand vor zwei Jahren ein „4Fcircle-Trainingsplatz". Meistens fahre ich achtlos daran vorbei. Heute jedoch bringt mich die neue Freundschaft mit meinem Rasenmäher dazu, mir das Schild davor genauer anzusehen. Schließlich will ich meinem Rasenmäher in Zukunft gewachsen sein. Ich lese: „Wir begrüßen Sie auf dem 4Fcircle. Trainieren Sie Ihre körperlichen Fähigkeiten je nach Lust und Bedarf." Das gefällt mir schon mal, so dass ich bereitwillig weiter lese: „Lesen Sie diese Einführungstafel sorgfältig und orientieren Sie sich anschließend anhand der nummerierten Stationstafeln durch den 4Fcircle." Prima! Auch das traue ich mir zu.

Weiter heißt es: „Die Übungstafeln sind farblich in folgende Belastungsstufen unterteilt: Gelb steht für Einsteiger-Niveau, grün für fortgeschrittenes und blau für trainiertes Niveau." Klasse! Ich bin hochmotiviert, sofort mit dem Training zu beginnen und teile mich ohne zu zögern der gelben Farbe zu. Der nächste Absatz stellt mich vor größere Schwierigkeiten: „Sie entscheiden selbst über Ihren eigenen Trainingsplan. Sinnvoll ist es, nach längerer Sport-Abstinenz vor Trainingsbeginn eine medizinische Untersuchung durchführen zu lassen."

Das klingt gefährlich und erinnert mich an das alte Sprichwort: „Sport ist Mord." Meine Entschlossenheit gerät ins Wanken. Aber so schnell lasse ich mich noch nicht entmutigen. Weiter zu lesen erscheint mir zumindest ungefährlich.

Also: „Die effektivste Trainingsfolge ist immer: Erwärmung (zwölf bis fünfzehn Minuten vor jedem Training), Koordination, Kraft, Ausdauer und Dehnen. Die wichtigsten Trainingsempfehlungen sind: während aller Übungen eine gleichmäßige Atmung beibehalten, die Wirbelsäule in einer aufrechten Position stabilisieren, schmerzfreies Üben und regelmäßiges Üben (zwei bis dreimal pro Woche)."

Mit jeder weiteren Anweisung steigt mein Stresspegel, mir bricht der Schweiß aus, ich bin schon vor dem Training fix und fertig. Aber aller Anfang ist schwer, denke ich mir und bin wild entschlossen, mich der Herausforderung zu stellen. Ich lese die Anweisungen des ersten Moduls: „Erwärmung: Bewegen Sie sich zwölf bis fünfzehn Minuten locker trabend über das Trainingsgelände oder auf einer ausgewiesenen Laufstrecke. Alternative: Fahrrad." Ich atme erleichtert auf. Diese Übung kann ich mir glatt schenken, da ich doch jeden Tag mit dem Fahrrad zum Garten und zurück fahre, macht insgesamt zwanzig Minuten Aufwärmtraining.

Ich gehe also gleich zu Modul zwei über: „Koordination: An diesen Stationen verbessern Sie Ihre Geschicklichkeit, Gleichgewichts-, Orientierungs- und Reaktionsfähigkeit. Stationen: Balancierstrecke, Hängelaufbrücke, Schwingstreifen und Zielwerfen." Diese Übungen scheinen mir nicht allzu schwierig. Bei einigen schaffe ich sogar auf Anhieb das Fortgeschrittenen-Niveau. Dieser unerwartete Erfolg birgt eine ebenso unerwartete Gefahr in sich: Übermut! Ich bin mächtig stolz, dass ich wie eine geübte Seiltänzerin spielend und spielerisch balancieren kann. An irgendeiner Stelle sollte sich doch zeigen, dass ich Bewegungstherapeutin bin! Aber es zeigt sich etwas anderes: Aus meinem rechten großen Zeh quillt Blut und sickert langsam unter den Zeh, wo es mit der ebenfalls roten Sandale eine klebrig-krustige Symbiose eingeht. Die Gefährlichkeit von Sport wird hier offensichtlich. Wenn ich schon auf die medizinische Untersuchung vor Beginn des Trainings verzichte, werden mich wohl spätestens die Verletzungen danach zum Onkel Doktor treiben. Ich gebe mich aber noch nicht so schnell geschlagen und trainiere tapfer weiter.

Das Modul Kraft scheint mir das für meine Zwecke Wesentliche zu sein: „An diesen Stationen kräftigen Sie Ihre wichtigsten Muskelgruppen. Machen Sie jeweils eine Übungsserie mit der angegebenen Wiederholungszahl, bewegen Sie sich zur nächsten Station und wiederholen diesen Rundlauf so oft wie angegeben. Stationen: Stützspringen, Liegestütz und Armzug." Beim Stützspringen soll ich laut Anweisung auf der Tafel acht bis zehn Sprünge schaffen, dann zwölf bis fünfzehn Liegestützen und ebenfalls zwölf bis fünfzehn Armzüge. Das Ganze soll zwei bis vier Mal wiederholt werden. Beflügelt durch meinen vorangegangen Erfolg gehe ich auch auf diese Aufgaben siegesgewiss zu. Doch hier erwartet mich eine Schlappe, indem ich buchstäblich schlapp mache. Von den Stützsprüngen schaffe ich gerade mal drei, Liegestützen und Armzüge je zwölf, also gar nicht mal so schlecht für den Anfang, aber an Wiederholungen ist nun wirklich nicht mehr zu denken!

Meine Zeh-Verletzung kommt mir jetzt doch auf einmal so schwerwiegend vor, dass ich sie für einen triftigen Grund halte, das Training für heute abzubrechen. Das Modul Ausdauer scheint mir ohnehin nicht zu bewältigen zu sein: „Bewegen Sie sich in optimaler Weise mindestens dreißig Minuten auf einer möglichen Laufstrecke in einer Geschwindigkeit, in der Sie sich während des Laufens noch unterhalten können." Eine Geschwindigkeit, in der ich mich noch unterhalten kann, ist bestenfalls ein ruhiger Spaziergang. Aber selbst bei einem Spaziergang ist mir Schweigen angenehmer als Reden.

Das Modul Beweglichkeit verspricht zuletzt: „Dehnen: Hier erhalten und erhöhen Sie die Beweglichkeit Ihrer wichtigsten Körperstrukturen." Die Vorrichtungen zum Dehnen und Strecken erinnern mich an eine moderne Art von Folterinstrumenten. Ist es mehr als Zufall, dass sie an dem ehemaligen Hinrichtungsplatz stationiert wurden?

Statt der körperlichen Dehnübungen führt mich meine heutige Meditation in eine andere Art der Ausdehnung und Zusammenballung. Der neuerlich aufkommende Sturm erinnert mich daran, dass ich mit dem Wind noch eine Rechnung offen habe: Mein Widerstand von neulich hatte noch keine Gelegenheit zu weichen. Im Moment spüre ich eigentlich keinen Widerstand. Ich höre das Rauschen des Sturms ringsumher, sehe wie sich Bäume und Büsche biegen und fühle den scharfen Wind auf meiner Haut. Ich versuche, mich zu entspannen und auf seine Botschaft zu lauschen.

Ich stehe wieder vor der riesigen steinernen Kröte. Es geht etwas sehr Forderndes von ihr aus. Es tut sich abermals ein Tor zwischen ihren Beinen auf, durch das ich in eine große Felsenhöhle gerate. Dort stehe ich alleine mitten in dem Höhlenraum, der von echo-ähnlichen Klängen erfüllt ist. Es gibt keinen Weg, der weiter führen würde, ich stehe wie angewurzelt in der Mitte des Raumes und lausche den brausenden Klängen.

Plötzlich fühle ich mich in alle vier Himmelsrichtungen auseinander gezogen. Der Raum ist jetzt viereckig, ich bin in jeder der vier Ecken präsent, aber ohne sichtbaren Körper. Die einzelnen Teile meines Bewusstseins scheinen mir unerreichbar weit voneinander entfernt, so dass ich eine starke Spannung und Zerrissenheit empfinde. Ich dehne mich immer weiter aus, die Höhle verschwindet, die Ausdehnung geht immer weiter, bis mein Bewusstsein die ganze Erde umspannt. Die Erdkugel erscheint winzig klein innerhalb meiner riesigen Ausdehnung. Das Gefühl einer unglaublichen Verdünnung und Verfeinerung der Substanz ist entgegengesetzt dem Gefühl der zusammengeballten Willenssubstanz, wie ich es in dem Felsen erlebt hatte. Das Ausgedehnt-sein ist mindestens so schwer auszuhalten wie das Zusammengeballt-sein.

Nun sehe ich meine Gestalt wieder in der Höhle stehen, zunächst von außen, dann spüre ich mich wieder im Körper und suche einen Ausgang aus der Höhle. Ich pralle an einem unsichtbaren Widerstand ab, der sich rings um mich herum befindet. Diese Widerstandsmauer rückt immer näher, wird enger und enger, bis ich ganz davon umschlossen bin, wie von einer elastischen Haut. Nach einer Weile verschmilzt diese äußere Haut mit meiner eigenen Haut. Dann erst kann ich frei herum gehen und die Höhle durch den Ausgang verlassen.

Nun werde ich klein wie ein Samenkorn und sinke in die Erde. Da habe ich Zeit. Unendlich viel Zeit. Ich ruhe. Nichts drängt. In mir ist alles wesentlich. Ich trage die Essenz des Urbildes der zukünftigen Pflanze in mir. Die neue Entfaltung ist vorbereitet, schon lange. Der Impuls zum Wachsen wird von außen kommen, wenn die Zeit reif ist. Die entsprechende Jahreszeit wird Wärme und Feuchtigkeit bringen, wenn der rechte Moment für eine neue Entfaltung gekommen ist. Ich warte, aber ohne Ungeduld, ohne Zeitgefühl. Ich bin in der Ewigkeit, der Zeitlosigkeit, dem reinen Sein. Ich ruhe.

Mir wird vermittelt, dass ich dieses Ausdehnen und Zusammenziehen als eine Art Aura-Gymnastik verstehen soll, um zu lernen, den Raum mit eigener Energie auszufüllen und dadurch die vorhandene Energie anzuheben. Auf diese Weise ist es möglich, Raum zu schaffen in bestimmten Situationen, damit wesentliche Begegnungen zustande kommen und suchende Wesen einander finden können. Das hat etwas mit dem Atem zu tun. Ich soll lernen, anders zu atmen, indem ich alles einatme, was im Raum ist, es mit dem Herzen durchwärme, durchglühe, transformiere und dann wieder in den Raum hinaus ausatme. Auf diese Weise wäre es auch möglich, Heilkraft über die Landschaft auszubreiten und neue Verbindungen in mir und um mich herum zu erschaffen.

Fahrrad-Abenteuer

Mein sportlicher Ehrgeiz ist erwacht. Das immer noch trockene Wetter verführt mich dazu, eine ausgedehnte Radtour zu planen. Wie lange schon habe ich diese früher häufig unternommenen Touren vermisst! Seit ich den Garten habe, zieht es mich bei schönem Wetter immer dorthin. Die wunderschönen Landschaften von Angeln und Schwansen sind dadurch aus meinem Blickfeld gerückt. Im Sinne von weiterer Ausdehnung und Vernetzung denke ich nun an meine Lieblingsstrecke am Ornumer Noor entlang. Für die knapp dreißig Kilometer sollte ich mindestens zweieinhalb Stunden einplanen, zumal ich zur Zeit so untrainiert bin, dass die Erfahrungen mit dem Fitness-Parcours mir nahelegen, behutsam vorzugehen.

Unterwegs gehen mir Gedanken aus einem Gespräch mit einer Freundin durch den Kopf, das wir kurz zuvor während eines Strandspaziergangs geführt hatten. Wir sprachen über die Unmöglichkeit, das Leben zu planen, sich selbst zu planen, ja sogar den Alltag zu planen. Je mehr man das tut, umso höher ist der Preis, den man dafür zahlt, umso eher sagen die Menschen: „Ich sitze im Zug, aber das Leben rauscht an mir vorbei." Auf eingespurten Gleisen gibt es oft ein ungeplantes Entgleisen, das letztlich eine Hilfestellung des Schicksals sein kann, um sich von dem Diktat des Mammons und falschen Sicherheiten lösen zu können.

Starre Pläne und eingefahrene Gleise verhindern das Spüren subtiler Impulse und Gefühle. Es bleibt dann oft nur das Gefühl, vom Leben abgeschnitten zu sein.

Diese Gedanken lassen mich wachsam auf meine spontanen Impulse lauschen. Ich lasse zu, dass mein ursprünglicher Plan durchkreuzt und verändert wird. Als ich an dem 4Fcircle-Platz vorbeifahre, erwacht ein solcher Impuls. Ich halte an und absolviere genüsslich meine zweite Trainingseinheit, ohne Plan und Druck, versteht sich. Schon ein paar Minuten später lege ich den nächsten ungeplanten Stop ein. Wie oft bin ich schon blindlings an den liebevoll illustrierten und informativen Schildern des Naturlehrpfades vorbei gerauscht? Ich studiere die Tafel über verschiedenartige Quellen: Sturzquelle (sprudelnde Quelle), Tümpelquelle (mit Quelltopf und Überlauf) und Sickerquelle (Quellsumpf) sind mit lehrreichen Abbildungen erklärt. Ich erfahre, dass Sickerquellen in Schleswig-Holstein am häufigsten auftreten, dass diese besonderen Lebensräume heute aber gefährdet oder sogar schon zerstört sind. Ich lasse den Ort mit der Quelle auf mich wirken.

Um mich herum plätschert Wasser. Ich sitze inmitten einer sprudelnden Quelle. Das Wasser hüllt mich ein und wiegt mich sanft hin und her. Über mir tanzen Feen oder Sylphen, die die feinen Wassertröpfchen im Umkreis verteilen. Mein Bewusstsein dehnt sich über einen größeren Raum aus. Ich bin eingebettet in einen Kreislauf schaffender Naturwesen, die beständig für Regeneration und Belebung sorgen.

Ich steige wieder aufs Rad, um meinen Plan der Radtour weiter zu verfolgen. Schon wenige Minuten später erregt ein weiteres Schild meine Neugier. Unter einem Foto von Wildschwein-Frischlingen steht ein Hinweis von Jägern, man solle Jungwild und Gelege nicht berühren, nicht lärmen, sondern leise gehen, dann würde man das Wild auch sehen. Ich schiebe mein Rad leise durch das Dickicht, lege es hin, setze mich still auf einen Baumstamm und warte auf die angekündigten Wildschweine. Der Platz ist von großen alten Buchen umgeben und strahlt tiefen Frieden aus. Warum soll ich eigentlich weiter fahren? Nur weil sich in meinem Kopf ein Plan festgesetzt hat, den ich unbedingt umsetzen will?

Die leise im Wind rauschenden Blätter besänftigen meine Gedanken. Durch eine Lücke zwischen den Baumkronen sehe ich luftige Wölkchen über den blauen Himmel segeln, ohne Eile, ohne Hast, ohne Plan, aber doch in eindeutiger Richtung. Wie gerne würde ich jetzt auf einer dieser Wolken sitzen und mich gemächlich durch die Lande treiben lassen! Nach einer Weile treibt es mich doch wieder weiter, ohne ein Wildschwein gesehen zu haben und ohne festen Plan. Obwohl ich meine Lieblingsstrecke schon lange nicht mehr gefahren bin, scheint sich mein Fahrrad an den Weg zu erinnern. Automatisch folgt es der alten Gewohnheit. Wieder halte ich inne. Mir wird klar, dass ich Gefahr laufe, automatisch eingespurten Gleisen zu folgen, was mir genauso fatal erscheint wie ein festgelegter Plan. Gegenwärtigkeit erfordert ständig bewusste Entscheidungen, in jedem Moment!

Ich halte an, drehe um und wähle eine Strecke, die ich bisher selten befahren habe. Unversehens gerate ich auf einen abenteuerlich aussehenden landwirtschaftlichen Weg, der mir in die gewünschte Richtung zu führen scheint. Hier werden nicht nur meine Muskeln gefordert. Schlaglöcher, sandgefüllte Mulden, in den Weg ragende Brennnesseln und Brombeerranken erfordern fortgeschrittene Fahrzeugbeherrschung. Der Weg endet an einer sonnigen Wiese. Hier geht es nicht weiter. Ich lasse mich auf einem geparkten landwirtschaftlichen Fahrzeug zu einer Erholungspause nieder, bevor ich den Parcours zurück fahre.

Dieser Weg erinnert mich an unser Russland-Abenteuer. Wer russische Schlaglochpisten auf dem Fahrrad überlebt hat und sowohl das Fahrrad als auch die eigenen Knochen heil nach Hause gebracht hat, den kann so schnell nichts aus dem Sattel heben! Das Training von damals scheint mir trotz dreijähriger

Abstinenz noch immer zugute zu kommen. Auf dem Rückweg über die meinem Garten gegenüber liegende Seite des Noors ist erst recht radsportliches Könner-Niveau gefragt. Ein schmaler Pfad endet nach einer scharfen Kurve jäh an einem Abhang, in den einige Stufen eingelassen sind. Das Schild „Achtung Treppe" befindet sich unten, wo es relativ überflüssig ist, denn nach einem Sturz weiß man ja im Allgemeinen, dass da eine Treppe war. Unterhalb der Treppe befindet sich eine kleine Bucht, von der aus ein großer Findling, der „Weiße Stein" im Wasser gut sichtbar ist. Zwei Enten sonnen sich darauf.

Nicht nur an sportliches Können, sondern auch an die Stabilität von Fahrrädern stellt der mit runden und kantigen Ästen belegte Weg, abgewechselt von sumpfigen Abschnitten, höchste Ansprüche. An dieser Stelle gilt wirklich: „Wer sein Fahrrad liebt, der schiebt!" Nach einer Weile steige ich wieder auf, da mir der weitere Weg passabel erscheint. Aber weit gefehlt! Unvermittelt klafft ein Loch mitten im Weg, die Brücke, die an dieser Stelle über ein kleines Bächlein führte, liegt abgerissen im Gebüsch. Wieder tauchen Erinnerungen an Russland auf. Dort stellten fehlende Gullydeckel mitten auf der Straße eine ähnliche Gefahr dar. Die Gullydeckel lagen allerdings nicht in einem nahe gelegenen Gebüsch, sondern waren bei Schrotthändlern zu Geld gemacht worden.

Dieser besagten Fahrradtour durch das ehemalige Ostpreußen war allerdings, im Gegensatz zu meiner heutigen Tour, eine sorgfältige Planung vorausgegangen. Allein schon die Notwendigkeit, sich rechtzeitig ein Visum für Russland zu beschaffen, für das man eine Einladung oder zumindest den Nachweis der ersten Unterkunft benötigt, setzte einiges an Logistik voraus. Schließlich hatte ich mich mithilfe von Reiseführern, dem Internet und Tipps von Bekannten so weit schlau gemacht, dass ich zu der Einsicht gelangt war, angesichts der mangelhaften Ausstattung des Kaliningrader Gebietes mit touristischer Infrastruktur wenigstens die Unterkünfte im Voraus im Internet zu buchen. Der weiteren Logistik folgend, zimmerte ich einen ziemlich genauen Reiseplan zurecht, einschließlich der Überfahrten mit den Fähren und der Unterkünfte in Litauen und Polen. Trotz dieser genauen Planung war noch eine große Portion Vertrauen und Hingabe an die göttliche Führung nötig, um dieses Abenteuer zu bestehen. Die Erinnerung daran taucht jetzt sehr lebhaft in meinem Gedächtnis auf, so dass ich das Bedürfnis habe, auch diesen entlegenen Teil der Welt in meine innere Vernetzung einzubeziehen. Einige Bilder dieser Reise sind es wert, erzählt zu werden:

Die Strecken durch litauisches und polnisches Gebiet sind an dieser Stelle nicht weiter erwähnenswert. Es gibt Fahrradwege, die annähernd europäischen Standards entsprechen, zumindest in den touristisch erschlossenen Gebieten, in denen auch sonst die entsprechende Infrastruktur vorhanden ist. Auf der litauischen Seite der Kurischen Nehrung führen ausgezeichnete Fahrradwege abseits der Autostraßen durch die malerische Dünenwelt. Alles ist sehr überschaubar und an manchen Stellen gibt es sogar Hinweisschilder. Wenn man trotzdem Fragen hat, spricht man einfach den nächsten entgegenkommenden Radfahrer an. Er wird garantiert deutsch sprechen. Man ist unter sich. Wer anders als der deutsche Tourist würde in diesem entlegenen Teil der Welt ein Fahrrad besteigen?

Die litauisch-russische Grenze auf der Nehrung gilt als der am einfachsten und schnellsten zu passierende Grenzübergang. Für Autos gibt es zwar immer noch lange Wartezeiten, aber als Radfahrer sind wir fein heraus. An den Autoschlangen vorbei werden wir schnell durchgewunken. Jenseits der Grenze ändert sich die Szenerie schlagartig. Es gibt keine Fahrradwege mehr und zunächst sind wir sogar auf der Autostraße erstaunlich alleine. Wir fahren lange durch den Dünenwald, bevor wir wieder auf

Spuren von Zivilisation treffen. Später erfahren wir, dass die Nehrung Naturschutzgebiet ist. Autofahrer zahlen dort happige Gebühren, Radfahrer nichts. Das erklärt, warum die Straße so wenig befahren ist. Zunächst nehmen wir die sich mehrenden Schlaglöcher gelassen hin. Unsere Gelassenheit bröckelt aber, als wir realisieren, dass Radfahrer in Russland ein unbekanntes und daher zu ignorierendes Verkehrsobjekt darstellen, die selber schuld sind, wenn sie sich in eine derartige Gefahr begeben. Man fährt haarscharf und ohne zu bremsen an uns vorbei. Solange es möglich ist, geradeaus zu fahren, können wir uns mit diesen rabiaten Sitten noch arrangieren. Schwieriger wird es, wenn ein riesiges Loch, zum Beispiel ein Gully ohne Deckel, uns unvorbereitet zum Ausweichen zwingt.

Nach einer Woche auf der Nehrung erwartet uns eine noch größere Herausforderung: die Hauptstadt Kaliningrad. Von den siebzig Kilometern legen wir nur die Hälfte mit dem Fahrrad zurück, weil die Strecke als katastrophal schlecht gilt, dafür aber über eine Zugverbindung verfügt. Wir wagen das Abenteuer, unsere schwer bepackten Fahrräder viele Stufen hoch in einen altertümlichen Zug zu hieven.

Die Züge aus dieser Richtung enden fast alle im Nordbahnhof von Kaliningrad. Unser Hotel liegt ganz im Süden der Stadt. Was wir auf unserem Weg quer durch die Stadt an fahrerischer Leistung vollbringen, ist ein unbeschreibliches Wunder! Nicht verwunderlich ist dagegen die Tatsache, dass man in der ganzen Stadt so gut wie keine Radfahrer sieht. Und wenn, sind es meistens deutsche Touristen, die völlig ahnungslos über russische Verkehrsverhältnisse aufgebrochen sind, um ihr Glück zu suchen. Wir jedenfalls sind so glücklich, überlebt zu haben, dass wir in den folgenden Tagen unsere Schutzengel nicht weiter strapazieren wollen und die Räder im Hotel lassen.

In der Mitte von Nirgendwo

 Wie so oft im Leben sind es auch während einer solchen Reise die kleinen menschlichen Begegnungen, die mehr als alles andere im Gedächtnis bleiben, und damit ein Teil der Vernetzung im Inneren werden. Einige dieser Verbindungen reihen sich nun ein in mein inneres Ostsee-Panorama:

Unsere Fahrradtour führte uns weiter nach Baltijsk (Pillau). Hier braucht man zusätzlich zum Visum noch einen Passierschein der Baltischen Flotte, denn die Hafenstadt ist streng abgeriegeltes Militärsperrgebiet. Der Passierschein sollte uns von unserem gebuchten Hotel aus zum Kontrollpunkt gebracht werden, wir sollten kurz vor unserer Ankunft vorher anrufen. Und das alles auf russisch!

Als wir den Kontrollpunkt lange vor der geplanten Zeit erreichen, rollen wir langsam darauf zu, halten aber nicht an, denn die Schranke sieht nicht wesentlich gefährlicher aus als die Schranken zum Naturschutzgebiet Kurische Nehrung, an denen Radfahrer problemlos vorbeifahren können, ohne angehalten zu werden. Aber hier erwartet uns eine andere Nummer: Zwei uniformierte Gestalten stürzen auf uns zu, weibliche Drachen, die laut gestikulierend auf uns einbrüllen. Diese Wortkanonade lässt bei ihrem Aufprall auf meinen Kopf fast alle russischen Vokabeln daraus entschwinden, bis auf ein paar rudimentäre Reste, mit denen ich stammele, dass man uns im Hotel Goldene Orchidee erwarte und...

Schroff werde ich unterbrochen: „Hier brauchen Sie einen Passierschein!" „...und Valerij wird uns um siebzehn Uhr abholen
und den Passierschein mitbringen." fahre ich fort. Es folgt ein
neuer Wortschwall. Hilflos suche ich in meinen Papieren nach
dem Ausdruck meiner Korrespondenz mit dem Hotel, in der mir
Valerijs Nummer mitgeteilt worden war. Das Gesicht des einen
Drachen hellt sich auf. „Valerij," sagt sie, „spricht deutsch. Rufen
Sie ihn an, dass er kommen soll!"

Es ist erst halb drei und die Aussicht, dort in der Mitte von Nirgendwo noch zweieinhalb Stunden zu warten und zwei Drachen
ausgeliefert zu sein, ist tatsächlich nicht sehr aufmunternd. Aber
leider funktionieren unsere Handys in Russland nicht. Unsere
Hilflosigkeit scheint die eine Drachendame zu erweichen. Sie
nimmt ihr Telefon, wählt die besagte Nummer, schreit in ihrem
üblichen Befehlston etwas hinein und sagt dann: „Sie werden
gleich abgeholt. Warten Sie dort!" Während wir warten, geht
sie vor uns auf und ab und lässt uns keinen Moment aus den
Augen. Nach einer Weile fängt sie an zu lächeln und zeigt zum
Himmel: „Schönes Wetter heute, viel Sonne. Wollen Sie baden?
Wir haben einen schönen Strand hier, warmes Wasser, Sand..."
Der Drache ist fast nicht wiederzuerkennen.

Der Sandstrand ist dort menschenleer und wirklich unbe-
schreiblich schön. Das mühsame Eindringen in abgeriegeltes
Sperrgebiet hat sich gelohnt! Mit einer kleinen Fähre kann man
zur Frischen Nehrung übersetzen, die zwischen Polen und Russland geteilt ist. Dort findet man noch zerfallene Ruinen eines
Flughafens aus Hitlers Zeiten, die den Eindruck erwecken, der
Krieg sei erst vor kurzem beendet worden. Die Ruinen, deren
Betreten wegen der Einsturzgefahr verboten ist, dienen übermü-
tigen jungen Leuten als Aussichtsturm oder Partygelände. Wir
radeln die Rollbahn entlang, eine gespenstische, kraterähnliche
Mondlandschaft. Daneben wird gegrillt, gebadet und gesegelt.

Dieses Gebiet ist nun wirklich das Ende von Nirgendwo, es leben nur noch wenige Menschen dort, die sich selbst oder dem Alkohol überlassen sind.

Wie schön wäre es jetzt gewesen, wenn wir einfach auf der Frischen Nehrung hätten weiter nach Polen fahren können. Aber hier bleibt der Schlagbaum zu. Es hat auch sein Gutes, dass die Natur vor menschlichen Abfällen und intensiver touristischer Nutzung bewahrt bleibt, denn im Gegensatz zur polnischen Seite der Nehrung ist hier ein einzigartiges Ökosystem erhalten geblieben. Für uns bedeutet die Nicht-Passierbarkeit dieses Gebietes allerdings einen riesigen Umweg. Wir müssen zurück nach Kaliningrad und von da aus am selben Tag bis nach Frombork (Frauenburg) jenseits der polnischen Grenze, wo sich unser nächstes gebuchtes Hotel befindet.

Von Baltijsk bis Kaliningrad nehmen wir wieder den Zug. Die restliche Strecke ist immer noch weit genug. Mit viel Glück treibe ich am Bahnhof in Kaliningrad ein Minibustaxi auf, das uns mitsamt den Rädern ins sechzig Kilometer entfernte Mamonovo bringt, für sage und schreibe umgerechnet zehn Euro! Alle Verkehrsmittel sind in Russland spottbillig, kein Wunder, dass niemand Fahrrad fährt. Die Straße scheint relativ neu zu sein, aber die Landschaft wird so hügelig, dass wir froh sind, nicht alles strampeln zu müssen. Es bleiben immer noch gut zwanzig Kilometer, und die unkalkulierbare Wartezeit an der russisch-polnischen Grenze.

Nachdem wir unsere Beinmuskeln so fein geschont haben, erwartet uns in Mamonovo eine Attacke auf unsere Lachmuskeln. Es ist Sonntag. In dem Grenzstädtchen wird fleißig gearbeitet, renoviert, die Häuser in für Russland ungewöhnlich bunten Farben frisch gestrichen. Wir suchen nach einer Möglichkeit, unser noch reichlich vorhandenes russisches Geld auszugeben. Das letzte Restaurant vor der Grenze war uns von unseren vorherigen Gastgebern empfohlen worden. Gleich neben dem

Eingang entdecken wir ein Geschäft, das sogar geöffnet hat. Dort planen wir unsere letzten Rubel zu verprassen, nachdem wir gegessen haben. Obwohl wir die einzigen Gäste in dem Restaurant sind, kommen wir den mürrisch aussehenden jungen Damen offensichtlich ungelegen. Anscheinend haben sie überhaupt keine Lust zu arbeiten.

Wir fragen nach einem Cappuccino. „Gibt' s nicht!" sagt die eine gelangweilt. „Kaffee mit Milch?" versuchen wir es weiter. „Milch gibt' s nicht. Es ist Sonntag." fügt sie hinzu, als ob das eine Erklärung sei. „Hm. Kaffee mit Sahne vielleicht?" Sie guckt uns entnervt an und kramt ein Becherchen Kaffeesahne hervor. Wir beschließen, auf den Kaffee zu verzichten und fragen nach der Speisekarte. Obwohl die Beiden weder deutsch noch englisch sprechen, bekommen wir zu unserem Erstaunen eine deutsche Speisekarte vorgelegt. Völlig irritiert, dann erheitert, lesen wir deutsche Wörter, deren unsachgemäßer Gebrauch uns vor Lachen Tränen in die Augen treibt. Wir bestellen griechischen Salat „mit Laub". Da die Zutat „Laub" bei mehreren Gerichten vorkommt, schließen wir messerscharf, dass es sich dabei um Kräuter handeln muss. Der Salat ist so klein, dass wir noch Hunger und jede Menge Rubel übrig haben.

Wir wollen noch einen Nachtisch bestellen und fragen nach Eis. „Gibt es sonntags nicht!" Wir suchen unter den aufgeführten Zutaten etwas, was es bestimmt geben muss. Für Bananensplit braucht man beispielsweise Bananen. Sie sagen wieder: „Gibt es nicht!" „Oh doch," fällt mir da ein, „im Geschäft habe ich Bananen gesehen." Das müssen die Damen kleinlaut zugeben. Wir bestellen Bananen mit Sahne und Schokoladen-Raspel. Die Damen breiten mehrere Tafeln Schokolade vor mir aus. Ich soll wählen. „Nein, keine Tafel," sage ich entschieden und zeige sicherheitshalber auf das entsprechende Wort für Schokoladen-Raspel in der russischen Speisekarte. Wieder dieser gelangweilte Blick. Na gut, denke ich, sie werden die Schokolade ja wohl raspeln können und wähle eine Sorte aus.

Schon während wir uns ausmalen, was wir jetzt wohl geliefert bekommen, steigt unser Heiterkeitspegel kontinuierlich an. Aber als uns das Gericht serviert wird, können wir uns kaum noch halten vor Lachen: Ein Teller mit zwei Bananen, zerstückelt und mit Plastikspießen versehen, ein weiterer Teller mit der ausgepackten Tafel Schokolade, unzerstückelt und ohne Spieße und zwei Becher Kaffeesahne!

Nun sind wir wirklich glücklich! Vor Begeisterung bestellen wir nun doch einen Kaffee. Wohin sonst mit der Kaffeesahne? Unsere Fröhlichkeit ist ansteckend. Es gelingt mir anschließend, die mürrischen jungen Damen über die wahre Bedeutung von „Laub" aufzuklären. Ich schreibe ihnen das richtige Wort auf einen Zettel, für den Fall, dass die Speisekarte mal überarbeitet wird. Endlich fangen sie an zu lächeln. Unser Einsatz hat sich doch gelohnt!

Unmittelbar hinter der Grenze haben wir das Gefühl, wieder im „richtigen" Europa zu sein. Am auffälligsten sind die Straßenverhältnisse und das Verhalten der Autofahrer. Fahrräder gehören wieder zum gewohnten Bild. Man bremst, hält Abstand beim Überholen, und es gibt sogar recht gute Fahrradwege. Rossmann, Lidl und McDonalds sind so präsent wie überall – außer in der Mitte von Nirgendwo...

Spirituelles Gärtnern

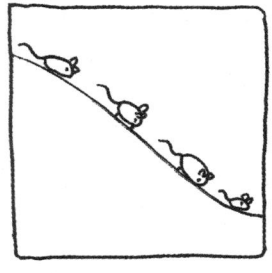

Im Schaufenster einer Buchhandlung habe ich heute gleich zwei Bücher über spirituelles Gärtnern entdeckt. Ich fass es nicht! Das hat mir gerade noch gefehlt! Wer weiß, vielleicht sind darin genau die richtigen Inspirationen für meine weitere gärtnerische Laufbahn enthalten, denke ich, und betrete den Laden. Das erste Buch klassifiziert mein kritischer Verstand nach einem flüchtigen Durchblättern als langweilige Ratgeberliteratur ab. Vielleicht ist es ein Vorurteil, aber manche Vorurteile haben immerhin den Vorteil einer schnellen Entscheidungsfähigkeit. Schublade auf, zu, fertig. Ich stelle das Buch beruhigt zurück, in der glücklichen Gewissheit, nichts verpasst zu haben.

Das zweite Buch erregt schon eher meine Neugier. Das reicht, um mich ebenfalls schnell zu entscheiden und das Buch zu kaufen. In wenigen Stunden habe ich es komplett gelesen und festgestellt, dass es zwar nichts grundsätzlich Neues für mich enthält, aber doch eine Bestätigung meiner eigenen Erlebnisse darstellt. Der Inhalt ist schnell erzählt: Die Autorin Ellen Vande Visse legt in Alaska einen Garten nach ökologisch-spirituellen Gesichtspunkten an. Als blutige Anfängerin verzichtet sie auf umfangreiches Studium von Fachliteratur zugunsten der direkten Kommunikation mit den Intelligenzen der Natur. Überschriften wie: „Angriff der Maden", „Invasion der Nacktschnecken", „Krabbelgetier in Knollen" oder „Salat wurde eingeschleimt" lassen ahnen, dass der Umgang mit so genannten Schädlingen die Haupt-Gewissensfrage einer Gärtnerin mit spirituellen

Ansprüchen darstellt. Sie lernt nach und nach, die Tierwesen selbst zu befragen, warum sie da sind und wie man miteinander kooperieren könnte.

Das kommt mir alles sehr bekannt vor, aber es ist gut, sich immer wieder an Bekanntes zu erinnern, denn es gerät so leicht in Vergessenheit, das, was man weiß, auch täglich zu tun.

Zum Beispiel hat Ellie, wie sie sich in dem Buch nennt, eine Verabredung mit den Kohlmaden getroffen, dass sie das Feld räumen sollen. Nach geraumer Zeit sind sie aber immer noch nicht wesentlich verringert. Auf ihre Frage nach dem Grund erhält Ellie die Antwort, dass der Grund teilweise ihre eigenen Überzeugungen seien. Sie glaubt, dass sie die Kohlmaden nach eigenem Wunsch zum Gehen veranlassen kann, aber sie glaubt nicht hundertprozentig daran, dass sie es auch wirklich tun werden. Und deswegen tun sie es nicht.

Ich prüfe mich an dieser Stelle auf meinen Glauben in Bezug auf die geplante Umsiedelung meiner Wühlmäuse zum Abhang. Ich gestehe, dass ich die tägliche Fütterung mittlerweile eingestellt habe. Es war mir einfach zu aufwändig. Und Futter zum Abhang zu bringen, schien mir erst recht übertrieben. Vor allem aber hatte ich Zweifel, ob das überhaupt eine geeignete Methode wäre, um die Mäuse an einen anderen Platz zu locken. Schließlich war es genau genommen gar nicht meine Idee, sie dorthin umzusiedeln. Ich hatte bloß das Bild von dem in die Erde gesunkenen Kristall, der durch sein Licht Scharen von Mäusen anzieht, so interpretiert, dass sie dorthin ziehen sollten. Ob das wirklich so gemeint war und ob ich überhaupt etwas dazu beitragen soll, ist überhaupt nicht klar. Wenn die neue Stelle wirklich eine starke Anziehung ausübt, werden sie wohl auch ohne mein Zutun dahin finden. Und wenn nicht, habe ich eigentlich keine Veranlassung, auf ihre Auswanderung hinzuwirken.

Seit ich sie nicht mehr als meine Feinde betrachte, habe ich mich mit ihrer Anwesenheit ganz gut arrangiert. Ihre Wühlaktivität hatte sich in letzter Zeit sehr reduziert, erst heute sehe ich wieder neue Gänge unter dem Rasen. Eigentlich stören sie mich nicht mehr. Aber ich frage mich, welche Aufgabe sie da erfüllen, oder was ich durch sie lernen oder erkennen soll.

Sind sie meine spirituellen Lehrmeister, so wie es die Kohlmaden für Ellie waren?

In dem Buch „Elementarwesen" von Marco Pogacnik las ich über die energetische Funktion von Tieren in Landschaftsräumen. Dort wird gesagt, dass ein Maulwurf zum Beispiel mit seinem Pelz gegen die Erdschichten reibt, wodurch eine Kraftladung entsteht, die er beim Kriechen durch seine Gänge ins Kraftfeld der Erde verteilt. Diese Ladung wird zu einem Bestandteil des Erdmagnetfeldes. Alle Tierarten haben demzufolge eine solche energetische Funktion, die Vögel in der Luft, die Fische im Wasser, die Waldtiere im Wald, die Haustiere im Haus. Mit Sicherheit haben also auch die Wühlmäuse eine solche Kraftfeld-Funktion.

Ellie ist mir sehr sympathisch, eine verwandte Seele sozusagen. Sie erfährt von ihren spirituellen Lehrern, den Kohlmaden, dass Tiere es den Menschen sehr übel nehmen, wenn sie als Schädlinge bezeichnet werden. Dann bleiben sie erst recht, um die Menschen auf ihre berechtigte Funktion aufmerksam zu machen. Wenn man sich auf die Tierseele einlässt, erfährt man reine Liebe und Kooperationsbereitschaft. Ellie hat im Gegensatz zu mir die Absicht, von ihrem Garten nicht nur selbst zu leben, sondern auch Gemüse zu verkaufen und ihren kompletten Lebensunterhalt damit zu bestreiten. Dadurch werden einige Fragen sehr existenziell, zum Beispiel die nach einem ökologisch unbedenklichen Dünger. Sie kommuniziert also auch mit den Intelligenzen des Bodens, um die jeweils richtige Zusammensetzung von Düngemitteln zu erfragen. Teilweise gibt es sehr konkrete Hinweise, aber es wird auch gesagt, dass es keine perfekte Antwort gibt und dass auch die Gedanken der Menschen einen Einfluss auf den Boden haben. Wer sich zum Beispiel Sorgen macht, dass sein Boden nicht genug Nährstoffe enthält, der schwächt den Boden durch seine Sorgengedanken. Da heißt es: „Statt an Ersatzmittel zu denken, konzentriert euch auf eure Gesinnung und eure Absicht. Beides ist überaus wichtig. Wenn ihr glückliche, lachende, liebevolle und segnende Schwingungen aussendet, sind sie genauso wichtig, wie irgendein Bodendünger, den ihr verteilt."

An einer anderen Stelle geht es um den richtigen Zeitpunkt für das Ausbringen des Düngers. In einem Jahr geben die Natur-Intelligenzen den Herbst als günstigsten Zeitpunkt an, im nächsten das Frühjahr. So gibt es in vielen Fragen keine pauschalen Antworten, sondern es heißt, immer wieder neu zu fragen. Je nach Situation, Wetter und aktueller Bodenbeschaffenheit wird die Anweisung jeweils angepasst. Die Naturwesen ermuntern alle Menschen, selbst zu fragen, sie sind immer bereit zu antworten und sehnen sich nach individueller Zusammenarbeit mit den Menschen. Mit ein bisschen Übung, Offenheit und Vertrauen kann es jeder lernen, heißt es in dem Buch. „Kein Ratgeberbuch kann so exakt Anweisungen geben wie der eigene Garten selbst. Er ist der beste Lehrer und Erzieher."

Auf dieselbe Weise versucht sich Ellie als Wetterfrosch. Klar, eine gute Ernte hängt wesentlich vom optimalen Wetter und dem richtigen Zeitpunkt für Aussaat und Ernte ab. Also kommuniziert sie auch mit den Wettergöttern. Dabei stößt sie jedoch an Grenzen, denn unser derzeitiges Klimachaos ist selbst für die Naturgeister eine Überforderung. Immer häufiger bekam sie die Antwort: Wir wissen es auch nicht.

Für Pflanzen, die gestutzt werden, kann es eine völlige Traumatisierung bedeuten, wenn man sie nicht rechtzeitig vorwarnt. Sie wollen gebeten werden, ihre Energie so weit in die Erde abzusenken, dass sie sich nach dem Zurückschneiden gut erholen können. Ein weiteres Thema sind Monokulturen. Ellie wundert sich über den Befall von Zwiebelmaden, aber die sagen ihr deutlich: „Was? Du hast uns hier ein Zwiebelparadies geschenkt und willst, dass wir jetzt fortgehen? Rede noch einmal Anfang nächsten Jahres mit uns. Alles was wir hier sehen, sind Zwiebeln, Zwiebeln und noch mal Zwiebeln. Sehr lecker, wirklich!"

Die Zwiebelmaden zeigen sich aber kooperativ, indem sie den Rat geben, die Zwiebeln einzeln zwischen Blumen und anderes Gemüse zu pflanzen, dann sind sie schwieriger zu finden für die Zwiebelmaden. Aber sie wollen auch in ihrer Funktion bewundert werden, schließlich dienen sie Käfern und Vögeln als Futter. Und sie wollen angeschaut werden, denn sie verkörpern ihren eigenen Aussagen zufolge eine großartige Gestalt. Das glaube ich ohne weiteres. Hat man einmal den Ekel vor Spinnen, Maden und sonstigem Gewürm überwunden, zeigen sie sich von ihrer geistigen Seite mit überwältigender Liebesfähigkeit. Außerdem sind sie humorvoll, ehrlich, hilfsbereit, also in gewisser Weise umgänglicher als viele Menschen.

Auch mit dem so genannten Unkraut hat Ellie nette Gespräche. Sie erfährt, dass die Quecke sich durch menschliche Aktivitäten eingeladen fühlt, sich auszubreiten. Sie reagiert auf Menschen, die sich über sie ärgern und mit Unkrautvernichtungsmitteln gegen sie kämpfen, indem sie aggressiv in die Schlacht zieht und mutig um ihr Überleben kämpft. Je mehr der Mensch sie mit chemischen Mitteln auszurotten versucht, umso mehr wird der Kampf immer wieder aufs neue geschürt, und die Quecke wird dabei immer stärker.

Es beruhigt mich, dass ich nicht die einzige Verrückte bin, die mit Wühlmäusen und Wildkraut spricht. Vielleicht tun es sogar mehr Leute als ich denke. In unserer Kolonie gibt es einige schräge Vögel. Aus einigen Gärten kann man schamanische Gesänge hören, in anderen interessante Kunstobjekte bewundern. Es sind etliche Künstler und Kulturschaffende, Psychologen, Therapeuten, Pädagogen und Journalisten vor Ort, daneben einige Russlanddeutsche und ein paar ältere einheimische Ureinwohner. Wenn die Kunstinstallationen zu offensichtlich werden, protestieren die „echten" Gärtner. Das nennen sie dann Zweckentfremdung. Eine befreundete Künstlerin, die vor Jahren dort einen Garten hatte, kreierte eine Installation aus Pfählen und Kinderplastikstühlen, bei der es ihr um die Wiederherstellung der Horizontlinie ging, die durch das abschüssige Grundstück verloren gegangen war. Die Pfähle von unterschiedlicher Länge waren so am Abhang angeordnet, dass ihr oberes Ende eine horizontale Linie bildete, die sich an der Horizontlinie des Noors orientierte. Das war des Guten zuviel für die eingefleischten Gartenfreunde! Es erregte Aufmerksamkeit und bot Anlass zu heftigen Diskussionen. Der damalige Obmann fragte immer wieder nach, wie lange das Zeug denn da noch bleiben soll. Die Künstlerin sagte: „Bis der erste Schnee liegt, denn dann will ich noch ein Foto machen." Er darauf: „Und wenn es dieses Jahr nicht schneit?" „Dann bis zum nächsten Winter." Daraufhin drohte er, eine Schneekanone einzusetzen, damit dieser Unsinn endlich aufhört. Dass Pfähle und Gartenmöbel Materialien sind, die man in jedem Garten findet, reichte ihm nicht als Argument, dieses Kunstwerk als kleingärtnerische Nutzung des Gartens zu akzeptieren.

Heute besuche ich zwei befreundete Künstlerinnen, die ihre Parzelle in der Nähe des Abhangs haben und mindestens so verrückt sind wie ich. Ich lade sie zu mir zum Kaffeetrinken ein und erzähle von meinem Plan, die Wühlmäuse zum Auswandern zu bewegen. Die eine bekommt gleich Informationen von den Wühlmäusen. „Die sind ganz verwirrt," sagt sie, „die wissen gar nicht, warum sie hier weg sollen, wie weit das ist und wie sie dahin kommen sollen. Die wollen einfach spielen und da bleiben, wo sie sich wohl fühlen."

Mir wird klar, dass die Verwirrung der Wühlmäuse ein Spiegel meiner eigenen Verwirrung ist. Ich weiß es doch selber nicht, wie sie dahin kommen sollen, denn es ist wirklich ziemlich weit.

Und ich bin mir auch nicht mehr so sicher, ob ich sie wirklich loswerden will, denn ich habe mich ja mit ihnen angefreundet. Sie sollen bloß meinen Rasen in Ruhe lassen. Meine Freundin spricht weiter: „Die brauchen ein klar umrissenes Gebiet, wo sie bleiben dürfen. Drüben am Abhang ist es ihnen zu unsicher. Da haben sie Angst vor Mardern und wilden Katzen. Bei Menschen fühlen sie sich sicherer, da ist es bequem und angenehm. Hier bei dir ist es sehr angenehm. Sie sehen keine Veranlassung, weg zu ziehen. Du sollst auch ihre Aufgabe sehen, dass sie die Erde so schön lockern."

Ich bedanke mich für ihre Arbeit, sage ihnen aber auch deutlich, dass es nicht so sicher ist, wie sie denken, denn mein Rasenmäher wird all ihre schönen Gänge zerstören, soweit ich es noch nicht getan habe. Und auf der anderen Seite droht das Gift des Nachbarn. Am Abhang sei es eindeutig sicherer. Sie sind kompromissbereit, aber in dieser Generation können sie noch nicht umziehen. Ich soll bis nächstes Jahr warten. Meine Freundinnen wollen ihre eigenen Wühlmäuse auch entsprechend informieren, die sind näher dran am Abhang. Wenn die Auswanderungswelle dort beginnt, können die anderen leichter folgen...

Jenseits von Irgendwo

Die Beziehung zu meinem Kristall hat sich verändert. Es geht etwas Forderndes von ihm aus, so als ob es darum ginge, mich ihm jetzt voll und ganz zu stellen und eine noch tief liegende Schicht von Widerständen loszulassen. Ich frage mich seit Jahren, warum es mir nicht gelingt, ihn so zu benutzen, wie es mir damals gesagt wurde, als eine Art kosmischen Computer, von dem ich gezielt Wissen abfragen kann. Diese Frage löst jetzt Traurigkeit aus, ich fühle mich abgeschnitten von einer Welt, in der ich einmal zu Hause war.

Die Lichtgestalt, die ich jetzt wahrnehme, ist konturierter und deutlicher als in früheren Bildern. Sie fragt mich, ob ich jetzt wirklich bereit bin, mich zu öffnen. Ich sage ja.

Ich spüre ein starkes Kribbeln im vorderen Kopfbereich, kurz hinter dem Haaransatz, wie es schon seit Wochen immer wieder vorkam. Mein Herz klopft bis zum Hals, nein, bis zum Kopf. Meine Angst vor möglichen Hirngespinsten oder vor totalem Versagen blockiert mich.

Die Gestalt wartet geduldig, während ich mit mir kämpfe. Ich bitte sie um Hilfe.

Sie legt die Hände auf meinen Kopf und hebt einfach die ganze Schädeldecke ab. Das geht komischerweise ganz leicht. Aus meinem Kopf wachsen lauter kleine Antennen heraus, wie feine Fühler, an deren Ende jeweils eine kleine Kugel sitzt. Das Wesen sagt, dass ich die harte Schädelplatte jetzt nicht mehr brauche, die würde mich abschotten von der kosmischen Weisheit.

Ich bin zwar sicher, dass sich körperlich nicht so schnell etwas verändern wird, dass es „nur" ein Bild ist. Trotzdem bin ich beunruhigt und aufgeregt, denn ich spüre starke körperliche Reaktionen im Kopf- und Brustbereich. Das Wesen sagt: „Entspanne dich!" Ich fange an zu zittern, als ob ich mich krampfhaft irgendwo festhalten will. Wiederum bitte ich um Hilfe, um mich entspannen zu können.

Am Kopf entsteht in der Mitte eine starke Konzentration, die Antennen bündeln sich und bewegen sich in rhythmischen Wechsel auseinander und wieder zusammen. Aus den kleinen Kugeln am Ende der Antennen wachsen feinere Fäden heraus, die sich untereinander vernetzen und eine bewegliche Kuppel oberhalb des physischen Schädels bilden. Dieses Gebilde wandelt sich zu einem Fallschirm, an dem ich jetzt hänge und durchs Weltall segle. Ich bin traurig, dass ich mich immer noch nicht richtig entspannen kann und treibe allein und orientierungslos zwischen Planeten und Sternen umher. Das Wort Sirius taucht auf.

Das trägt nicht gerade zur Entspannung bei, im Gegenteil, meine Abwehr steigt. Was soll ich auf dem Sirius? Ich weiß, dass es einige Leute gibt, die angeblich Kontakt zu außerirdischen Intelligenzen haben, aber das geht mir wirklich zu weit! So verrückt will ich nun doch nicht sein! Ich sträube mich innerlich, bis mein Widerstand so stark wird, dass ich endlich erschöpft nachgebe. Ich beruhige mich mit dem Gedanken, dass ich ja niemandem etwas davon zu erzählen brauche.

Kurze Zeit später habe ich Boden unter den Füßen, aber Boden aus Licht. Ich bin von liebevollen Wesen umgeben, die mich willkommen heißen. Sie nehmen mich auf, als ob sie mich kennen und schon lange erwartet haben. Ich fühle mich aufgenommen und wie zu Hause. Sie sagen nur: „Erinnere dich!" An was soll ich mich erinnern? Ich fühle mich total überfordert und bitte sie um Hilfe. Sie sagen, ich soll nur immer wieder kommen, dann würde ich mich mit der Zeit schon erinnern.

Für heute habe ich genug!!

Was soll ich davon halten? Das überfordert mich vollkommen! Ich habe Erzählungen über intelligentes Leben auf dem Sirius bisher immer sehr ablehnend gegenüber gestanden, nicht weil ich prinzipiell Leben auf anderen Planeten oder Sternen für unmöglich halte, sondern weil es für mich zu weit weg ist, als dass ich mich damit beschäftigen möchte. Das ist mir zu hoch! Davon will ich nichts wissen! Und jetzt gerate ich unversehens in ein Erlebnis, was mich so stark fordert und beeindruckt, dass ich es nicht so einfach wegschieben kann.

Ich wollte doch nur nette Geschichten über meinen Schrebergarten schreiben, und wo bin ich jetzt gelandet?! Hilfe!!

Mein Verstand flüstert mir hinterlistig zu, dass mich doch niemand zwingt, die Geschichte mit dem Sirius aufzuschreiben. Ich könnte sie doch einfach weglassen und weiter über die niedlichen Wühlmäuse berichten. Ja, das könnte ich. Aber ich kann es nicht. Das wäre nicht ehrlich dem Stein und mir selbst gegenüber. Der Stein ist zwar freilassend, aber er sagt auch: „Du wolltest dich darauf einlassen. Du hast gefragt. Entscheide selbst, ob du damit weitergehen willst."

Ich merke an den körperlichen Reaktionen, dass es unmöglich ist, eine Veränderung zu leugnen. Immer wieder fährt meine Hand über meinen Kopf, wo es nach wie vor stark kribbelt, um zu fühlen, ob noch alles vorhanden ist, was da hin gehört.

Ich habe keine Mühe, mich an vergangene Erdenleben zu erinnern, selbst an solche, die in Urzeiten der Erdentwicklung und in völlig andere Bewusstseinszustände als den jetzigen zurückreichen. Aber mich als Ureinwohner eines anderen Planeten wiederzufinden, übersteigt eindeutig mein Fassungsvermögen. Da regt sich größter Widerstand. Ich will nicht! Ich will nicht!! Ich will nicht!!!

Warum eigentlich nicht? Nur weil ich befürchte, für verrückt erklärt zu werden?

Langsam beruhige ich mich wieder. Eigentlich habe ich doch gar nichts Schlimmes erlebt. Ich bin unversehrt, sehe noch so aus wie immer, ohne komische Antennen auf dem Kopf und war auf einer inneren Reise von sehr liebevollen Wesen umgeben. Worauf also bezieht sich dieser gewaltige Widerstand?

Vor Jahren erzählte mir ein spiritueller Freund, dass er sich an Existenzen auf dem Sirius erinnert und dass er mir dort auch begegnet sei. Ich reagierte auf solche Botschaften sehr ablehnend, sagte zwar, dass es prinzipiell nichts gibt, was ich für unmöglich halte, aber er soll mich bitte verschonen mit Geschichten über den Sirius! Zu einem späteren Zeitpunkt erzählte ich ihm von meinem Kristall und der Frage, ob er sich vorstellen kann, dass Kristalle von geistigen Wesen programmiert worden seien. Er sagte sofort: „Ja, von Wesen auf dem Sirius."

Er lachte dabei, da er meine ablehnende Haltung kannte. Ich hatte dieses kurze Gespräch längst vergessen. Jetzt drängt es aus den Tiefen der Erinnerung ins Bewusstsein. Oder hat mein Unterbewusstsein die Information gespeichert und eben eine Verknüpfung hergestellt?

Das Lichtwesen sagt, ich solle mich erinnern an die Zeit, in der die Erde von Menschenseelen besiedelt wurde. Ich blicke von weitem auf den Planeten Erde und fühle mich von seiner Schönheit unwiderstehlich stark angezogen. Dabei bin ich von überwältigender Liebe durchströmt.

Dann folgt ein abrupter Zeitsprung ins Hier und Jetzt. Was haben wir Menschen seitdem aus der Erde gemacht? Es tut weh, zu sehen, wie die Erde ausgebeutet, missbraucht und misshandelt wurde. Das zu fühlen und zu sehen ist so schmerzhaft, dass ich weine. Dadurch lösen sich meine Blockaden und werden weicher.

Ich soll wieder in die Erde schauen, wo die steinerne Kröte ihren Weisheitsschatz hütet. Die Kröte verändert sich, wird kleiner, beweglicher und rutscht schließlich von ihrer Schatzkiste her-

unter. Die Kiste öffnet sich, darin liegen Schmuckstücke und Edelsteine. Ich bekomme gesagt, dass das, was die Kröte hütet, einerseits die ursprüngliche Liebessubstanz der Erde bewahrt, andererseits Substanzen beinhaltet, die mit Kräften außerhalb der Erde verbunden sind. Dazu gehören vor allem Metalle, die Energien aus unserem Planetensystem repräsentieren, sowie Kristalle und Edelsteine, die kosmische Kräfte in die Erde hinein spiegeln.

Siriel

Bisher hatte ich mich nicht näher für den Sirius interessiert. Ich wusste nur, dass es Bücher gibt, in denen behauptet wird, dass Wesen vom Sirius die urgeschichtlichen Erdbewohner besucht und unterrichtet haben sollen. Das Internet präsentiert mir eine kuriose Auswahl von Vorschlägen unter dem Stichwort Sirius: Wikipedia mit allen astronomischen Details zu Sirius A und B; eine Sirius-Werft; das Sirius-Satellit-Radio; die Immobilienvermittlung Sirius-Facilities; die Konzertagentur Sirius-AG Home; die Kapitalgesellschaft Home-Sirius-Venture-Partners; die Sirius Inkasso GmbH; die industrielle Schalttechnik-Sirius-Automatisierungstechnik und die Seniorenbetreuung Bonn Sirius-schafft-Lebensfreude. Endlich finde ich eine Seite über „das Sirius-Rätsel" und den Hinweis auf ein gleichnamiges Buch von Robert K.G. Temple.

Meinen oberflächlichen Recherchen zufolge bezieht sich der Autor auf Studien des französischen Ethnologen Marcel Griaule, der ab 1931 zwei Jahrzehnte lang die Volksgruppe der Dogon im westafrikanischen Mali studierte. Die Schöpfungsmythen der Dogon enthalten demzufolge exakte astronomische Kenntnisse über das Doppelsternsystem des Sirius, die mit viel später erforschten wissenschaftlichen Erkenntnissen übereinstimmen. Robert Temple soll die Vermutung vertreten haben, dass außerirdische Besucher aus dem Sirius-System vor etwa 5000 Jahren den Anstoß für den Aufstieg der ägyptischen und der sumerischen Zivilisation gegeben hätten. Die Dogon seien demzufolge Nachfahren eines Volksstammes, der die von den Außerirdischen vermittelten Kenntnisse über das Sirius-System bewahrt habe.

Das ist mir alles ziemlich suspekt. Ich rufe den erwähnten spirituellen Freund an, der seine Erkenntnisse nicht aus Büchern, sondern aus eigenen Erlebnissen und geistigen Forschungen bezieht. Ich erzähle ihm von meinen Widerständen und meiner derzeitigen Ratlosigkeit.

Er sagt: „Das Wesen, das dich geführt hat, war Siriel, der Wesensrepräsentant des Sirius, ein hohes geistiges Engel-Wesen. Dass du solche Widerstände hattest, ist kein Wunder, denn Seelen, die mit dieser Geistigkeit in Verbindung stehen, tragen einen absoluten Friedensimpuls in sich, gegen den sich auf der Erde oft gewaltige Widerstände erhoben haben. Als wir in der Vergangenheit mit dieser Mission des Friedens auf die Erde kamen, war es unser Schicksal, dass wir angegriffen und gefoltert wurden, denn unsere Mission verlangte, dass wir in Berührung kommen mit der Gegenwelt, mit dunklen Wesen. Dazu war es notwendig, durch Leid und eigenes Schuldig-werden eine Verbindung mit diesen dunklen Kräften einzugehen, damit wir die Möglichkeit haben, an ihrer Erlösung mitzuwirken. Dein Widerstand hat mit alten Traumata zu tun, die noch in uns sitzen und aktiviert werden, wenn wir mit dem Sirius Verbindung aufnehmen. Das ist die Angst, dass diese vergangenen leidvollen Prozesse wieder von vorne losgehen. Das ist aber heute nicht mehr so. Diejenigen, die sich unter die Führung dieser Kräfte stellen, sind auch unter ihrem Schutz. Selbst wenn man das schon im Bewusstsein hat, steckt oft noch in tieferen seelischen Schichten ein Rest des alten Traumas. Das kann sich jetzt sehr schnell lösen."

Viele Fragen tauchen in mir auf. Wer sind diese Seelen, die diesen Impuls tragen? Wie viele gibt es? Was genau ist ihre Aufgabe? Mein Freund erzählt weiter:

„Das ist eine bestimmte Gruppe von Seelen, die verbunden ist in diesem gemeinsamen Beschluss, eine Brücke zu bauen in Richtung Spiritualisierung der Erden-Kultur. Einige erinnern sich an ihre Verbindung zum Sirius, andere noch nicht. Es gibt weitere Gruppen mit ähnlichen Aufgaben, die aber aus einer anderen kosmischen Richtung kommen. Zum Sirius gibt es eine bestimmte Polarität, eine Gegenwelt, die es zu erlösen gilt. Dieser dunkle Planet ist von Tolkien in „ Der Herr der Ringe" beschrieben worden als das magische Auge. Das Wesen, das dort den Namen Sauron trägt, ist eine reale Gegenkraft zum Sirius, der das große Auge im guten Sinne darstellt. Es ist wie ein großes Fenster, um das herum weisheitsvolle Gestalten stehen, die wie durch ein Auge auf die Erde schauen und wahrnehmen, was geschieht. "

An dieser Stelle unterbreche ich. Ich habe ein großes Aha-Erlebnis: endlich verstehe ich, warum ich in den letzten Jahren immer wieder Bilder hatte, in denen ich gemeinsam mit vielen Lichtgestalten um ein großes Loch herum stehe, durch das wir hinunter auf die Erde schauen. Das tauchte oft dann auf, wenn ich nach meiner derzeitigen Aufgabe fragte. Es war mir völlig rätselhaft, warum ich dann immer wie von einer höheren Warte aus gemeinsam mit diesen Wesen die Ereignisse auf der Erde betrachtete, ohne in irgendeiner Weise einzugreifen oder tätig zu werden. Es kam mir irgendwie merkwürdig vor, so als ob ich nicht richtig inkarniert wäre und mich auf einen außerirdischen Beobachterposten zurückziehe. Jetzt dämmert mir, dass das vielleicht Hinweise auf eine Verbindung zu diesen Wesen waren. Mein Freund setzt seine Ausführungen fort:

„Dieses weisheitsvolle Auge ist das Gegenbild von dem magischen Auge, das versucht, im Sinne von Machtimpulsen zu sehen und mit seinem Blick zu bannen. Von diesem Sauron-Planeten kommen die Wesen, die sich als Flugdrachen manifestieren, die Tolkien sehr genau beschrieben hat. Mit dem Sirius ist aber nicht

nur dieses weisheitsvolle Auge verbunden, sondern auch das
große Ohr, wo alles, was in unserer Welt geschieht, als Klänge,
Dissonanzen, Konsonanzen und Geräusche empfangen und von
den dort tätigen Wesen zu musikalischen Kunstwerken geformt
wird. Dort finden Musiker oft eine wichtige Inspirationsquelle. "

Mit schwirrt der Kopf. Nach Beendigung des Telefonats überflie-
ge ich meine Notizen, die ich hier nur teilweise wiedergegeben
habe. Was soll ich damit anfangen? Diese Mitteilungen muss
ich erst einmal verkraften und überschlafen.

Am nächsten Tag geht es mir nicht nur wesentlich besser, sondern ein bisher unbekanntes Lebensgefühl durchströmt mich.
Wärme breitet sich in meinem Körper aus, Entspannung und
Frieden erfüllen mich. Siriel strahlt mich an. Ich bin froh, endlich
seinen Namen zu wissen und ihn konturierter wahrzunehmen.
Es ist wie ein Nach-Hause-Kommen nach langer entbehrungs-
reicher Abwesenheit, eine tiefe Verbundenheit mit Vertrautem.
Das Gefühl ist zu groß, um es in Worte fassen zu können. Ich
bin einfach überwältigt von tiefer Dankbarkeit!

Ich frage mich, an was ich mich weiter erinnern soll. Siriel
sagt: „Knie nieder und schaue in die Erde." Das dunkle Auge
taucht auf. Heftiges Weinen schüttelt mich. Wieder spüre ich
einen unglaublichen Widerstand, mich dieser dunklen Seite zu
stellen. Das Gefühl von Bedrohung, Angst und Überforderung
überwältigt mich. Ich brauche Zeit. Pause!

Bisher ging das Schreiben leicht und mühelos. Seit vier Wochen
fließt und sprudelt es, mal mehr, mal weniger, aber doch un-
aufhörlich mit Freude und Leichtigkeit. Eine Ahnung, dass das
Wesentliche erst noch kommt, hatte sich in den letzten Tagen
verdichtet, aber ich konnte mir beim besten Willen nicht vorstellen, worin es bestehen sollte. Jetzt bin ich verwirrt. Es wird

immer schwerer, überhaupt noch geeignete Worte zu finden. Was will, soll oder darf ausgesprochen werden? Etwas drängt mich, diese Anstrengung zu vollbringen. Ich fühle mich wie vor einer schweren Geburt, kurz vor den Presswehen.

Siriel strahlt Ermutigung aus, er sagt: „Auch diese Geburt wird leicht werden. Denke an die Geburten deiner Kinder, bei denen die letzte Phase auch ganz schnell und leicht ging. Die alte Bedrohung besteht nicht mehr. Du kannst alle schlimmen Erinnerungen einfach abstreifen, nachdem sie dir bewusst geworden sind."

Er weist mich auf eine Stelle an der Brustwirbelsäule hin, an der ich manchmal ein merkwürdiges Kribbeln und Taubheitsgefühl empfinde. Dort sitzt anscheinend noch ein altes Trauma aus einer Zeit, als mir bei einer Folterung das Rückgrat gebrochen wurde. Auch eine Stelle am Kehlkopf macht sich bemerkbar, an der sich gelegentlich eine Art Krampf abspielt, so als ob ich ersticken würde. Das Kribbeln am Vorderkopf verstärkt sich ebenfalls wieder. Ahnungen von alten Verletzungen und Folterungen ziehen flüchtig vorüber.

Siriel fordert mich auf, in einen See aus einer heilenden goldenen Flüssigkeit zu steigen. Aus dem See wird eine flüssige goldene Kugel, die mich jetzt umgibt. Merkwürdigerweise bewege ich mich in dieser Kugel zwischen meinem Garten und dem Abhang hin und her. Am Abhang sinke ich zusammen mit der Kugel in die Erde. Es ist dieselbe Stelle, an der mein Kristall damals in die Erde gesunken ist und Licht ausgestrahlt hat, von dem dann die Mäuse angezogen wurden. Dieses hin und her Rollen scheint eine Energiespur zu erzeugen, der die Mäuse später folgen können. Seltsam! Mein Verstand wundert sich wieder einmal...

Das dunkle Auge

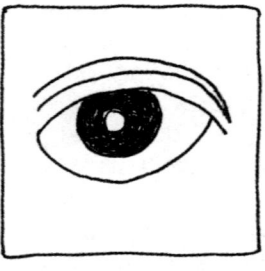 Wild entschlossen, mich mit der dunklen Seite der Macht zu konfrontieren, ziehe ich mich mit den drei Bänden von „Der Herr der Ringe" in den Garten zurück. Ich bin gewappnet, notfalls durch die Hölle zu gehen, um auch die Widerstände gegen Erfahrungen des Machtmissbrauchs loszulassen.

Eine winzige Kröte begrüßt mich, sie hüpft durchs feuchte Gras und bleibt an einem der Wächterbäume auf einem Stein sitzen. Oder ist es ein Frosch? In diesem Jahr haben sich sowohl Frösche als auch Kröten bisher rar gemacht. Ich freue mich über diesen Nachwuchs und betrachte den Sprössling neugierig. Man sieht das kleine Herz durch die zarte Haut hindurch aufgeregt pulsieren. Dann schlüpft das kleine Wesen hinter einen runden Stein, der am Baum lehnt und versteckt sich in dessen Schatten. Es gelingt mir noch ein schönes Foto, dann springt der Winzling in weiten Sätzen davon.

Kein Zweifel, ein Frosch. Kröten sind nicht so sportlich. Laut Angela Kämper steht der Frosch für spirituelle Wandlung, während die Kröte die Wandlung im Alltag repräsentiert. Am Anfang meines Garten-Abenteuers überwogen die Begegnungen mit Kröten. Dass jetzt ein kleines Froschkind mich entzückt, deute ich als ein gutes Omen für die Auseinandersetzung mit dem dunklen Auge.

Ich habe den kleineren abgebrochenen Teil des Kristalls mit in den Garten genommen. Er hat eine interessante Form. Eine dicke Kristallspitze ist kreuzförmig durchwachsen von einem dünneren

Kristall, wie von einem Pfeil durchbohrt. An einer Seite verbindet ein flaches Kristalltäfelchen die Abbruchkante des dicken mit der Spitze des dünnen Kristalls. Dahinter sind noch ein paar kleinere Spitzen. Es ist kein Unterschied, durch welchen Stein ich den Kontakt zu Siriel herstelle. Genau genommen brauche ich den physischen Stein gar nicht dazu, es reicht die Vorstellung davon.

Ich versetze mich innerlich an den Ort, an dem die Lichtgestalten mir gesagt haben, ich solle mich erinnern. Woran soll ich mich erinnern? An welche Zeit oder welches Geschehen? Ich frage: „Wann war ich zuletzt bei euch?" Sie antworten: „Unsere Verbindung ist nie ganz abgerissen, aber du hast sie vergessen. Jetzt ist es Zeit, sich daran zu erinnern." Ich frage weiter: „Was bedeutet diese Verbindung denn konkret? Was ist durch die Erinnerung anders als vorher? Wie, von wem oder womit wurde mein Stein programmiert und wie kann ich ihn gezielt befragen?" Sie sagen: „Du wirst allmählich immer mehr von den Weltzusammenhängen durchschauen lernen. Es wird sich alles entfalten. Es ist gut, Fragen zu haben, aber keine direkte Antwort zu erwarten. Du weißt doch, dass das Wissen-wollen blockiert. Sei einfach offen. Die Weisheit des Kristalls wirkt durch sein Wesen, ohne Worte."

Erstaunlicherweise breitet sich ein ungeheurer Frieden um mich herum aus, eine Leichtigkeit des Seins, die das Dunkle liebevoll annimmt und mit einschließt. Siriel sagt: „Lass die Ausdehnung einfach zu. Vertraue darauf, dass die Blockaden jetzt gelöst sind."

Ich frage: „Was hat es mit der Erlösung dieser dunklen Wesen auf sich? Wartet da noch eine Aufgabe?" Er antwortet ernst: „Ja, aber das sollte dich nicht ängstigen. Du bist stark genug und wirst beschützt. Es kommt alles zur rechten Zeit auf dich zu, die Aufgabe und zugleich die Hilfe, um sie zu lösen."

Ich möchte noch gerne etwas über die Weisheit der steinernen Kröte wissen. Er sagt: „Die Schätze, die die Kröte hütet, können nicht ans Licht, solange die dunkle Seite mächtig ist. Du kannst jetzt in Ruhe daran gehen, dieses Buch zu vollenden. Alles Weitere hat Zeit bis zum nächsten Buch." „Wie?! Soll es etwa noch ein nächstes Buch geben?" frage ich erstaunt.

Er lächelt: „So viele du willst! Es gibt keinen Zwang, kein Muss! Nur was aus Freude und Liebe geboren wird, hat einen wahren Wert."

Nun widme ich mich der Lektüre Tolkiens. Interessanterweise sind große Teile von „Der Herr der Ringe" während der Nazizeit entstanden. Tolkien war als Offizier in den zweiten Weltkrieg involviert und hat die Bedrohung durch die dunkle Seite der Macht intensiv erlebt. Seine Einstellung war, dass wir zwar aus Gott geschaffen sind, aber die Welt unter der Macht des Bösen steht, das unvermittelt in eine friedliche Welt einbrechen und sie bedrohen kann. Nicht durch Kampf mit denselben Mitteln, sondern nur durch Werke des Guten kann daran etwas verändert werden.

Mir werden viele Begebenheiten aus meinem jetzigen und aus früheren Leben klarer durch den Gesichtspunkt, als Träger eines Friedensimpulses Angriffsziel von machtbesessenen Menschen zu sein, die paradoxerweise im Frieden eine Bedrohung sehen.

Wie oft hatte ich mich schon gefragt, wie es möglich ist, als Folge eines vergleichsweise geringfügigen Vergehens eine karmische Verbindung mit Menschen eingegangen zu sein, die der Spirale von Angst und Macht, von Missbrauch und schwarzer Magie anheimgefallen waren, und dadurch in den Sog dieser Kräfte zu geraten, meist als Opfer, aber auch als Täter, da man immer beide Seiten eines Systems erleben muss, um es zu verstehen.

Eines meiner Lieblingsbücher kommt mir in den Sinn, das in märchenhafter Form die Verlockungen der Macht und die schrecklichen Konsequenzen ihres Missbrauchs darstellt: Der Märchenroman „Stein und Flöte" von Hans Bemmann, dessen Hauptfigur Lauscher genannt wird. Ihm fallen auf seinem Weg zwei Dinge zu, die ihm eine unerwartete Macht verleihen: der Stein eines sterbenden Mannes einer angreifenden Horde und die Flöte seines Großvaters, deren Spiel er mühsam lernen muss. Die Macht beider Gegenstände wurde von ihren Vorbesitzern weise und im guten Sinne eingesetzt. Macht ist nicht zwangsläufig etwas Negatives.

Lauscher aber gerät in den Bann und den Sog des Machtrausches und muss leidvoll die schrecklichen Konsequenzen seines Handelns erfahren, bis er schließlich nach schmerzlichen Läuterungsprozessen durch die Liebe eines Mädchens aus den Verstrickungen und seiner Versteinerung befreit wird und an der Erlösung der dunklen Seite mitwirken kann.

Der Teufelskreis von Angst, Macht und Kontrolle kann nur durchbrochen werden durch die Akzeptanz der menschlichen Ohnmacht und des Nichtwissens, die zu einer neuen Art von Stärke und Macht führt, die sanft und still den verkrampften und verhärteten Machtimpulsen der ängstlichen Menschen widersteht und sie aufweicht. Auf der anderen Seite gibt es auch einen positiven Aspekt von Macht, der aus Angst vor Machtmissbrauch leicht übersehen wird. Aus der Angst vor Missbrauch resultiert eine weitere Angst, nämlich die vor der eigenen Größe und Schöpferkraft, von der wir uns ebenfalls wieder mühsam befreien müssen. Ohnmacht und Schwäche zu akzeptieren bedeutet auch, das Menschsein an sich mit all seinen Begrenzungen und dadurch bedingten Lernaufgaben zu lieben. Daraus kann eine neue Stärke erwachsen und auch eine Bejahung der eigenen Größe und Schöpfermacht.

Seit einer guten Woche ist der Sommer eingekehrt, zwar mit kleinen Unterbrechungen, aber immerhin. Die heutigen Temperaturen steuern auf Spitzenwerte dieses Jahres zu. Ich fasse den tollkühnen Plan, mich zum ersten Mal in diesem Sommer in die Ostsee zu stürzen.

Es ist Samstag. Der Strand ist schon um die Mittagszeit hoffnungslos überfüllt. Mein Widerstand gegen Menschenmassen und gegen kaltes Wasser schmilzt in der Hitze dahin. Der Gedanke, dass ich mein heutiges Kraft- und Ausdauertraining durch ein paar kräftige Schwimmzüge ersetzen kann, spornt mich zusätzlich an. Extra aufgestellte mobile DLRG-Stationen überzeugen mich restlos davon, dass diese Unternehmung keine größeren Gefahren birgt.

Tatsächlich, das Wasser ist gar nicht mal so kalt. An dieser Stelle kann man allerdings ziemlich weit in die Bucht hinein laufen, bevor es einem bis zur Brust reicht. Endlich ist es soweit: Ich schwimme! Premiere 2012!

Nach wenigen Minuten wird dieses Vergnügen von der unerwartet glibberigen Begegnung mit einer Qualle unterbrochen. Ich zucke zusammen und strecke reflexartig meine Füße nach unten aus. Man hat dort immer noch Boden unter den Füßen. Ein untrügliches Zeichen, dass es Zeit für den Rückweg ist! Vorerst habe ich genug. Aber da ich dieses Abenteuer ohne größere Blessuren überlebt habe, sollte weiteren Versuchen dieser Art nichts mehr im Wege stehen.

In meinem Gartenhaus herrscht eine vergleichsweise angenehme Kühle, vor allem nachts. Die Anzahl der dort verbrachten Nächte übersteigt in diesem Jahr mit einem guten Dutzend bereits jetzt die Summe der Vorjahre. Diesmal habe ich Felix ein paar nicht mehr ganz ansehnliche Bio-Karotten mitgebracht, in der Hoffnung, dass er diese Gabe zu schätzen weiß und sich den

Bauch nicht mehr mit den Knospen meiner Sonnenhutpflanzen vollschlägt. Die purpurnen hat er restlos geköpft und die gelben teilweise.

Ein altersschwacher Maulwurf irrt verstört umher. Auf seinem Pelz haben sich grün-goldene Fliegen niedergelassen. Er wirkt orientierungslos. Vielleicht ist er dement oder sucht einen Platz für ein würdiges Ende? Oder sucht er nach dem Weg zum Abhang, den die Wühlmäuse offensichtlich nicht finden?

Das Gras wächst in atemberaubender Geschwindigkeit. Man kann es buchstäblich wachsen hören und sehen. Schneller als erwartet steht daher die Bewährungsprobe für meine Freundschaft mit dem Rasenmäher bevor. Mein bisheriges Krafttraining entspricht beileibe nicht den Anforderungen von Profi-Sportlern. Ehrlich gesagt, bringe ich es alles in allem auf weniger als eine halbe Stunde seit dem Beginn vor einer knappen Woche. Das reicht jedoch, um mich mächtig stolz zu fühlen und voller Übermut den Rasenmäher aus dem Schuppen zu wuchten.

„Na, Freundchen," sage ich beschwingt und lasse meine Muskeln spielen. Dann erzähle ich ihm ausgiebig von meinem Training. Er zeigt sich völlig unbeeindruckt und fordert Beweise. Okay, antworte ich, und ziehe. Hurra! Schon beim zweiten Ruck springt er an. Ich überschütte ihn mit Lob. Mich selbst natürlich ebenfalls, auch wenn es stinkt, egal! Die Bewährungsprobe ist bestanden!

Meine anderen Freunde, die Wühlmäuse, haben dagegen meine Warnungen ignoriert und weiterhin ihre kunstvollen Gänge ungeniert in meinen Rasen gebaut. Selber schuld! Auf so viel Dummheit kann ich bei aller Freundschaft nun wirklich keine Rücksicht nehmen! Die sollen ruhig merken, dass meine Warnungen berechtigt sind. Es ist hier wirklich nicht sicher für euch, liebe Freunde!

Bei den detailreichen Schilderungen meines Nachbarn über die Wirkungen seines Giftes sträuben sich mir die Nackenhaare. „Das zersetzt ihnen innerlich die Organe," verriet er mir gestern. Ich machte keinen Hehl daraus, dass ich solche Grausamkeiten nicht gutheiße und dass ich es widerlich finde, die Opfer auf meinem Rasen zu entdecken. Gestern lag eine verwesende Mausleiche in einem Blumenbeet, die Maden taten sich schon gütlich daran und heute fand ich eine ertrunkene Wühlmaus in einem meiner Wasserbehälter. Hier lässt sich die Täterschaft des Nachbarn nicht zweifelsfrei nachweisen. Aber all das zeigt, dass es am Abhang sicherer ist als hier. Hoffentlich begreift das wenigstens die nächste Generation!

Der fette Maulwurf legt ein merkwürdiges Verhalten an den Tag: Immer wieder kommt er aus dem Gebüsch auf den Rasen gekrabbelt und fängt an, seine Schnauze in die Erde zu bohren und ein Loch zu graben. Soweit stufe ich das noch als Maulwurftypisches Verhalten ein, aber ich dachte immer, dass aus den Löchern im weiteren Verlauf Gänge und Höhlen werden, in denen sich genügend Nahrung findet, um satt zu werden. Dieser hier gräbt aber nicht weiter, sondern begnügt sich damit, wenn er einen Regenwurm oder sonst etwas Essbares gefunden hat, seine Mahlzeit zu halten und dann das nächste Loch zu buddeln, so dass mein Rasen nicht nur Wühlmausgänge, sondern zunehmend kreisrunde Löcher aufweist. Ich schreite entschieden ein und rufe: „Hier nicht!" Er scheint nicht nur blind, sondern auch taub zu sein. Es dauert jedenfalls ziemlich lange, bevor er sich ungeschickt davon macht.

Seltsam ist auch, dass ich bisher keine Maulwurfshügel entdeckt habe.

Schon taucht der Vielfraß wieder auf, er lässt sich nicht so leicht aus der Ruhe bringen. Nachdem ich ihn dreimal in die Flucht geschlagen habe, ersinne ich eine neue Strategie: Ich lege mir zwei Plastikeimer zurecht und beschließe, ihn einzufangen, was bei seiner Langsamkeit ein Kinderspiel sein dürfte.

Da ist er schon wieder und beginnt ein Loch zu bohren. Blitz-schnell bin ich zur Stelle, treibe ihn in den einen Eimer hinein und decke ihn mit dem anderen zu. „So, mein Lieber," rede ich ihm beruhigend zu, „jetzt geht es zum Abhang, wo du viele fette Würmer finden wirst." Er antwortet mit einem leichten Kratzen an der Eimer-Wand. Am Abhang angekommen, krabbelt er aus dem Eimer und fängt gleich wieder an zu buddeln, als ob nichts gewesen wäre. Ich wünsche ihm noch ein gutes Eingewöhnen in seinem neuen Reich und kehre beruhigt zurück, in der Ge-wissheit, dass es mir gelungen ist, ihn dauerhaft umzusiedeln.

Als ich eine gute Stunde später den Garten verlasse, sehe ich zu meinem großen Erstaunen meinen Freund Maulwurf mitten auf dem Weg sitzen und ein Loch graben. Was? Wieder hier? Heimweh gehabt? Ist es überhaupt derselbe? Oder seine Frau? Sein jüngerer Bruder? Er sieht etwas kleiner aus, aber ganz sicher bin ich mir da nicht. Jedenfalls fange ich auch dieses Exemplar nach der bewährten Methode und setze es ebenfalls am Ab-hang aus. Dort entdecke ich neue Löcher und Gänge, die ich dem Werk seines Vorgängers zuordne. So viel Fleiß in nur einer Stunde! Auch der zweite Freund beginnt sofort mit der Arbeit. Nach kurzer Zeit ist er in einem Loch verschwunden.

Am nächsten Tag entdecke ich einen frischen Maulwurfshügel. Nanu? Ein weiterer Familienangehöriger? Immerhin anscheinend einer, der noch weiß, was einen echten Maulwurf ausmacht. „He da," rufe ich in ein nahe gelegenes Loch hinein, „deine Verwandtschaft befindet sich im Exil, wo es viele fette Würmer gibt. Wenn du möchtest, bringe ich dich auch dorthin." Es rührt sich nichts. Da Maulwürfe bekanntlich Einzelgänger sind, hat er vielleicht gar kein Interesse an Familienzusammenführung, sondern ist im Gegenteil sogar froh, dass er die lästige Konkur-renz los geworden ist?

Sonne und Wasser

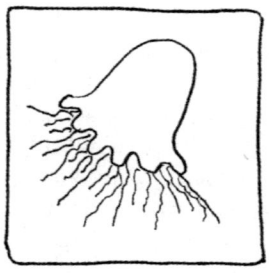

Sonntag. Den Wettervorhersagen zufolge soll heute der heißeste Tag dieses Sommers werden. An solchen Tagen bin ich besonders froh, an der Küste zu leben, denn da gelten im wahrsten Sinne des Wortes mildernde Umstände. Im Sommer wird es nicht ganz so heiß und im Winter nicht ganz so kalt wie im Rest der Republik. Das Wasser gleicht aus und der Wind sorgt für Erfrischung. Uns drohen heute also nur dreißig statt vierzig Grad.

In aller Frühe breche ich auf, um am Strand ein freies Plätzchen zu ergattern. Meine gestrigen Schwimmversuche haben mich angespornt, weitere Heldentaten zu vollbringen. Menschenmassen, kaltes Wasser und glibberige Quallen können mir nichts mehr anhaben! Nur noch die Hitze könnte mich in die Flucht treiben.

Noch ist es angenehm warm. Ein paar leichte Wölkchen spenden ab und zu Schatten. Nur wenige Menschen sind um diese Zeit schon am Strand, die meisten mit Hunden und kaum einer im Wasser. Wagemutig starte ich einen ersten Versuch und wate ins Wasser. Es kommt mir gar nicht mal so kalt vor. Fürs erste begnüge ich mich jedoch, bis zu den Oberschenkeln hinein zu gehen, damit noch eine Steigerung und entsprechende Erfolgserlebnisse möglich sind. Ein Sonnenbad ist auch nicht zu verachten. Ich mache es mir bequem.

Zu meiner Überraschung ziehen dickere Wolken auf und es fallen sogar ein paar Regentropfen. Das interpretiere ich als eine eindeutige Aufforderung, mich wieder ins Wasser zu begeben.

Der Temperaturunterschied zur Luft erscheint mir nur noch minimal. Diesmal schwimme ich mindestens doppelt so lange wie gestern und überstehe unbeschadet die Begegnung mit zwei Quallen. Eine Steigerung um hundert Prozent!

Die Wolke ist vorbeigezogen, es wird wieder warm. Die mobile DLRG-Station öffnet, der Strand bevölkert sich, das Wasser ebenso. Die Sonne brennt inzwischen auf der Haut, ich döse in lethargischem Dämmerzustand dahin. Eigentlich wäre eine Abkühlung jetzt gut, aber ich kann mich nicht aufraffen. Selbst Gedanken an einen drohenden Sonnenbrand können mich nicht vom Fleck bewegen. Ich drehe mich nur träge um, wie ein Brathähnchen.

Endlich gebe ich mir den entscheidenden Ruck: Ab ins kühle Nass! Diesmal bin ich schnell drin und genieße es sogar. Die Wasseroberfläche hat sich angenehm erwärmt. Ich beschließe, bis zur dritten Quallen-Begegnung zu schwimmen. Irgendeinen Maßstab für meine kontinuierliche Leistungssteigerung muss es schließlich geben. Dann reicht es! Bevor ich wieder in den Brathähnchen-Modus verfalle, packe ich meine Sachen und bewege mich den andrängenden Menschenmassen entgegen nach Hause und später in den schattigen Garten.

Hier ist es gut auszuhalten. Es kommt mir wie ein Paradies vor. Die Sonne glitzert auf dem Wasserspiegel des Noors, eine Schwanenfamilie gleitet darüber hin. Ein Zaunkönig badet genüsslich in meiner Vogeltränke und wieder hüpft ein kleines Froschkind an mir vorbei, noch winziger als das erste. Den größeren Bruder treffe ich etwas später auf dem Rand meines Gartenteiches an, wo er sich genüsslich sonnt. Ich bemerke, dass einige meiner Bio-Karotten angeknabbert sind. Ein Zeichen, dass sie Felix schmecken, denke ich. Eine Geschichte aus ferner Vergangenheit kommt mir in Erinnerung:

Es war zu der Zeit, als ich noch in der naiven Überzeugung verharrte, dass meine Söhne – damals beide im Kindergartenalter – an den Osterhasen glaubten. Sie kannten das jährliche Ritual der Eiersuche. Diesmal fand ich, wir sollten dem Osterhasen etwas zum fressen hinlegen, zum Beispiel einige Karotten. Um die Kinder nicht zu enttäuschen, sondern sie zu überzeugen, dass der Osterhase die Gabe angenommen hatte, knabberte ich die Karotten ein bisschen an, bevor die Kinder am nächsten Morgen aufstanden. Der Vierjährige begutachtete prüfend die Futterstelle. Dann grinste er mich an und fragte: „Na, haben sie geschmeckt, die Karotten?" Der Fünfjährige schaute seinen Bruder tadelnd an. Er war so rücksichtsvoll, solche Spiele mitzuspielen, um seinen Eltern nicht den Spaß zu verderben. Für die würde doch die Welt zusammenbrechen, wenn sie merken, dass ihre Kinder nicht mehr an den Osterhasen glauben!

Felix lässt sich durch die Karotten-Fütterung jedoch nicht daran hindern, weiterhin meine Blumen zu köpfen. Soeben sehe ich ihn, wie er sich hoch aufgerichtet an den Ringelblumen vergeht. Der verwöhnte Feinschmecker! Er ist nach wie vor sehr scheu, aber manchmal sitzt er unbeweglich wie eine Statue auf dem Rasen. Dann versuche ich mich mit der Kamera heranzupirschen, aber bisher ist mir kein scharfes Foto gelungen. Abends mit Blitzlicht sieht man dann nur seine Augen wie helle Sterne.

Den frühen Morgen nutze ich für einige anstehende Arbeiten, bevor es wieder zu heiß wird. Jäten, jäten und nochmal jäten. Ich frage mich, ob heute nicht ideale Wetterbedingungen herrschen, um der Hütte einen frischen Anstrich zu verpassen. Bei Hitze und leichtem Wind würde es schnell trocknen. Das letzte Mal, als mich ein Kind bei dieser Arbeit beobachtete, fragte es mich: „Na, streichelst du dein Häuschen?" Für heute entscheide ich mich aber, meinem neuen Hobby, dem Schwimmen, Vorrang zu geben, bevor die angekündigten Unwetter es wieder unmöglich machen. Das Häuschen kann auch im Herbst noch gestreichelt werden.

Später am Strand: „Igitt! Eine Qualle!" schreit eine Frau hysterisch. „Da noch eine! Und noch eine!" Unter Einheimischen gilt es als Geheimtipp, dass es am etwas weiter entfernten Südstrand fast nie Quallen gibt, denn da herrschen andere Strömungsverhältnisse. Aber das verrate ich den Touristen nur selten. Ich selbst will heute auch lieber hier bleiben, weil mir sonst der Maßstab für meine Leistungssteigerung fehlt. Vier Quallen-Begegnungen sind heute angesagt! Nachdem die zweite Qualle mich gestreift hat, bleiben jedoch weitere Unterwasser-Begegnungen aus. Ich schwimme und schwimme, aber keine Qualle bestätigt mir, wie gut ich heute in Form bin. Erschöpft und frustriert begebe ich mich ans Ufer. Da haben sich Leute an meinen Sachen zu schaffen gemacht, weil sie den daneben stehenden Strandkorb beziehen wollen. Ich rutsche freundlich zur Seite, aber das hindert Oma, Mutter und zwei Kleinkinder nicht daran, sich rings um mich herum auszubreiten. Es wird voll, unruhig und immer heißer. Noch einmal ins Wasser und dann nach Hause! Obwohl mir bei diesem letzten Schwimmversuch keine einzige Qualle begegnet, ist ein Rekord erreicht: An drei aufeinander folgenden Tagen in der Ostsee, ohne Widerstand gegen Menschenmassen, kaltes Wasser und Quallen!

Etwas später kam ich beim Eisessen zufällig mit einem älteren Ehepaar ins Gespräch. Ich sage „zufällig", obwohl gerade dieses Gespräch davon handelte, dass es keine Zufälle gibt, und dass wir uns sicher auch nicht zufällig hier in diesem Moment getroffen haben. Sie fragten mich nach einer Weile, wie ich denn in Eckernförde eine Wohnung gefunden hätte, sie seien nämlich gerade auf der Suche, und die sei ganz schön schwierig. „Bestellung beim Universum," sagte ich lapidar, und fügte nach einer Weile hinzu: „Das war eigentlich ein Wunder, denn der Vormieter war plötzlich Heiligabend an einem Herzinfarkt gestorben, gerade an dem Tag, an dem mein Sohn angekündigt hatte, dass er nach Hamburg ziehen will und ich daraufhin beschlossen hatte, mir auch eine passendere Wohnung zu suchen. Sonst gab es rein gar nichts auf dem Markt. Das noch größere Wunder war, dass mein Sohn ebenfalls innerhalb von drei Wochen eine Wohnung in Hamburg fand, was nach menschlichem Ermessen noch viel unmöglicher war."

„So ein Wunder brauchen wir auch," seufzte die Frau, „anders geht es ja wohl nicht, als dass der Himmel da mitspielt." Während ich meine Geschichte erzählte, gesellte sich eine weitere Dame hinzu, die ebenfalls auf Wohnungssuche war und aufmerksam gelauscht hatte. Sie war über eine kürzlich erhaltene Absage eines Vermieters ganz unglücklich, obwohl sie die Philosophie vertrat, dass es mehr zwischen Himmel und Erde gibt, als wir uns ausdenken können und wir letztendlich doch immer am richtigen Platz landen. „Die Buddhisten behaupten ja, dass der Sinn des Lebens darin besteht, das Loslassen zu lernen." sagte sie. „Wenn etwas nicht klappt, dann hat das seinen Sinn, dann soll es nicht sein, aber dann kommt garantiert etwas Besseres. Man bekommt immer das, was man braucht."

Die andere Dame fragte: „Sind Sie denn Buddhistin?" „Nein," erwiderte die erste, „aber ich suche mir von allen Religionen das aus, was mir am besten entspricht." „Das sind ja Weltgesetze, die nicht an eine bestimmte Religion gebunden sind." warf ich ein. Alle nickten zustimmend. Wir erzählten uns gegenseitig unsere Geschichten, die von wunderbaren Fügungen im Alltag handelten, wie beim Finden von Wohnungen, Arbeitsstellen, Freundschaften und Partnerschaften der Himmel mitgewirkt haben muss. Erstaunlich, dass solche Gespräche mit wildfremden Menschen möglich sind, dachte ich, aber wie gesagt: es gibt wohl keinen Zufall

Bestellungen und Reklamationen

Vor einigen Jahren kamen Bücher in Mode mit Titeln wie „Bestellungen beim Universum" oder „Reklamationen beim Universum" und ähnlichen Botschaften. Sie handeln vom geistigen Gesetz der Schöpfung durch Gedanken und Worte, die mit intensiven Gefühlen und Wünschen verbunden sind. Ob und wie schnell sich ein solcher Wunsch manifestiert, hängt von der Reinheit der Absichten ab. Man kann auf diese Weise nichts erzwingen, was nicht den realen Möglichkeiten und Notwendigkeiten entspricht. Wenn man es dennoch versucht, sind die Konsequenzen häufig ein hoher Preis, den man zu zahlen hat. Eine höhere Weisheit sorgt meist dafür, dass sich dumme oder egoistische Wünsche nicht erfüllen, wenn sie zum Schaden des Wünschenden wären. Aber nicht alles kann verhindert werden. Der Mensch ist auch Schöpfer seiner Realität, wenn er sich dessen nicht bewusst ist. Es gibt Märchen, in denen der dritte Wunsch, den die gute Fee jemandem zugestanden hat, dazu benutzt werden musste, die beiden ersten in Dummheit ausgesprochenen Wünsche wieder rückgängig zu machen. Wir tun gut daran, uns klar zu machen, dass wir durch Worte, Gedanken und Gefühle unser zukünftiges Schicksal erschaffen. Durch unbedachte Wünsche, Gedanken und Worte kann viel Unheil angerichtet werden, was dann wieder ausgebadet werden muss.

In der Buchreihe „Die klingenden Zedern Russlands" von Wladimir Megre wird über die sibirische Einsiedlerin Anastasia berichtet, die immer wieder auf die menschliche Schöpferkraft durch Gedanken und Worte hinweist. Als sie gefragt wird, warum sich denn nicht alles verwirklicht, wovon die Menschen reden, antwortet sie: „Wenn die Verbindung zwischen der Seele und dem Wort gestört ist, wenn die Seele leer und die Gestalt blass ist, dann sind die Worte leer wie ein chaotischer Klang. Dann kündigen sie nichts an." Um ein Beispiel gebeten, führt sie die gestaltete und mit seelischem Inhalt gefüllte Sprache von Schauspielern an, die das Publikum berühren und ergreifen kann. Wenn derselbe Text dagegen von ungeschulten Menschen gesprochen wird, kann es sein, dass er nichts auslöst, weil die Seelen der Anwesenden nicht angesprochen werden. Sie sagt: „Wenn ein Schauspieler bei zehn Prozent der gesprochenen Worte deren unsichtbare Gestalten wiederzugeben versteht, wird ihm das Publikum aufmerksam zuhören. Und wenn einem Schauspieler das bei der Hälfte der Worte gelingt, nennt man ihn schon ein Genie." Von sich selbst behauptet sie, nicht nur jedem Wort eine Gestalt verleihen zu können, sondern sogar hinter jedem Buchstaben eine Gestalt zu erschaffen.

Mit Menschen wie Nostradamus geht sie hart ins Gericht: Alle Katastrophen, die er prophezeit habe, seien von ihm selbst erschaffen, nicht wie behauptet vorhergesehen worden. Alle Ängste, Sorgen und Katastrophenszenarien tragen das Potenzial der sich selbst erfüllenden Prophezeiung in sich. Anastasia betont immer wieder, dass es auf die Reinheit der Absichten ankommt, um den Worten Kraft zu verleihen. Sie hat viele Menschen in Russland, aber auch in anderen Ländern, inspiriert, sich ihrer menschlichen Schöpferkraft bewusst zu werden und ihr Leben in Einklang mit der Schöpfung, der Natur, Pflanzen und Tieren zu bringen. Meine Entscheidung, einen Garten zu pachten, ist nicht zuletzt durch diese Bücher inspiriert worden.

Was heißt nun Reinheit der Absichten? Ich denke, dass Selbstlosigkeit und Liebe entscheidende Faktoren sind, aber auch Klarheit, Entschiedenheit und Sicherheit. Zweifel oder Unglauben verhindern die Manifestation des Gewünschten, selbst ungenaue Formulierungen bewirken Miss-Schöpfungen, denn der Kosmos spiegelt genau das, was ausgesprochen wurde. Wenn ich also sagen würde: „Ich suche eine Wohnung," dann manifestiert sich genau dieser Zustand, dass ich auf Wohnungssuche bin, und das kann dann ziemlich lange dauern. Ich formulierte also damals: „Die Wohnung, die mich liebt, findet mich." Wir fanden uns innerhalb von zwei Wochen, und wir lieben uns immer noch!

Auf diese Weise habe ich die meisten meiner früheren Arbeitsstellen und Wohnungen gefunden, auch schon bevor es solche Bücher gab. Erst fokussieren, dann loslassen, ist die goldene Regel. Solange man die Regel nicht kennt, ist es einfach. Denn sobald man weiß, dass es aufs Loslassen ankommt, besteht die Gefahr, dass genau das nicht gelingt. Häufig erfüllen sich die Wünsche dann, wenn man gar nicht mehr damit rechnet, ja, vielleicht sogar, wenn sie gar nicht mehr im Bewusstsein sind, manchmal sogar erst in einem nächsten Leben oder völlig unerwartet und unpassend. Wann der richtige Zeitpunkt für die Erfüllung ist, gehört zu den Geheimnissen, die dem Verstand nicht unbedingt zugänglich sind.

Bei einer meiner „Bestellungen", die ich vor einigen Jahren aufgab, erfuhr ich interessante Korrekturen:

Ich hatte bereits seit einiger Zeit mit großer Begeisterung die russische Sprache erlernt, als ich auf die Idee kam, meine neu erworbenen Kenntnisse praktisch anzuwenden. Es leben genug russisch sprechende Menschen hier in der Gegend, da brauche ich gar nicht erst weit zu reisen, dachte ich. Ich überlegte, wie ich die „Bestellung" formulieren sollte. Aus irgendeinem Grund war ich damals der Meinung, es sei leichter, mit Kindern zu üben, die hätten noch nicht so einen großen Wortschatz, verstünden schneller, was man sagen will und seien nachsichtiger bei Fehlern – ein großer Irrtum, wie sich später herausstellte. Am einfachsten wäre es – so dachte ich – ein russische Familie kennenzulernen und bei deren Unterhaltungen erst einmal zuzuhören. Also schrieb ich auf meinen Wunschzettel: Kontakt zu einer russischen Familie.

Ein paar Tage später fügte es sich, dass ich auf dem Weg zum Garten an einer Gruppe von Menschen vorbei kam, die sich auf russisch unterhielten. Ich gesellte mich schweigend dazu und lauschte entzückt den geliebten Klängen. Es waren viele ältere Menschen dort, aber auch eine junge Frau mit zwei Kleinkindern. Meine Bestellung fiel mir ein. Ich wurde sehr aufgeregt und dachte: Es reicht wohl nicht, etwas zu bestellen, wenn ich nicht auch meinen Teil dazu beitrage, um die Bestellung abzuholen. Nun ist es an mir, mich zu trauen und den Kontakt herzustellen. Meine Verlegenheit und meine Sprachhemmung erwiesen sich als großes Hindernis, aber es gelang mir schließlich doch, die junge Mutter anzusprechen und mein Interesse an einem Kontakt zu bekunden. Sie reagierte verwirrt, nahm zwar freundlich meine Visitenkarte entgegen, aber ich wartete vergeblich auf einen Anruf von ihr. Als ich sie ein paar Tage später noch einmal sah, wich sie mir aus. Eigentlich war ich erleichtert darüber, denn diese Frau war mir nicht wirklich sympathisch, die Kinder waren noch zu klein zum Sprechen und meine Russischkenntnisse noch nicht groß genug.

Die Erfahrung, dass meine Bestellung so prompt beantwortet worden war, ermutigte mich jedoch, den zweiten Versuch präziser zu formulieren. Mir kam die Idee, dass ich einem größeren Kind vielleicht Klavierunterricht im Tausch gegen Russischunterricht anbieten könnte. Ich schrieb also: Bitte um einen Kontakt zu einem zehnjährigen russischen Mädchen, sie soll musikalisch begabt sein und Klavier spielen wollen und am besten Anastasia heißen. Wenn das nicht präzise ist! Ich staunte nicht schlecht, als wenige Tage später bei mir das Telefon klingelte und eine Frau mit russischem Akzent ihre Tochter Anastasia bei mir zur Therapie anmelden wollte. Das Mädchen spielte bereits Klavier, so dass wir später tatsächlich mit Vergnügen vierhändig spielten, auch wenn sie keinen Unterricht bei mir nahm. Ansonsten entsprach sie genau meinen Vorstellungen, ein prächtiges Kind!

Mutter und Tochter waren reizend und halfen mir mit kleinen Versen, Sprüchen und einfacher Konversation, meine Sprachkenntnisse und Aussprache zu verbessern. Der Haken bei der Geschichte war, dass sie mir schon bei der Anmeldung mitteilten, dass sie in wenigen Wochen von hier wegziehen würden. Es war also erforderlich, mir eine neue Bestellung auszudenken.

Dieses Mal war ich nicht mehr unbedingt auf Kinder fixiert. Mir war eingefallen, dass ich bei einem früheren Versuch, die russische Sprache zu lernen, einige russische Lieder gelernt hatte, von denen ich noch die Noten besaß und die ich gerne noch einmal singen wollte. Kurz vor ihrem Umzug sagte die Mutter von Anastasia zu mir, dass sie eine Freundin hätte, ebenfalls Russin, mit vier Töchtern, die mir gerne helfen wollte.

Als wir uns endlich kennenlernten, war es sofort klar, dass diesmal die Bestellung perfekt funktioniert hatte. Diese Freundin war in der Situation, dass sie gerne Noten lesen und singen lernen wollte, was genau die erwünschte Tauschkombination ergab. Innerhalb weniger Tage fanden sich weitere russische und deutsche Sänger ein, so dass wir in Kürze eine nette Gruppe beisammen hatten. Wir verstanden uns prächtig. Schon bald ergab sich ein kleiner Auftritt in einem Raum, in dem es kein Klavier gab. Ohne Instrument waren wir uns noch nicht sicher genug, so dass ich fieberhaft überlegte, wo ich auf die Schnelle ein Keyboard herkriegen könnte. Auch diese Bestellung wurde prompt erledigt. Der Trödler um die Ecke hatte gerade ein Keyboard zu einem Spottpreis zu verkaufen. Dieses Keyboard befindet sich jetzt in meinem Gartenhaus, denn wir haben auch anlässlich einiger Gartenfeste dort gesungen. In wechselnder Zusammensetzung besteht diese Singgruppe nun schon seit vielen Jahren und bereitet mir immer noch viel Freude.

Was die „Bestellungen" angeht, so habe ich seit dieser Geschichte einiges gelernt. Zum einen spielen sich solche Vorgänge beständig im Leben ab, auch wenn man sie nicht „Bestellungen" nennt. Zum anderen stellte sich mir die Frage, ob nicht vieles von unseren Wünschen Vorahnungen von kommenden Ereignissen sind. Die Geschichte mit dem Mädchen Anastasia war zumindest äußerst merkwürdig, denn sie traf genau gemäß meinem Wunsch ein, bis hin zu dem Namen des Kindes. Und die russische Sing-Freundin schaute mich völlig überrascht an, als ich ihr die Geschichte unseres Kennenlernens aus meiner Sicht erzählte. Sie war sich sicher gewesen, dass sie diejenige war, die unser Zusammentreffen durch ihren Wunsch bewirkt hat.

Später habe ich in einem meiner Seminare eine Abwandlung der schon erwähnten Bewegungsübung (zur Transformation negativer Emotionen) entwickelt, die sich gut eignet, um Wünsche und Ziele zu fokussieren, um dann durch mehrmaliges Loslassen, Wahrnehmen und Prüfen eventuelle Fehleinschätzungen und Illusionen zu erkennen und zu korrigieren. So wie sich bei meinen ersten beiden Anläufen mit der russischen Familie herausstellte, dass ich selber noch gar nicht genau wusste, was ich eigentlich will und demzufolge auch der Zeitpunkt noch verfrüht war, so zeigt sich bei dieser Übung oft, was noch fehlt, um für die Erfüllung eines Wunsches reif zu sein. Es bedeutet manchmal viel Arbeit an sich selbst, um ein Ziel zu erreichen. Das was noch nötig ist, wird an der eigenen Bewegung und Haltung deutlich gespürt. Die Weisheit, überhaupt keine Wünsche mehr zu haben, kann ebenfalls ein Ziel sein, das mit dieser Übung fokussiert und erreicht werden kann.

Ich bin überzeugt davon, dass das Leben alles, was geschieht, zu seinem Vorteil auslegt und anpasst, so dass wir es immer als perfekte Fügung ansehen können, auch wenn ein Ereignis zur unpassenden Zeit eintritt. Ob wir das können, ist natürlich auch eine Frage der Einstellung. Es gibt Menschen, die darauf aus sind, alles was geschieht, als Unglück oder Katastrophe zu werten. Solche Katastrophen-Süchtigen ernten dann auch entsprechende Lieferungen gemäß ihren unbewussten Erwartungen. Wenn wir dagegen bereit sind, vom Leben zu lernen, kann unser Bewusstsein selbst ungünstigen oder sinnlos erscheinenden Ereignissen einen positiven Sinn verleihen, es kann Schwächen in Stärken verwandeln und Irrwege zu reicherer Erfahrung und Reifung nutzen. In dem erwähnten Buch „Stein und Flöte" heißt es: „Wenn einer in die Irre geht, heißt das noch lange nicht, dass er auf dem falschen Weg ist."

Wunscherfüllung ist also eine Willensschulung. Die Seele lernt, was sie im Grunde will oder nicht will, sondern nur zu wollen meint. Sie erfährt, dass Wollen geübt sein will und dass es möglichst klar und differenziert zu sein hat, damit es zu einem passenden Ergebnis führt. Dadurch lernt sie, ihre Freiheit zu handhaben.

Die Weisheit der Kröte

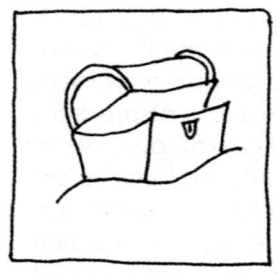

Mein Kristall bleibt seit einigen Tagen stumm. Ich war mit vielen äußeren Dingen beschäftigt und bin ihm instinktiv aus dem Weg gegangen. Nun ist es wieder so wie früher, dass ich mich getrennt von seinem Wesen fühle und nicht richtig mit ihm in Kontakt treten kann. Dabei beschleicht mich eine dunkle Ahnung, dass er noch eine wesentliche Botschaft für mich birgt, deren Enthüllung ich aber nicht forcieren kann. Er schweigt einfach. Kein Wunder, ich habe mich selbst wieder verschlossen, aus Angst vor weiteren Grenzerlebnissen, die ich vielleicht nicht bewältigen kann. Die Stelle in der Mitte der Brustwirbelsäule fühlt sich wieder taub an, so als ob das Herzchakra hinten eingeschnürt und von seiner ursprünglichen kosmischen Verbindung abgeschnitten ist. Es schnürt mir die Kehle zu, als ob sich Tränen lösen wollten, aber es fließt nichts, ich bin wie im Krampf erstarrt.

Nun nehme ich hinter mir eine Gestalt wahr, die meinen Rücken berührt und behandelt. Ich soll Geduld haben, wird mir vermittelt. Ich spüre die Hand dieser Gestalt auf der tauben Stelle und fühle, wie Verhärtungen schmelzen und Entspannung eintritt. Aber ich nehme auch wieder Widerstände in mir wahr, ich will es nicht vollständig zulassen, wehre mich innerlich, weil ich befürchte, es nicht auszuhalten, wenn es unerträglich schön wird. Es ist seltsam, diese Angst vor Schönheit, vor Größe und Liebe wahrzunehmen. Ist es die Angst, mich zu verlieren, wenn ich mit allem Sein verschmelze? Ist es Siriel, der jetzt spricht? Er sagt: „Erwarte keine Informationen. Lasse einfach Liebe zu. Es braucht Zeit, diese Intensität aushalten zu lernen." Ich werde von Gefühlen überwältigt, von Verbundenheit, Fremdartigkeit und erfahrener Weisheit, die über alles bisher Erlebte weit hinaus geht.

Ich frage noch einmal nach der Weisheit der steinernen Kröte. Sie zeigt sich diesmal als etwas kleinere lebendige Lichtgestalt, in Menschengröße und aufrecht gehend. Sie geht mit mir im Sonnenschein spazieren. Dabei zeigt sie in die umgebende Natur und sagt: „Schau! Meine Weisheit ist offenbar, sie ist kein verborgenes Geheimnis, aber ihr Menschen seht einfach nicht, was offensichtlich ist. Ihr seht, ohne zu sehen und hört, ohne zu hören. Ihr könntet euch durch eine Änderung in eurer Konstitution neue Energiequellen erschließen, aber für diese Veränderung seid ihr selbst verantwortlich."

Dann macht sie eine Bewegung, als ob sie einen Schleier von meinen Augen wegziehen würde. Ich sehe die vorige Landschaft, aber erfüllt von einer Unzahl von Wesen, die in der Natur ihre Arbeit verrichten, indem sie Stoffe verdichten, gestalten und auflösen. Die hierfür benötigte Energie fließt ihnen aus dem Kosmos zu. Mir scheint, dass ihre Tätigkeit auch Energie erzeugt, die nicht unmittelbar in ihre Gestaltungen einfließt, sondern ihnen selbst und der Umgebung zukommt.

Nun vermittelt mir die Kröte, dass die wahren Schätze in unserem Inneren liegen, dort wollen sie erkannt, gehoben und geläutert werden. Solange wir Menschen unser Ideal nicht darin sehen, füreinander zu sorgen und miteinander zu teilen, solange macht uns der Austausch auf der materiellen Überlebensebene voneinander abhängig.

„Eure inneren Juwelen und Schätze sind nicht dazu da, sie Anderen gedankenlos zu überlassen, sondern selber mit ihnen zu kreieren und zu schöpfen. Von dem Moment an, wo ihr dem spirituellen Gold und Silber mehr Wert beimesst als dem materiellen Geld, werden die Unterschiede zwischen Arm und Reich abnehmen und das Bedürfnis, schöpferisch zu sein, *wachsen. Das Wichtigste ist Großzügigkeit gegenüber dem Leben, der Schöpfungsprozess und das Teilen und Sorgen füreinander. Dann wird sich das Gefühl in eurem Emotional-Körper ändern und eure erwachten seelischen Kräfte werden feinstoffliche Energieressourcen anziehen, die dann die bisher gewohnten irdischen Energieträger ersetzen werden.*

Denke an die vielen Märchen, in denen von drei Brüdern die beiden älteren klug sind und sich nicht auf ihrem zielgerichteten Weg stören lassen wollen. Der dritte dagegen, der Dummling, ist bereit zu helfen, zu teilen und zu fragen. Er hilft den Tieren, die in Not geraten sind, oder teilt mit dem Zwerg, der ihm begegnet, sein kärgliches Mahl. Er gelangt ohne Mühe ans Ziel, indem ihm von seinen Freunden Hilfe zuteil wird. Die Gescheiten, die es so eilig hatten, niemandem helfen und alles besser wissen wollten, gerieten in eine Sackgasse und blieben stecken."

Ist es Zufall oder nicht, dass ich soeben einen Anruf von Heidemarie Schwermer erhielt, die ich im Mai 2007 für mein Buch „Das Geheimnis der Goldmarie" interviewt hatte? Sie lebte damals schon seit zwölf Jahren ohne Geld, um ihre Idee der Tauschringe noch konsequenter umzusetzen. Die Tauschringe sieht sie selber als eine Vorstufe zum Teilen an, da „im Tauschen noch der Gedanke steckt, etwas Gleichwertiges für das Gegebene zurück zu erwarten. Teilen dagegen ist vollkommen bedingungslos und aus dem Gefühl der Fülle geboren." Ob eine solch extreme Entscheidung, ganz auf das doch praktische Tauschmittel Geld zu verzichten, notwendig ist, um zu Erfahrungen des Tauschens und Teilens zu kommen, darüber lässt sich streiten. Ich möchte den Anruf jedoch zum Anlass nehmen, über ein Erlebnis zu diesem Thema zu berichten:

Im Herbst 2008 nahm ich in Stuttgart an einem Vortrags- und Erlebnisabend mit Heidemarie teil. Es sollte eine gemeinsame Suche nach alternativen Formen des Miteinanders werden. Entsprechend war schon im Programm der Hinweis abgedruckt:

Eintritt im Sinne von „Gib und Nimm". Dem Vortrag und Gespräch folgte ein Experiment, bei dem es unsere Aufgabe war, die eigenen Reaktionen zu beobachten und uns bewusst zu werden, wie unser gewohnter Umgang mit Geld unser Denken und Verhalten beeinflusst. Es wurden mehrere Körbe herum gereicht, in die jeder etwas hineinlegen konnte, was er anstelle eines Eintrittspreises verschenken wollte. Statt einer materiellen Sache war es auch möglich, einen Zettel mit einem Dienstleistungsangebot hinein zu legen, jeder nach seinen Fähigkeiten. In der Pause konnte man dann aus dem Angebot in den Körben etwas auswählen, was man für sich gebrauchen konnte. Was für Erlebnisse stellen sich dabei ein? Wie anders ist es, als wenn man Eintritt bezahlt hätte?

Einige Leute sagten spontan, dass sie es sich gar nicht hätten leisten können, zu diesem Abend zu kommen, wenn sie einen normalen Eintrittspreis hätten entrichten müssen. Andere fanden es anregend, ihre Phantasie anzustrengen, um etwas zu finden, was sie geben möchten oder was sie an Fähigkeiten zum Tausch anbieten könnten. Wieder Andere fanden gerade das viel zu anstrengend. Sie hätten lieber mit Geld bezahlt, anstatt sich Gedanken machen zu müssen. Ich selbst hatte nichts Materielles dabei, was einem Eintrittspreis entsprochen hätte. Daher entschloss ich mich zu einem Dienstleistungsangebot und legte einen meiner Flyer mit der Aufschrift „Gutschein für eine Einzelsitzung Karma-Arbeit" hinein. Gespannt ging ich nachher zu den Körben. Die Auswahl an Angeboten schien mir alles andere als verlockend: ein paar einzelne Zigaretten, Packungen mit Tempotaschentüchern, ein paar Zettel, ein paar Bonbons und einige Stückchen Traubenzucker. Es gab nichts, was ich wirklich hätte haben wollen. Und erst recht nichts, was ich annähernd als ein Äquivalent zu meinem Tauschangebot empfunden hätte. Ich entschied mich für ein Stück Traubenzucker.

Anschließend ärgerte ich mich über meinen Leichtsinn, zwei Stunden meiner kostbaren Zeit und Energie so großzügig verschenkt zu haben, ohne einen entsprechenden Gegenwert dafür zu erhalten. Ich ertappte mich dabei, dass ich begann, innerlich umzurechnen und Vergleiche anzustellen. Umgerechnet in Geld-Maßstäbe hatte ich mehr als zehnmal soviel gegeben, als einem normalen Eintrittspreis entsprochen hätte und bekommen hatte ich lediglich ein Stück Traubenzucker. Ich hatte das Gefühl, mich selber missbraucht, entwertet und entwürdigt zu haben. Da mein Zettel schon weg genommen worden war, konnte ich mein Angebot auch nicht mehr zurück nehmen. Das Experiment versprach spannend zu werden. Ich nahm mir vor, die Person, die sich bei mir melden würde, zu fragen, was sie denn selber in den Korb gelegt hätte und ob sie den Tausch gerecht fände. Ich bemerkte, dass ich noch völlig in Gedankenmustern von Ausgleich und Gleichgewicht gefangen war. Dann fragte ich mich, was denn der Unterschied von Tauschen und Teilen wäre.

Im weiteren Nachdenken tauchte ein Gedanke auf, der mich etwas beschämte: Wie oft waren schon Menschen zu mir gekommen, die meine Arbeit in Anspruch nahmen und sie auch bezahlten, denen ich sehr wichtige Erkenntnisse verdankte, die mir in meiner Entwicklung weitergeholfen haben? Wir wurden durch die gemeinsame Arbeit beide bereichert, aber nur ich wurde dafür „entlohnt". Wie würde sich die Welt verändern, wenn wir nicht an den materiellen Lohn als Ausgleich für unsere Arbeit denken würden, sondern Vertrauen hätten, dass das Leben uns ernährt und versorgt, wenn wir bedingungslos miteinander teilen? Ich ertappte mich auch da noch bei Rechenexempeln: was ist das richtige Maß, wie kann Ausbeutung und Selbstausbeutung vermieden werden, wie steht es mit Wertschätzung und Selbstwertschätzung für meine Arbeit?

Bedeutet Teilen nicht auch, Arbeit zu teilen, um größere Projekte zu verwirklichen, als ein Einzelner es kann? Oder um effektiver zu produzieren, um Freiräume für die geistige Entwicklung zu schaffen? Das Problem der falschen Bewertung scheint mir nicht unbedingt mit dem Vorgang des Teilens zu tun zu haben, denn Arbeit und Geld werden schon an vielen Stellen geteilt, auch wenn es dabei nicht immer gerecht zugeht. Ist es nicht doch eine Frage des Gleichgewichts, der Gerechtigkeit?

Als einige Tage nach dem Experiment die Empfängerin meines Gutscheins sich meldete, wurde mir klar, dass mein Geschenk genau an die richtige Adresse geraten war. Eine Frau rief mich an, deren Name mir bekannt war und von der ich wusste, dass sie sich mühsam als selbständige Künstlerin durchschlägt. Sie hätte sich weder den Vortragsabend noch mein Angebot leisten können, obwohl sich beides als sehr wichtig für sie herausstellte. Da ich auch an ihren Fähigkeiten interessiert war, vereinbarten wir einen Tauschtermin, so dass mein Bedürfnis nach einem gleichwertigen Äquivalent befriedigt war. Aber was bedeutet schon gleichwertig? In dieser Formulierung steckt immer noch eine Wertung, eine Rechnung, die wie eine Gleichung aufgehen muss. In Wirklichkeit beschenkten und bereicherten wir uns gegenseitig mit unseren Gaben, ohne materiellen „Gegenwert". Das kommt eher einer Vervielfältigung von Energien gleich als einem Tauschgeschäft.

Die Krötengestalt vermittelt mir weiter:

„Das Teilen und Sorgen füreinander ist ein Gegensatz zu dem heute vorherrschenden kontrollierten Zeitmanagement, denn Großzügigkeit und Fürsorge sind nicht im Voraus planbar. Das Ziel ist, möglichst viele verschiedene Ebenen der Erfahrung und eure Gaben miteinander zu teilen, um damit Andere zu ernähren und zu unterstützen. Wenn ihr es schafft, wachsamer und vitaler zu sein und euch kreativ auszudrücken, dann werdet ihr auch von dem Zwang befreit, eine Arbeit auszuführen, die

ihr nicht liebt. Euer spirituelles Wachstum sowie die Läuterung und Hebung eurer inneren Schätze werden die Wirtschaft der Menschheit völlig verändern. Wenn sich die beiden Gehirn-hälften besser aneinander angleichen, geschieht auch eine Öffnung für spirituelle Wahrnehmungen. Dann wird es nicht mehr möglich sein, dass Menschen durch Andere dominiert oder kontrolliert werden. Es geht um Austausch und Verbindung und um die Durchdringung der Materie mit Licht und Wärme. "

Dass die steinerne Kröte sich in eine lebendige Lichtgestalt ver-wandelt hat, deute ich als ein Symbol für diese Durch-Lichtung und Verlebendigung der Materie. In dem Moment, in dem ich mir bewusst werde, meine Realität zu erschaffen, nicht nur theoretisch, sondern es wirklich unmittelbar erlebe, setzt ein Energiefluss ein, der diesen Schöpfungsprozess unterstützt und steigert. Die Krötengestalt vermittelt mir die atemberaubende Einsicht, dass in Zukunft nicht mehr eine Lebensform auf Kosten einer anderen existieren wird, sondern jeder Austausch allen Beteiligten zur Höherentwicklung dienen wird. Jetzt ist es noch so, dass wir, um Energie zu gewinnen, Pflanzen oder Tiere essen, das heißt ihr Leben vernichten müssen, um selber weiter leben zu können. Dafür gewinnen Pflanzen und Tiere die Möglichkeit, ihr eigenes Energiefeld mit dem eines höher entwickelten Be-wusstseins zu vereinen und sich dadurch weiter zu entwickeln.

Wenn Pflanzen uns Menschen oder Tieren als Nahrung dienen, geben sie ihre Lebenskraft im Austausch gegen eine Verschmel-zung mit einer höheren Bewusstseinsform. Dasselbe gilt für Raubtiere, die sich von Herdentieren ernähren und auch für Men-schen, die das Fleisch von Haustieren essen. Dieser Austausch wird sich in Zukunft immer weniger auf der materiellen Ebene vollziehen, sondern auf der Ebene des geistigen Wachstums. Dann wird es nicht mehr so sein, dass sich eine Lebensform von der anderen ernährt, weil der Austausch dann nicht mehr auf unbewussten Ebenen stattfindet. Diese Veränderung beginnt im Bewusstsein, in einer veränderten inneren Haltung. Konkret bedeutet das:

Wenn ich einen Salat esse in dem Bewusstsein, dass ich ihn vernichten muss, um selber weiter existieren zu können, nähre ich damit auch Gedankenformen, die besagen, dass eine Lebensform sich nur auf Kosten einer anderen ernähren kann. Die Sichtweise, dass ich dem Salat durch die Verbindung mit mir die Möglichkeit gebe, sich höher zu entwickeln, da er durch die Aufnahme in meinen Organismus ein Stück weit menschliches Bewusstsein aufnehmen kann, öffnet mich für eine subtilere Form des Energieaustauschs, die in Zukunft den materiellen Austausch ersetzen kann.

Je bewusster wir uns der Tatsache werden, dass jede Zerstörung auf der materiellen Ebene einer Bewusstseinserhöhung dient, desto schneller gelangen wir in den Zustand, den Energieaustausch ohne materielle Zerstörung vollziehen zu können. Dann ist auch Energie-Raub oder Kampf um Ressourcen nicht mehr möglich und nötig, da es keinen Mangel mehr gibt, nur noch Wachstum und Fülle.

Heute sorgen Kriege und Naturkatastrophen ebenfalls noch für große Zerstörungen, die wir aus einer anderen Sichtweise heraus als Freisetzung von Energien, Austausch und Möglichkeit neuer Verbindungen sehen lernen können. Es ist zu hoffen, dass auch diese Art der Zerstörung in Zukunft auf anderen Ebenen ausgetragen werden kann, indem alte Strukturen zugunsten freierer und liebevollerer Ausdrucksformen weichen können. Die Schöpfung ist reine Liebe. Das ist es, was die Kröte wohl meinte, als sie sagte, dass wir sehen und doch nicht sehen. Unser Verstand beurteilt viele Vorgänge als negativ oder nicht wünschenswert, die eigentlich im höheren Sinne zu einer Erweiterung des Bewusstseins, größerer Freiheit und Liebe führen würden.

Was wir nicht hören, obwohl wir hören, scheint mir auch klar zu sein: Wir hören viel zu selten die Bedürfnisse, die sich hinter den Aussagen unserer Umgebung verbergen und deren Erfüllung uns selbst und Andere bereichern könnten. Indem wir unsere Denk-, Seh- und Hörgewohnheiten ändern und Liebe einfließen lassen in die Beziehung zu dem Wahrgenommenen, erzeugen wir selbst die Substanz und Energie, die wir brauchen, um zu wachsen.

Der Bärtige lässt seine Kinder aus der Bartspalte in mich hin-ein strömen, um mir zu zeigen, wie auch lebendige Worte im Physischen wirken, denn ich spüre, wie sie mich mit pulsieren-den, kräftigen Lebensströmen erfüllen. Worte können mehr als alles andere das Leben verändern, wenn man in der Lage ist, sie aufzunehmen und zu begreifen. Adrian vermittelt mir, dass unser Austausch seit einem Jahr eine große Bereicherung nicht nur für uns beide ist, sondern weitreichende Folgen hat für die Verbindung von Mensch und Natur. Ich bin erfüllt von großer Dankbarkeit allen meinen neuen Freunden gegenüber: Adrian, dem Bärtigen, dem Kristall, Siriel, der steinernen Kröte, meinen Mäusen, Kaninchen, Amseln, Bäumen, dem Rasenmäher und vielen Weiteren. Danke euch allen!

Kein Ende

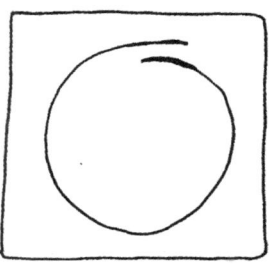

Das zeitlose Leben eines Gartens kennt keinen Anfang und kein Ende. Immerzu blüht, reift und welkt irgendetwas. Man wird nie fertig mit dem Betrachten der aufsprießenden Knospen, der zarten Blüten, der fleißigen Insekten und der reif werdenden Früchte und Samen. Auch mit der Arbeit wird man nie fertig. Ist ein Beet frisch gejätet und eingesät, sprießt in der nächsten Ecke umso mehr Wildkraut in die Höhe. Jäten, schneiden, mähen, säen, ernten, umgraben und festbinden sind eine unendliche Geschichte.

Das Buch des Lebens ist eine ebenso unendliche Geschichte. In jedem vollendeten Prozess steckt der Same zu Neuem, so wie sich in der verwelkenden Blüte die zukünftigen Pflanzen verbergen. Nur ein Buch, das in die endlichen Kategorien von Raum und Zeit gepresst wird, unterliegt den Beschränkungen eben dieser Kategorien. Da kommt irgendwann der Zeitpunkt, wo ein Schlusspunkt gesetzt wird. Sind alle Zutaten beisammen, folgt der alchemistische Prozess des Lektorats, der Läuterung und Veredelung, der neuen Ordnung und des Druckvorgangs. So wie aus Kohlenstoff unter hohem Druck Diamanten entstehen, so wird aus vielen Manuskriptblättern ein (hoffentlich) schönes Buch. Ich möchte den Reigen meiner Erzählungen beschließen mit einem Rückblick auf die Weihnachtszeit 2010:

Zu Weihnachten bekam ich ein Buch mit dem Titel „Checkliste 2012" von Dieter Broers geschenkt. Mit dem Jahr 2012 wird in einigen Kreisen das Ende des Maya-Kalenders assoziiert, was einhergehen soll mit dem Ende unserer Zeitrechnung und eine große Bewusstseinsveränderung einleiten soll. Ich kann mir vorstellen, dass ein Teil dieser Bewusstseinsveränderung sich auf unser bisheriges lineares Zeiterleben bezieht, auf das Loslassen der Verstandeskontrolle und des Klammerns an materiellen Scheinsicherheiten. Einige Menschen bauschen die zu erwartenden Veränderungen zu Katastrophenszenarien und Endzeit-Stimmung auf.

Das Buch von Dieter Broers verbreitet dagegen vorsichtigen Optimismus. Es handelt von der durch die zunehmende Sonnensturm-Aktivität zu erwartenden Veränderung des Erdmagnetfeldes und daraus möglicherweise folgenden weltweiten Problemen mit Stromversorgung und Nachrichtenübertragung. Man solle sich Vorräte anlegen, da dann alles mögliche ausfallen könne, was auf Stromversorgung angewiesen ist: Heizung, Telefon, Verkehrsmittel, Supermarktkassen, Krankenhausapparaturen und sogar die Wasserversorgung, die ebenfalls auf Pumpen und somit Elektrizität angewiesen ist. Es könne zu enormen Verteilungskämpfen kommen, so der Autor, allerdings auch zu positiv verändertem Sozialverhalten. Er berichtet über Versuche mit Mäusen, die bei knapper werdenden Ressourcen zuerst die kranken und alten Artgenossen und schließlich sogar den eigenen Nachwuchs tot bissen. Durch eine Änderung der Nahrung, die ihren PH-Wert günstig beeinflusste, führte dieselbe Situation dazu, dass die nachfolgende Generation weniger aggressiv war und die vorhandenen Vorräte brüderlich teilte. Durch das Experiment wurde nachgewiesen, dass unter gewissen Umständen bisher brachliegende „Sozial-Gene" aktiviert und schlummernde Potenziale sozialen Handelns freigesetzt werden können. Interessant.

Der Autor schließt daraus, dass es zu ähnlichen Phänomenen bei einer Veränderung des Erdmagnetfeldes kommen und diese sich auf das menschliche Sozialverhalten der nächsten Generationen positiv auswirken könnte.

Ich habe keinen Grund, daran zu zweifeln, zeigt sich doch auch schon ohne Veränderung des Magnetfeldes das Phänomen, dass Menschen sich bei Katastrophen, großen Herausforderungen und Notfällen deutlich brüderlicher und hilfsbereiter zeigen als in Zeiten des Wohlstands und Überflusses. Ich habe sogar alte Leute sagen hören, dass sie sich die Kriegszeiten zurück wünschen, da sei alles viel menschlicher zugegangen als heutzutage.

Nun, nach dem Lesen dieser Lektüre stellte ich mir morgens nach dem Aufwachen vor, was ich denn alles bedenken müsste, um über ausreichend Vorräte zu verfügen. Was braucht man denn wirklich am Nötigsten? Vor allem Wasser wäre wichtig, sinnierte ich, da sollte ich zumindest ein paar Flaschen Trinkwasser im Keller lagern. Ich lege sonst nie Vorräte an, und Wasser aus Flaschen trinke ich auch höchst selten. Aber diese Investition schien mir sinnvoll.

Ich stand auf. Beim Zähneputzen stellte ich fest, dass tatsächlich kein Wasser mehr aus meinen Leitungen tropfte. Kein Tropfen! Ich hatte auch keinerlei Wasser mehr im Wasserkocher oder sonstigen Gefäßen. Entsprechend schwierig gestaltete sich schon das Zähneputzen. An waschen, duschen oder Tee kochen war nicht zu denken. Draußen war es bitterkalt. Die Ausmalung des Katastrophenszenarios hatte mich so phantasievoll gemacht, dass ich als erstes mit einem Gefäß in den Hof ging, um von den noch einigermaßen sauberen Schneebergen etwas abzuschöpfen, das Gefäß zum Auftauen in die Wohnung stellte und erst einmal spazieren ging. Ich konnte mir zwar vorstellen, dass es durch die eisigen Temperaturen irgendwo einen Rohrbruch gegeben haben könnte, aber das würde mit Sicherheit mehrere Haushalte oder ein ganzes Stadtgebiet betreffen. Ich brauchte also nur zu warten, bis die Stadtwerke alles repariert hatten. Dachte ich.

Ich genoss die Morgensonne und die bizarren Eisformen am Strand, machte ein paar Fotos und kehrte dann nach Hause zurück. Es lief immer noch kein Wasser. Die Toilettenspülung hatte früh morgens den letzten Rest von sich gegeben und funktionierte nun auch nicht mehr. Meine Phantasie beflügelte mich, den noch kaum aufgetauten Schnee im Wasserkocher zu erhitzen.

Es zischte und qualmte, wurde sogar warm, aber plötzlich erlosch das Lämpchen des Wasserkochers. Die gewonnene Wassermenge war kläglich. Bevor ich zu dieser frühen Stunde am Sonntag und zweiten Weihnachtsfeiertag bei den Nachbarn klingeln konnte, wollte ich lieber erst ein paar Freunde in der Nähe anrufen und fragen, ob sie Wasser haben.

Ha! Das Telefon ist tot! Es ist zwar erst 2010, aber das sieht schon ganz nach der versprochenen Katastrophe aus! Ich war wieder sehr findig, mir fiel ein, dass ja mein Computer noch eine Weile auf Akku läuft und ich per E-Mail nachfragen kann. Da kam eine Fehlermeldung, der Server sei im Moment nicht verfügbar. Jetzt schien mir alles klar, das konnte nur die Generalprobe für 2012 sein! Endlich erreichte ich einige Leute per Handy. Ich erntete Spott und Gelächter: „Das kommt davon, wenn du solche Bücher liest! Selber schuld! Ich habe Wasser und Strom."

Inzwischen ließ die Uhrzeit es zu, bei den Nachbarn unter mir zu klingeln. Dort gab es auch noch Wasser und Strom. Die Sache wurde immer mysteriöser. Hatte ich wirklich eine sich selbst erfüllende Prophezeiung hervorgerufen? Offensichtlich handelte es sich nicht um eine globale Katastrophe, sondern nur um meine persönliche Generalprobe.

Ich bekam von den Nachbarn Wasser zum Tee kochen und einen Eimer voll für die Toilettenspülung. Der Wasserkocher funktionierte immer noch nicht, auch das Telefon blieb stumm. Irgendwann kam ich auf die Idee, das nächstliegende zu tun, nämlich in den Sicherungskasten zu schauen. Das hatte ich bei meiner Fixierung auf die globale Katastrophe glatt vergessen! Tatsächlich, die Hauptsicherung war herausgeflogen. Hätte ich mir ja eigentlich denken können, dass meine Versuche, Schnee im Wasserkocher zu erhitzen, zu der Verschärfung des Katastrophenszenarios beigetragen hatten.

Trotz des Feiertags erreichte ich glücklicherweise den Hausverwalter. Er kam sofort vorbei, aus Angst vor einem möglichen Rohrbruch. Bei den Nachbarn auf der anderen Hausseite floss das Wasser. Auch in der Wohnung neben mir, die nur selten im Sommer bewohnt wird, gab es keine Probleme. Die beiden Wohneinheiten unter mir waren über die Feiertage verwaist. Da schien das Problem zu liegen, denn auf unserer Hausseite gibt es eine Extra-Leitung, die teilweise dem Frost preisgegeben war. Es ist in unserem milden Seeklima höchst selten, dass es im Winter so stark friert. Bis die Mieter der unter mir liegenden Wohnungen wieder da waren, blieben alle Bemühungen des Notdienstes vergeblich. Erst zwei Tage später floss wieder Wasser. Bis dahin durfte ich zum Glück die leer stehende Nachbarwohnung nutzen. Das Ende der Zeit scheint vorerst auf sich warten zu lassen. Aber seit diesem Ereignis habe ich immer Wasserflaschen im Keller.

Am frühen Morgen des siebenundzwanzigsten Dezember erreichte mich die Nachricht vom Tod meines Vaters, während die Handwerker gerade versuchten, meine Wasserleitung aufzutauen. Aus irgendeinem Grund habe ich mich bisher gescheut, näher darauf einzugehen, aber jetzt wird es offensichtlich, dass dieses Ereignis unbedingt in das Kapitel „Kein Ende" gehört.

Für meinen Vater bedeutete das Ablegen des physischen Körpers ein Tor zu neuen Aufgaben, er konnte sich an viele seiner früheren Leben erinnern und ging im Bewusstsein weiterer bevorstehender Leben auf den Übergang in die geistige Welt zu. Sein Begräbnis hatte er schon Jahre vorher bis ins Detail geplant und mit allen Familienangehörigen kommuniziert.

Bis ins hohe Alter gab er immer noch Cello- und Geigenunterricht. Mit Ende siebzig hatte er noch mehr als zwanzig Schüler. Die Musik war seine Leidenschaft. Seinen ursprünglichen Beruf als Schreinermeister hatte er in der Mitte seines Lebens in die Werklehrertätigkeit an einer Waldorfschule umgewandelt.

Einige Monate nach seinem achtzigsten Geburtstag kam er zu umfangreichen Untersuchungen ins Krankenhaus. Die unklaren Symptome verwirrten sowohl die Ärzte als auch uns Angehörige. Rein organisch war nichts Gravierendes zu finden, aber wenn man einmal in den Mühlen der Krankenhaus-Maschinerie gelandet ist, gibt es kein Entrinnen mehr. Krankenhaus-Ärzte sind eine merkwürdige Spezies von Logik-besessenen Menschen, die meinen, alles wissen und kontrollieren zu können, wenn man nur lange genug untersucht. Wenn sie endlich eine Diagnose stellen können, vermitteln sie die Überzeugung, jetzt alles im Griff zu haben. Was erkannt ist, kann gebannt werden. Wie froh sind sie doch, wenn die Illusion des Verstandes ihnen vorgaukelt, dass alles beherrschbar ist! Der Tod kommt in ihrem Vokabular nicht vor. Er ist der böse Feind, den man lieber gar nicht erst erwähnt. Ich will nicht ungerecht sein, denn ich weiß, dass ihr Berufsethos ihnen vorschreibt, Leben zu erhalten, und das macht sie manchmal blind für die Grenzen, die das Leben dem Körper auferlegt. Die Vielzahl der aufeinander folgenden Diagnosen aufzuzählen, wäre müßig, aber das Offensichtliche, dass ein starker Abbauprozess eingesetzt hatte und ein alter Mensch auch das Recht hat zu gehen, das ist für Ärzte ein Tabuthema. Wenn organisch alles in Ordnung ist, hat man ihrer Meinung nach einfach keinen Grund zu sterben.

Es reicht zu erwähnen, dass die Situation schwierig einzuschätzen war. Ich war zu dieser Zeit auf einer Arbeitsreise in der Schweiz, wo ich unter anderem ein Seminar gab. In einer Meditation hatte ich folgendes Bild:

Mein Vater sitzt auf einen Stock gestützt auf einem Stuhl, hinter ihm steht sein Engel, groß und leuchtend. Ich frage ihn, wie es ihm geht. Er sagt, dass es ihm Mühe macht, sich noch in seinem Körper zu halten, aber er will sich nicht „aufgeben" oder loslassen, das gesteht er sich nicht zu. Ich fordere ihn auf, sich einmal umzudrehen und seinen Engel anzuschauen. Er folgt der Aufforderung, er ist mit dem Engel sehr vertraut, aber dann dreht er sich wieder zurück. Der endgültig scheinende Abschied von lieben Angehörigen und Freunden scheint ihn auch noch festzuhalten. Ich sage ihm, dass er doch weiß, dass wir uns immer wieder begegnen werden und dass meine Liebe ihn begleiten wird, wenn er geht: „Es gibt keine Trennung und keinen Abschied."

Jetzt dreht er sich wieder um und richtet sich auf. Der Engel sagt: „Es ist ganz einfach. Wir kennen uns doch, du brauchst nur mit mir zu gehen." Er geht nun mit dem Engel ins Licht und lässt seine Hülle hinter sich fallen. Sie liegt klein und verschrumpelt vor dem Stuhl. Ich nehme dieses formlose Gebilde, das klein wie ein Säugling geworden ist, auf den Arm. Plötzlich wird ein Kind daraus, es ist wie eine Neugeburt, wie ein Phönix aus der Asche. In dem Abgestorbenen zeigt sich gleichzeitig der Keim für das Neue, das Werdende und Lebendige.

In den nächsten Wochen hatte er zwei- oder dreimal kurz vor seiner geplanten Entlassung aus dem Krankenhaus einen Kreislaufzusammenbruch, wonach jedes Mal die ganze Untersuchungsspirale von vorne los ging. Beim letzten Mal war ich sogar schon angereist, um ihn abzuholen, um nach siebenstündiger Bahnfahrt festzustellen, dass keine Entlassung möglich war. Meine Anwesenheit war trotzdem wichtig, denn es musste vieles organisiert werden und wir hatten viele gute Gespräche über das Sterben. Mir fiel auf, dass er auf einmal wie verjüngt aussah, seine Haut glättete sich und er wirkte rosig und strahlend wie ein kleines Kind. Mir fiel das Kind aus meinem Bild wieder ein. Später erfuhr ich von anderen Menschen, dass sie an ihren Angehörigen ähnliche Veränderungen beobachtet hatten, circa zwei bis drei Wochen vor deren Tod.

Zunächst fuhr ich zurück, um eine Woche später wieder zu kommen. Diesmal war eine Entlassung möglich. Ich unterstützte ihn bei der Eingewöhnung zu Hause und war zufrieden, wie gut er alles bewältigte. Doch wie lange würde er sich noch so alleine versorgen können? Eine erste Stufe der Pflegebedürftigkeit war absehbar.

Als er sich dann eine gute Woche später so schnell und leicht lösen konnte, wie man es eigentlich nur allen Menschen wünschen kann, war ich nach dem ersten Schock einfach nur glücklich, dass er das so genial geschafft hatte. Am Abend vorher war es ihm noch so gut gegangen, dass es zu diesem Zeitpunkt für alle eine Überraschung war, wohl auch für ihn selbst. Ich spürte eine starke Verbindung zu ihm, keinerlei Trauer, sondern Freude über diesen gelungenen Übergang.

Diese Verbindung durchlief im Laufe eines Jahres verschiedene Phasen. Es gab Lösungsprozesse, aber auch ganz neue Ebenen der Wesensbegegnung. Nach einem guten Jahr tauchte er neben Adrian und dem Bärtigen immer wieder in meinen Meditationen auf, strahlend und voller Freude und Licht. Er vermittelte mir, dass es nichts Wichtigeres auf der Erde gebe als die Christus-Kraft, die die Erde und ihre Geschöpfe mit Liebe durchdringt.- Danke auch dir, Papa!

So liegt in jedem Ende zugleich ein Neubeginn auf höherer Stufe.

Es gibt kein Ende, nur Wandlung.

Christiane Feuerstack,

geboren 1960 in Manderscheid/Eifel, studierte Eurythmie und Heileurythmie in Nürnberg und Stuttgart. Neben vielfältigen pädagogischen und therapeutischen Arbeitsfeldern beschäftigt sie sich seit vielen Jahren intensiv mit spiritueller Schulung und Forschung. Sie verfügt über langjährige Erfahrungen im Vermitteln esoterischer Inhalte in Seminaren und Einzelsitzungen mit dem Ziel der individuellen karmischen Selbsterkenntnis. Christiane Feuerstack lebt und arbeitet im Ostseebad Eckernförde.

Christiane Feuerstack Homepage: www.karmaarbeit.net

Christiane Feuerstack als Autorin:

Graf Saint Germain - im Spiegel der Widersprüche
(nur noch digital über Verlagsseite)

Samenkörner - karmische Bilder
mit einer Einführung in die Karmaerkenntnis

Das Geheimnis der Goldmarie - Arbeit, Geld und Karma
ein Werkstattgespräch

weitere Infos über die Verlagsseite
www.mmeck.de

Erwähnte Bücher:

Hans Bemmann: Stein und Flöte (Goldmann Verlag 1997)

Dieter Broers: Checkliste 2012 (Trinity Verlag 2009)

Christiane Feuerstack: Graf Saint Germain im Spiegel der Widersprüche (Borbyer Werkstatt Verlag 2004, vergriffen, eBook lieferbar, www.mmeck.de)

Christiane Feuerstack: Das Geheimnis der Goldmarie (Borbyer Werkstatt Verlag 2008)

Angela Kämper: Tierboten (Goldmann Verlag 2005)

Wladimir Megre: Die klingenden Zedern Russlands, 9 Bände (Verlag Silberschnur 2003)

Marko Pogacnik: Elementarwesen (Knaur Verlag 1995)

Michael Roads: Im Reich des Pan (Schirner Verlag Darmstadt 2008)

Marshall B. Rosenberg: Gewaltfreie Kommunikation (Verlag Jungfermann 2007)

Robert K.G. Temple: Das Sirius-Rätsel (Umschau Verlag 1985)

John Ronald Reuel Tolkien: Der Herr der Ringe (Klett-Cotta 2000, 3 Bände TB)

Ekkart Tolle: Eine neue Erde (Goldmann Verlag 2005)

Ellen Vande Visse: Der spirituelle Garten (Verlag Silberschnur 2012)

Inhaltsverzeichnis

Bücher von Christiane Feuerstack

Samenkörner

karmische Bilder
mit einer Einführung in die Karmaerkenntnis

ISBN 3-924964-24-6   14,80 €

Der karmische Erkenntnisweg, wie er von Christiane Feuerstack angewandt wird, bedient sich insbesondere imaginativer Übungen. Durch gezieltes und methodisches Erarbeiten entstehen Bilder, die mit früheren Erdenleben einen unmittelbaren Zusammenhang haben. Diese Bilder, die oft dramatische Situationen oder besondere Lebensumstände schildern, gilt es in geschichtliche Zusammenhänge zu bringen. Auf dieser Grundlage hat die Autorin ihre karmischen Geschichten, hier Bilder genannt, verfasst. Außer dem oft an Märchen angelehnten Farbenreichtum zeigen diese Geschichten auch in verfeinerter Form eine Möglichkeit auf, sich der imaginativen Karmaerkenntnis zuzuwenden. Wie solche Bilder selbst erzeugt werden können und wie der zur Karmaerkenntnis Strebende damit umgehen kann, erläutert die Autorin im Sachteil des Buches.

Christiane Feuerstack hat vielfältige Erfahrungen im Vermitteln solcher Inhalte und durch Seminare und Einzelsitzungen auch im Umgang mit einer auf Verantwortung beruhenden Methodik. Sie hat ihren Erkenntnisweg in engem Zusammenhang mit ihrer Mutter, Heide Oehms, entwickelt und setzt deren Grundlagenwerk „Karmaerkenntnis - Warum?" mit dem vorliegenden Werk fort..

menschenmedien Verlag Eckernförde

Bücher von Christiane Feuerstack

Das Geheimnis der Goldmarie

Arbeit, Geld und Karma
-ein Werkstattgespräch

ISBN 978-3-940586-01-8   14,80 €

Christiane Feuerstack widmet dieses Buch der Frage, wie spirituelle Entwicklung und seelisches Reifen mit beruflichen Heraus- und Über-forderungen zusammenhängen. Die Strahlkraft alternativer Sozialleistungs-Modelle hält sie für begrenzt, es sei denn, die Menschen versetzten sich in die Lage, ihrem Leben eigenverantwortlich, ohne äußere Stützen, eine Richtung zu geben. Mit der imaginativen Karma-Arbeit hat Christiane Feuerstack vielen Interessierten eine Möglichkeit gezeigt, Bilder und Szenen aus vergangenen Verkörperungen wahrzunehmen und auf diese Weise Ursachen für heutige Lebensverhältnisse und Konflikte aufzuspüren. Wie die Autorin an Beispielen aus ihrer Praxis veranschaulicht, können imaginative Bilder auch auf zukünftige Aufgaben hindeuten und die Augen dafür öffnen, wie an Hindernissen und Entbehrungen im gegenwärtigen Leben Kräfte entwickelt werden, die womöglich erst in einer nächsten Verkörperung voll zur Entfaltung kommen. Wem der Schritt ins imaginative Wahrnehmen gelingt, der kann beginnen, sein Leben an Zielen auszurichten, die sich aus inkarnations-übergreifenden Gesichts-punkten ergeben. Was ihn mit anderen Menschen verbindet, was er ihnen schuldet und verdankt, welche Fähigkeiten er ausbilden und wofür er sich einsetzen will, kann ihm in dieser Erkenntnisarbeit klar werden..

menschenmedien Verlag Eckernförde
St.-Nicolai-Str 7A   24340 Eckernförde
Telefon   04351 - 72 62 00
Fax   04351 - 72 61 88
info@mmeck.de   www.mmeck.de

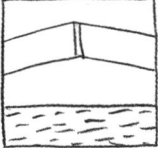